"十三五"高职高专会计专业精品系列规划教材

会计学原理

主　编　刘云珊　林采融　李　晶
副主编　马　瑾　李华荣
参　编　孙怡佳　鲁彦岑

苏 州 大 学 出 版 社

图书在版编目（CIP）数据

会计学原理/刘云珊，林采融，李晶主编．—苏州：苏州大学出版社，2020.8（2022.7重印）
"十三五"高职高专会计专业精品系列规划教材
ISBN 978-7-5672-3289-1

Ⅰ．①会… Ⅱ．①刘… ②林… ③李… Ⅲ．①会计学－高等职业教育－教材 Ⅳ．①F230

中国版本图书馆 CIP 数据核字（2020）第 154400 号

会计学原理

刘云珊　林采融　李　晶　主编

责任编辑　施小占

苏州大学出版社出版发行
（地址：苏州市十梓街 1 号　邮编：215006）
常州市武进第三印刷有限公司印装
（地址：常州市武进区湟里镇村前街　邮编：213154）

开本 787 mm×1 092 mm　1/16　印张 13　字数 314 千
2020 年 8 月第 1 版　2022 年 7 月第 2 次印刷
ISBN 978-7-5672-3289-1　定价：45.00 元

若有印装错误，本社负责调换
苏州大学出版社营销部　电话：0512-67481020
苏州大学出版社网址　http://www.sudapress.com
苏州大学出版社邮箱　sdcbs@suda.edu.cn

前言

会计是经济管理的一个重要组成部分,经济越发展,会计越重要。2006年2月15日,财政部发布了《企业会计准则》(包括1项基本准则和38项具体准则),并于2007年1月1日起施行,建立起了我国企业会计准则体系,实现了与国际会计准则的接轨。随着我国社会主义市场经济的不断发育和完善,会计领域发生了诸多变化:2014年后多次修订并出台多项新的会计具体准则;2016年起全面实施营业税改征增值税;2016年起开始实施新的《会计档案管理办法》;等等。会计理论的巨大变革和会计实践的深刻变化,极大地冲击着会计教学,要求我们顺应潮流,不失时机地培养高质量、高水平、能满足改革开放需要的高素质人才。正是基于这一认识,我们根据会计工作的新变化,编写了这本《会计学原理》教材。

本教材立足于培养"技能型人才"的教学需要,突出职业性、实践性和规范性。在编写过程中,以《企业会计准则》和《会计基础工作规范》为基准,以会计职业岗位为起点,充分考虑了会计行业入门者上岗时所必备的基本操作技能,突出对学生会计职业能力的培养和职业素质的养成。全书按会计工作的基本流程创建了八个学习项目,每个学习项目首先明确相应的学习目标,然后通过情境导入构建并分解学习任务,最后通过项目小结归纳总结各项目的重点和难点,并通过设置多种形式的练习进行学习巩固。本书可作为高职高专学校会计学、财务管理、工商管理、经济学、金融学、财政学等经济类、管理类各专业的教材,也可以作为广大财务会计人员进行继续教育、业务培训和业务学习用书,还可以作为财政、审计、税务、银行、工商等经济管理和监督部门在职干部业务学习的参考资料。

本教材由刘云珊、林采融、李晶担任主编,马瑾、李华荣担任副主编,孙怡佳、鲁彦岑参与编写。刘云珊负责全书的修改、总纂和定稿。

本教材在编写过程中,参考了国内许多相关的教材和资料及有关专家、学者的优秀论著,受益良多,在此谨向这些文献作者致以诚挚的谢意!

由于编者水平有限,加之时间仓促,书中难免有疏漏甚至错误之处,恳请广大读者批评指正,以便今后进一步修改和完善。

编 者

2020 年 8 月

目录 Contents

项目一 认知会计和会计职业基础 …………………………… 001

    任务一 会计的基础理论…………………………………… 002

    任务二 会计对象和会计要素……………………………… 008

    任务三 会计等式…………………………………………… 014

    任务四 会计科目和账户…………………………………… 018

    任务五 复式记账原理……………………………………… 025

    任务六 会计职业基础……………………………………… 034

    项目小结…………………………………………………… 036

    巩固与提高………………………………………………… 037

项目二 填制和审核会计凭证 ………………………………… 047

    任务一 认知原始凭证……………………………………… 047

    任务二 填制和审核原始凭证……………………………… 054

    任务三 认知记账凭证……………………………………… 057

    任务四 填制和审核记账凭证……………………………… 060

    项目小结…………………………………………………… 062

    巩固与提高………………………………………………… 062

项目三 学会产品制造企业日常经济业务的会计处理 …… 064

    任务一 资金筹集业务的会计处理………………………… 065

    任务二 资产采购业务的会计处理………………………… 068

    任务三 产品生产业务的会计处理………………………… 073

    任务四 产品销售业务的会计处理………………………… 077

    任务五 利润形成及分配业务的会计处理………………… 080

    项目小结…………………………………………………… 083

    巩固与提高………………………………………………… 084

项目四　开设和登记会计账簿 … 090

　　任务一　认知会计账簿 … 090
　　任务二　登记日记账 … 095
　　任务三　登记分类账 … 096
　　任务四　对账和结账 … 100
　　任务五　更正错账 … 103
　　项目小结 … 104
　　巩固与提高 … 105

项目五　开展财产清查 … 108

　　任务一　认知财产清查 … 109
　　任务二　财产清查的内容与方法 … 111
　　任务三　财产清查结果的会计处理 … 118
　　项目小结 … 122
　　巩固与提高 … 122

项目六　认知账务处理程序 … 126

　　任务一　手工账务处理程序的认知 … 127
　　任务二　认知会计电算化账务处理程序 … 149
　　项目小结 … 153
　　巩固与提高 … 153

项目七　编制会计报表 … 156

　　任务一　认知会计报表 … 157
　　任务二　编制资产负债表 … 159
　　任务三　编制利润表 … 169
　　任务四　编制现金流量表 … 177
　　任务五　编制所有者权益变动表 … 181
　　项目小结 … 183
　　巩固与提高 … 183

项目八　保管会计档案 … 190

　　任务一　认知会计档案 … 190
　　任务二　会计档案的归档 … 192
　　任务三　会计档案的保管 … 194
　　项目小结 … 198
　　巩固与提高 … 198

参考文献 … 200

项目一　认知会计和会计职业基础

学习目标

1. 了解会计的产生、发展和特点。
2. 掌握会计的基本职能。
3. 掌握会计的对象。
4. 掌握会计的基本要素及其构成。
5. 掌握会计等式及恒等原理。
6. 掌握会计科目与会计账户的联系和区别。
7. 掌握借贷记账法的基本原理。
8. 了解会计职业基础。

情境导入

安然是财经大学会计学院的一名教师，周末组织大一新生参观本校的"中国少数民族财会博物馆"，她让正在读高二的女儿小玉一道去。在身穿少数民族服装的讲解员的带领下，小玉和同学们一起来到博物馆门口。"哇，怎么会有这么大的算盘！"所有人都被放置在博物馆门口的"西南第一算盘"所吸引，发出连连惊叹！随后，小玉和同学们参观了古代人用于计量的绳结、铜天平砝码、古董保险箱……通过讲解员声情并茂的介绍，大家进一步了解了博物馆内陈列的各种关于会计实践活动的展品和文物，每个人都被古代人的智慧所折服。时间过得真快，随着讲解员"结绳刻木等每一样老物件中都凝聚着我们祖先的智慧"话音一落，此次参观很快就结束了。

在回家的路上，小玉仍然沉浸在兴奋中，她向妈妈提出了几个问题：

1. 什么是会计？会计最主要的原理包括哪些内容？
2. 如果将来要选择会计这个职业，应该怎样培养会计职业素质？

任务一　会计的基础理论

一、会计的定义、特点和职能

（一）会计的定义

会计是以货币为主要计量单位，以合法的凭证为依据，借助专门的技术方法，对一定主体的经济活动进行连续、系统、全面、综合的核算与监督，并向有关方面提供会计信息的一种经济管理活动。

（二）会计的特点

1. 以货币为主要计量单位

在商品经济条件下，经济活动往往同时表现为价值的运动，会计只有采用货币计量，才能对经济活动的各个方面进行综合的核算与监督，取得反映经济活动情况的全面的会计信息资料。在会计发展过程中，货币度量逐步取代实物度量，成为进行会计核算的主要计量单位，这也成为会计与统计等其他核算相区别的标志。

2. 以合法的凭证为依据

企业经济业务的发生，必须取得或填制凭证，这些凭证经过合法性、合规性和真实性的严格审核，方可作为会计核算的原始凭据。

3. 对一定主体的经济活动进行连续、系统、全面、综合的核算与监督

所谓连续，是指对各项经济活动按其发生的时间顺序不间断地进行记录；所谓系统，是指对各项经济活动既要进行相互联系的记录，又要进行必要的科学分类；所谓全面，是指对各项经济活动的来龙去脉都必须进行全面的记录、计量，不得遗漏；所谓综合，是指利用货币计量提供总括反映各项经济活动情况的价值指标。

（三）会计的职能

会计的职能是指会计在经济管理过程中所具有的功能，根据会计活动的特点和宏观经济的要求，它可以分解为以下两个层次。

1. 会计的基本职能

（1）会计的核算职能。

会计的核算职能也称反映职能，是指会计以货币为主要计量方式，通过确认、计量、记录、报告等环节，对特定主体的经济活动进行记账、算账和报账，为会计信息使用者提供有用信息的功能。

会计的核算职能主要有以下几个特点：

① 会计核算从数量上反映各单位的经济活动状况，以货币度量为主，以实物度量和劳动量度量为辅。

② 会计主要核算过去已经发生或已经完成的经济活动，并以合法的原始凭证作为核算依据，以保证取得真实、可靠的会计信息。

③ 顺应生产发展和经济管理的要求，会计核算已经形成一系列相互联系、相互配合的科学、系统、严密而完整的方法，通过运用这些方法对经济活动进行连续、系统、全面

的核算,为经济管理提供必要的会计信息。

④ 会计核算必须遵守国家颁布的会计准则和会计制度,如财政部颁布的《企业会计准则》《事业单位会计准则》《企业会计制度》等。

(2) 会计的监督职能。

会计的监督职能也称控制职能,是指会计按照一定的目标和标准,利用会计所提供的会计信息,对单位的经济活动进行检查和督促,使之达到既定目标。

会计的监督职能主要有以下几个特点:

① 会计监督以特定的标准为依据。《中华人民共和国会计法》赋予会计机构与会计人员实施会计监督的权力和法律责任,以国家的财经法规、财经法律为准绳,具有强制性和严肃性。

② 会计监督贯穿于单位经济活动的全过程,包括事前监督、事中监督和事后监督。

③ 会计监督包括合法性、合理性和有效性三个方面。

④ 会计监督是集单位内部监督、社会监督和国家监督三位一体的监督。

综上所述,会计的核算职能和监督职能相辅相成,不可分割。会计核算是会计监督的基础,没有核算所提供的会计信息,会计监督就失去了存在的基础和前提;认真履行会计监督是会计核算的质量保证,只有核算没有监督,就难以保证核算所提供信息的真实性和可靠性。

2. 会计的扩展职能

随着社会经济的发展,会计的职能也在延伸。一般认为,会计除了具有会计核算和会计监督两个基本职能外,还有分析经济情况、预测经济前景、参与经济决策等其他职能。

二、会计核算的基本假设与会计信息质量要求

(一) 会计核算的基本假设

会计核算的前提就是企业会计确认、计量、记录和报告的前提,也称会计核算的基本假设,是对会计核算的时间、空间环境等所做出的合理的假设。明确会计核算的前提主要是为了在会计实务中出现一些不确定因素时能进行正常的业务处理,而对会计领域存在的某些无法论证的事项所做出的符合客观情理的推断和假设。

会计核算的基本假设主要有以下四个。

1. 会计主体

会计主体又称会计实体、会计个体,是指会计人员所核算和监督的特定单位。会计主体的前提要求会计人员只能核算和监督所在主体的经济活动。这一前提的主要意义在于:(1)将特定主体的经济活动与该主体所有者及职工个人的经济活动区别开来;(2)将该主体的经济活动与其他单位的经济活动区别开来,从而界定了从事会计工作和提供会计信息的空间范围,同时说明某会计主体的会计信息仅与该会计主体的整体活动和成果相关。例如,一项商品购销业务,甲方是买方,乙方是卖方。按照会计主体的要求,会计人员应站在本企业的立场处理业务,即甲方的会计应做商品购进的账务处理,而乙方的会计应做商品销售的账务处理。

在这里应注意的是,会计主体与法律主体并非是对等的概念,法人可以作为会计主体,但会计主体不一定是法人。例如,由自然人所创办的独资和合伙企业不具有法人资

格，这类企业的财产和债务在法律上被视为业主或合伙人的财产和债务，但在会计核算上必须将其作为会计主体，以便将企业的经济活动与其所有者的经济活动及其他实体的经济活动区别开来。企业集团由若干具有法人资格的企业组成，各企业既是独立的会计主体，也是法律主体。但为了反映整个集团的财务状况、经营成果及现金流量情况，还应编制该集团的合并会计报表，此时企业集团是一个会计主体，但通常不是一个独立法人。

2. 持续经营

持续经营是指会计主体在可以预见的未来会按照当前的规模和状态继续经营下去，不会停业，也不会大规模削减业务。持续经营建立在会计主体基础之上，即会计主体能够按照当前的规模和状态继续经营下去。会计核算所使用的一系列会计原则和会计处理方法都是建立在这一前提之上的，一旦企业面临停产、破产，其就会变更会计政策。所以，这一假设要求会计人员以企业的持续经营为前提，选择会计程序和会计方法，进行会计核算。例如，只有在持续经营的前提下，企业才能采用一定的折旧方法，在固定资产的使用年限内计提折旧。企业的债务也只有在这一前提下，才能按照原先规定的条件进行偿还。

3. 会计分期

会计分期是指将一个会计主体持续的生产经营活动划分为若干相等的会计期间，据以结算账目和编制财务会计报告，及时向有关方面提供反映企业财务状况和经营成果的信息。在持续经营的前提下，只有等到会计主体的所有生产经营活动最终结束时，才能最终反映企业的经营成果。但是，企业的投资者、债权人、管理者需要随时了解企业的有关会计信息，因此，需要将企业持续不断的生产经营过程划分为若干个相等的期间，以反映企业的财务状况、经营成果和现金流量信息。

《企业会计准则》规定，我国企业的会计期间按照年度划分，以日历年度为一个会计年度。除会计年度外，我国的会计期间还有月度、季度、半年度。小于一个完整会计年度的会计期间称为会计中期。

会计分期的意义在于：有了会计分期，才产生了本期与非本期的区别；有了本期与非本期的区别，才产生了权责发生制和收付实现制，才使不同类型的会计主体有了记账的基准。

4. 货币计量

货币计量是指会计主体在确认、计量、记录和报告时以货币作为主要计量单位，反映会计主体的经营活动。按照会计法规的相关规定，我国的企事业单位、行政单位和非营利组织的核算应以人民币作为自己的记账本位币。涉外企业、业务收支以外币为主的企业可以选择某种外币作为自己的记账本位币，但编制财务报告时应当折算为人民币进行反映。在我国境外设立的中国企业向国内报送财务报告时也应折算为人民币。

以上会计核算的四项基本前提，具有相互依存、相互补充的关系。具体来说，会计主体确立了会计核算的空间范围，持续经营与会计分期确立了会计核算的时间长度，而货币计量则为会计核算提供了必要手段。简单地说，没有会计主体，就不会有持续经营；没有持续经营，就不会有会计分期；没有货币计量，就无法进行会计核算。

（二）会计信息质量要求

会计信息质量要求是对企业财务报告中所提供的会计信息质量的基本要求，是使财务报告中所提供的会计信息对投资者等会计信息使用者的相关决策有用而应具备的基本特征。

1. 可靠性

可靠性要求企业应当以实际发生的交易或者事项为依据进行会计确认、计量和报告，如实反映符合确认和计量要求的各项会计要素及其他相关信息，以保证会计信息真实可靠、内容完整。

为贯彻可靠性要求，企业应当做到以下几个方面：

（1）以实际发生的交易或者事项为依据进行会计确认、计量和报告。

（2）在符合重要性和成本效益原则的前提下，保证会计信息的完整性。

（3）财务报告中列示的会计信息应当是中立的。

可靠性是高质量会计信息的重要基础和关键所在。如果企业以虚假的交易或事项进行确认、计量和报告，会计信息不能如实反映企业的财务状况或经营成果，就会误导信息使用者的决策，会计工作也就失去了存在的意义。

2. 相关性

相关性要求强调会计信息的有用性，即要求企业提供的会计信息应当与财务报告使用者的经济决策需要相关，有助于财务报告使用者对企业过去、现在或者未来的情况做出评价或者预测。会计信息是否有价值，在于其是否与信息使用者的决策需求相关，是否有助于决策或者提高决策水平。只有与决策相关的会计信息才有助于使用者评价企业管理者的决策，证实或者修正过去的有关预测，也因此具有反馈价值。相关的会计信息还应当具有预测价值，有助于使用者根据财务报告所提供的会计信息预测企业未来的财务状况、经营成果和现金流量。

相关性以可靠性为基础，二者之间并非对立而是统一的。在可靠性的前提下，会计信息应尽可能与决策相关，以满足会计信息使用者的决策要求。

3. 明晰性

明晰性也称可理解性，即要求企业提供的会计信息应当清晰明了，便于财务报告使用者理解和使用。企业编制财务报告、提供会计信息的目的在于让信息使用者做出正确的决策。而要让信息使用者有效使用会计信息，应当使其理解会计信息的内涵，弄懂会计信息的内容，这就要求财务报告所提供的会计信息应当清晰明了、便于理解，只有这样才能提高会计信息的有用性，实现财务会计的工作目标，完成会计使命。

会计信息是一种专业性非常强的信息，在强调信息可理解性的同时，还应注意使用者必须具备一定的会计常识。如果会计信息过于复杂和专业导致信息使用者无法理解，应当在财务报告中予以充分披露。

4. 可比性

可比性要求企业提供的会计信息应当相互可比。可比性具体包括两方面内容：（1）纵向可比，即同一企业在不同时期发生的相同或者相似的交易或事项，应当采用一致的会计政策，不得随意变更；若确需变更，应当在附注中说明。（2）横向可比，即不同企业同一会计期间发生的相同或者相似的交易或事项，应当采用规定的会计政策，确保会计信息口径一致，相互可比。

5. 实质重于形式

这里的实质是指经济实质，形式是指法律形式。实质重于形式要求企业应当按照交易或者事项的经济实质进行会计确认、计量和报告，不应仅以交易或者事项的法律形式为依据。简而言之，即要求经济实质重于法律形式。如果企业仅仅以交易或者事项的法律形式为依据进行会计确认、计量和报告，就容易导致会计信息失真，无法如实反映经济现实和实际情况。

大多数的业务，其法律形式反映了经济实质，但是，在有些情况下，法律形式没有反映经济实质，这就要求会计人员做出职业判断，按照业务的经济实质进行账务处理。例如，企业以融资租赁方式租入固定资产时，其法律形式为租入资产，承租方不享有所有权，而经济实质是承租方长期占有并使用，具有控制权和收益权。所以，承租方应将其作为企业的资产进行账务处理。

6. 重要性

重要性要求企业提供的会计信息应当反映与企业财务状况、经营成果和现金流量有关的所有重要交易或者事项，要求将所有重要的交易或者事项进行完整、全面的计量、报告。相同的金额对于规模不同的企业可能存在不同的重要性，重要性的应用需要依赖职业判断，企业应当根据其所处环境和实际情况，从项目的性质和金额对企业的影响进行合理的判断。对于重要的会计事项，必须按照规定的方法和程序进行处理，并在财务报告中予以充分、准确的披露；对于不具有重要性的会计事项，可在不影响会计信息真实性和不会误导信息使用者做出正确决策的前提下，适当简化处理。

7. 谨慎性

谨慎性要求企业对交易或者事项进行会计确认、计量和报告时，应当保持应有的谨慎，不应高估资产或者收益、低估负债或者费用。

在市场经济条件下，企业面对的是有风险的市场，其经营活动存在大量的不确定性。为了避免风险和不确定因素给企业正常生产经营带来的严重影响，在会计核算工作中应坚持谨慎原则，充分估计各种风险和损失，合理预计可能发生的费用和损失，并予以记录。例如，企业对可能无法收回的外单位欠款，计提坏账准备；对可能发生减值的各项资产，计提减值准备；对可能发生的保修义务，确认预计负债。

8. 及时性

及时性要求企业对已经发生的交易或者事项应当及时进行确认、计量和报告，不得提前或者延后。及时性原则，一是要求及时收集会计信息，即在经济业务发生后及时整理原始单据或凭证；二是要求及时传递会计信息，方便及时使用和决策，即在统一规定的期限内，及时编制财务报告，并传递给使用者，以供其及时参考使用。若不能满足会计信息的及时性，可能会影响会计信息的可靠性和相关性，这就需要会计人员在工作中本着成本效益原则均衡考虑，统筹规划。

在上述会计信息质量要求中，可靠性、相关性、明晰性、可比性是会计信息应具备的基本质量要求，而实质重于形式、重要性、谨慎性、及时性是会计信息相对次要的质量要求。这些要求在提供会计信息中相辅相成，形成完整的会计信息质量要求体系。

三、会计核算基础与会计核算方法

（一）会计核算基础

会计核算基础是指会计确认、计量和报告的基础，是确认一定会计期间的收入和支出，从而确定会计利润的标准。

如前所述，会计分期的假设使会计核算产生了本期与非本期的区别。企业在一定会计期间为进行生产经营活动而发生的费用，可能在本期已支付货币，也可能尚未在本期支付；所形成的收入，可能在本期已收到货币，也可能尚未收到；同时，本期发生的费用可能与本期收入有关，也可能无关。那么，怎么处理这些收支发生期间和应归属期间不一致的业务呢？在会计实务中，有两种确认方法：一种是作为本期收支确认，另一种是作为非本期收支确认。由此便产生了确认收支的两种核算基础，即收付实现制和权责发生制。

1. 收付实现制

收付实现制也称现金制或实收实付制，是以本期款项的实际收付作为确认本期收入、费用的基础，即凡是本期实际支付的款项，不论其是否应由本期负担，均作为本期的费用处理，凡是在本期实际收到的现金收入，不论其是否属于本期，均作为本期的收入处理；反之，只要本期还未以现金形式收到的收入和没有用现金支付的费用，即使它们应当归属于本期，也不作为本期的收入和费用处理。

目前，我国行政单位会计采用收付实现制，事业单位会计除了需要计算利润的经营业务采用权责发生制外，其他大部分采用收付实现制。

2. 权责发生制

权责发生制也称应计制或应收应付制，是指收入和费用的确认不以款项的实际收到与支付为标准，而是以经济业务引起的权利和责任实际发生为标志，即凡是当期实现的收入和已经发生或应当负担的费用，不论款项是否收到或支付，均作为当期的收入和费用；凡是不属于当期的收入和费用，即使款项已在当期收到或支付，均不作为当期的收入和费用。

权责发生制主要从时间上规定会计确认的基础，其核心是根据权责关系的实际发生期间来确认收入和费用。根据权责发生制进行收入与成本费用的核算，能够更加准确地反映特定会计期间真实的财务状况及经营成果。因此，《企业会计准则》规定："企业应当以权责发生制为基础进行会计确认、计量和报告。"

（二）会计核算方法

会计核算方法是用来核算和监督会计对象、完成会计任务的手段。会计核算是会计的基本环节，会计核算方法是会计的基本方法。

会计核算方法是从价值角度对会计对象在经济活动中所产生的各种数据进行连续、系统地加工处理，以提供综合、全面的会计信息所使用的专门方法。会计核算方法一般包括设置会计科目和账户、复式记账、填制和审核会计凭证、登记账簿、成本计算、财产清查、编制财务报告七种方法。

1. 设置会计科目和账户

会计科目是对会计要素的具体内容进行分类核算的项目。会计账户是根据会计科目设置的，具有一定的格式和结构，是反映会计要素的变动情况及其结果的载体。设置会计科目和账户是保证会计核算系统性的专业方法。

2. 复式记账

复式记账是指对每一项经济业务都必须用相等的金额在两个或两个以上相互关联的会计账户中进行反映，系统地核算会计要素的增减变化及其结果的一种记账方法。复式记账是会计核算方法体系的核心。

3. 填制和审核会计凭证

填制和审核会计凭证是指为了审查经济业务是否合法、合理，保证账簿记录正确、完整而采用的一种专门方法。会计凭证是记录经济业务、明确经济责任、作为记账依据的书面证明，是登记账簿的重要依据。正确填制和审核会计凭证，是核算和监督经济业务的基础，是做好会计工作的前提。

4. 登记账簿

账簿是用来全面、连续、系统地记录各项经济业务的簿籍，是保存会计资料的重要工具。登记账簿就是以审核无误的会计凭证为依据，在账簿中分类、连续、完整地记录和循序渐进地汇集核算经济活动的一种专门方法。登记账簿时，既要按照账户的内容分类地反映经济业务，又要按照时间的先后反映经济业务，以求为经济管理工作提供系统、完整的数据和信息。

5. 成本计算

成本计算是按照一定对象归集和分配生产经营过程中发生的各种费用，以确定各对象的总成本和单位成本的一种专门方法。产品成本是综合反映企业生产经营活动的一项重要指标。正确地进行成本计算，可以考核生产经营过程的费用支出水平，同时又是确定企业盈亏和制定产品价格的基础，并为企业进行经营决策提供重要数据。

6. 财产清查

财产清查是对各项财产物资采用科学的方法进行盘点实物、核对账目，对往来账款进行查询、清算，以保证账实相符、账账相符的一种专门方法。通过财产清查，可以提高会计记录的正确性，查明各项财产物资的保管和使用情况及各种结算款项的执行情况，以便对积压或损毁的物资和逾期未收到的款项及时采取措施，加强对财产物资的管理。

7. 编制财务报告

财务报告是指企业对外提供的反映某一特定日期的财务状况和某一会计期间的经营成果、现金流量等会计信息的书面报告文件。通过数据的收集、整理，按规定的流程编制财务报告，可为财务报告使用者提供决策和预测所需的会计信息。

以上会计核算的七种方法，虽各有特定的含义和作用，但并不是独立的，而是相互联系、密切配合的，构成一个完整的方法体系。通常，企业发生经济业务后，要填制和审核会计凭证，根据审核无误的原始凭证，按照设置的会计科目和账户，采用复式记账的方法编制记账凭证，根据记账凭证结合原始凭证登记账簿，依据账簿记录的资料和其他相关资料进行成本计算和财产清查，并按规定定期编制财务报告。

任务二　会计对象和会计要素

一、会计对象

（一）会计对象的含义

会计对象是指会计核算和监督的内容，即通过货币价值形式表现的有关社会再生产过程中生产、交换、分配、消费等方面的经济活动。

社会再生产过程中，需要劳动力、劳动工具、劳动对象，从使用价值形态上看，它们具有不同的实物形态，从价值形态上看，它们是社会再生产过程中能用货币表现的资金。在社会生产过程中，劳动者利用劳动工具，作用于劳动对象，生产出劳动产品来满足社会再生产和人们生活的需要，形成了社会再生产过程中生产、交换、消费与分配不同环节的资金运动。这整个过程中的资金运动就是会计核算和监督的内容，即会计对象。

（二）会计对象的具体表现

在社会再生产过程中，不同环节的资金运动表现不同，会计对象的具体表现也有所不同。就制造企业而言，其资金运动按运动程序可分为资金筹集、资金周转、资金退出三个基本环节。

1. 资金筹集

企业要进行生产经营活动就必须要有一定数量的营运资金，这势必要通过不同渠道和方式取得。企业的筹资渠道主要有两个方面：一是投资者投入的资金；二是向金融机构借入的资金。企业筹集的资金形态各异，有货币形态、实物形态、专利技术形态等，无论哪种形态都离不开会计的核算与监督。

2. 资金周转

制造企业将筹集到的资金投入生产经营过程中，随着生产经营过程不断进行，企业资金的货币形态经过供应、生产、销售三个阶段，分别转化成储备资金、生产资金、成品资金，通过销售又转化成增值了的货币资金。如此循环往复，周而复始，企业的资金实现保值增值，达到其生产经营的目标。在不断提高企业经济效益的过程中，同样也需要会计的核算与监督。

3. 资金退出

企业通过生产经营活动取得收益，补偿了生产经营过程中的各项耗费，上缴各种税费，收支相抵后剩余部分就是企业的净利润。按规定，企业净利润要提取一定数额的留存收益，多余部分要偿还企业的债务，按投资比例分配给投资者。偿债资金、分红资金等退出企业的过程也需要会计的核算与监督。

综上所述，企业生产经营过程中资金的筹集、周转、退出三个环节的资金运动构成了会计的对象。

二、会计要素

会计要素是对会计核算对象的基本分类，是进行会计确认、计量和报告的依据。会计要素有资产、负债、所有者权益、收入、费用和利润六大类。其中，资产、负债、所有者权益是反映企业某一特定日期财务状况的要素，又称静态会计要素，它们之间的数量经济关系表现为：资产＝负债＋所有者权益；收入、费用、利润是反映企业一定时期经营活动及其成果的会计要素，又称动态会计要素，它们之间的数量经济关系表现为：利润＝收入－费用。

（一）资产

1. 资产的定义

《企业会计准则》规定："资产是指企业过去的交易或者事项形成的、由企业拥有或者控制的、预期会给企业带来经济利益的资源。"

2. 资产的特征

作为反映财务状况要素之一的资产具有以下几个方面的特征：

（1）资产是由企业过去的交易或者事项形成的。过去的交易或者事项是指已经购买、生产、建造行为或者其他交易或事项。只有过去发生的交易或事项才能增加或者减少企业的资产，而不能根据谈判中的交易或者计划中的经济业务来确认资产。

（2）资产应为企业拥有或者控制的资源。"拥有"是指拥有资产的所有权，"控制"是指控制资产的所有权。企业拥有或控制资产，就能排他性地从资源中获得经济利益。而企业享有资产的控制权，通常表现在使用、处置和收益方面，即企业能够从资产中获取经济利益。需要说明的是，在有些情况下，资产虽然不为企业所拥有，即企业不享有其所有权，但企业控制了这些资产，同样表明企业能够从资产中获取经济利益，也就符合会计上对资产的定义。例如，融资租入固定资产，企业并不享有固定资产的所有权，但由于融资租入固定资产的特殊性（一般租期时间长，接近资产的使用寿命等），所以承租人实质上控制资产，故在会计处理中将融资租入的固定资产视为资产。

（3）资产预期会给企业带来经济利益。资产预期会给企业带来经济利益是指资产直接或者间接导致现金或现金等价物流入企业。例如，企业采购的原材料、购置的固定资产，可以用于生产经营、制造产品或者提供劳务，对外出售后收回货款，所收货款即为企业获得的经济利益。如果某一项目预期不能给企业带来经济利益，就不能将其确认为企业的资产。

（4）资产必须能以货币计量。货币计量是会计核算的基础，若一项资源不能以货币计量，就无法进行会计确认和价值计量。凡不能以货币计量的资源就不能列为资产。

3. 资产的分类

资产包括各种财产、债权和其他权利。按照流动性，可将资产分为流动资产和非流动资产两大类。

（1）流动资产。资产满足下列条件之一的，应当归类为流动资产：

① 预计在一个正常营业周期内变现、出售或耗用；

② 主要为交易目的而持有；

③ 预计在资产负债表日起一年内（含一年，下同）变现；

④ 自资产负债表日起一年内，交换其他资产或清偿负债的能力不受限制的现金或现金等价物。

流动资产主要包括货币资金、交易性金融资产、应收账款、其他应收款、预付账款、存货等。

（2）非流动资产。流动资产以外的资产应当归类为非流动资产，并应按其性质分类列示。非流动资产一般包括长期股权投资、投资性房地产、固定资产、无形资产、在建工程、长期待摊费用等。

此外，资产还可以按有无实物形态分为有形资产和无形资产两类。具有实物形态的称为有形资产，如存货、固定资产等；本身不具有实物形态的称为无形资产，如专利权、商标权等。

（二）负债

1. 负债的定义

《企业会计准则》规定："负债是指企业过去的交易或者事项形成的、预期会导致经济利益流出企业的现时义务。"其中，现时义务是指企业在现行条件下已承担的义务。未来发生的交易或者事项形成的义务，不属于现时义务，不应当确认为负债。

2. 负债的特征

作为反映财务状况要素之一的负债具有以下几个方面的特征：

（1）负债是现时存在的，由过去的交易或者事项形成的经济责任或经济义务。主要表现为：企业通过某种形式取得资产后对债主或债权人所承担的经济责任，如银行借款、应付账款；从事一定经济活动后法律规定产生的经济责任，如应交税费。

（2）负债必须能以货币计量，凡不能以货币计量的经济责任，均不能确认为负债。

（3）负债应该有明确的债权人和偿还日期，或可以合理地估计确定的债权人和偿还日期。

（4）负债预期会导致经济利益流出企业。债务到期，债务人需要清偿债权人的债务，比如，使用现金偿还或用实物资产偿债等，都会导致经济利益流出企业。

3. 负债的分类

《企业会计准则》规定，负债按流动性或归还期限的长短分为流动负债和非流动负债。

（1）流动负债。通常来说，流动负债是指将在一年内（含一年）或者超过一年的一个营业周期内偿还的债务。《企业会计准则》规定，负债满足下列条件之一的，应当归类为流动负债：

① 预计在一个正常营业周期内清偿；
② 主要为交易目的而持有；
③ 自资产负债表日起一年内到期应予以清偿；
④ 企业无权自主地将清偿推迟至资产负债表日后一年以上。

流动负债主要包括短期借款、应付账款、应付票据、预收账款、应付职工薪酬、应付股利、应交税费、其他应付款、一年内到期的长期借款等。

（2）非流动负债。非流动负债是指流动负债以外的偿还期在一年以上或者超过一年的一个营业周期以上的债务。与流动负债相比，非流动负债具有偿还期较长、金额较大的特点。

非流动负债主要包括长期借款、应付债券、长期应付款等。

（三）所有者权益

1. 所有者权益的定义

所有者权益是指企业资产扣除负债后，由所有者享有的剩余权益。股份公司的所有者权益一般称为股东权益。所有者权益是所有者对企业资产的剩余索取权益，既可反映所有者投入资本的保值增值情况，又能体现保护债权人权益的理念。

2. 所有者权益的特征

企业的所有者和债权人均是企业资金的提供者，因而所有者权益和债权人权益均是对企业资产的要求权，但所有者权益与债权人权益比较，具有以下四个基本特征：

（1）长期性。所有者权益在企业经营期内可供企业长期、持续地使用，企业不必向投资者返还资本金。而负债则必须按期返还给债权人，成为企业的现时义务。

（2）收益性。所有者权益是对投入的资本及其运用所产生的盈余的权利，企业所有人依据其投入企业资本的比例，享受分配税后利润的权利。所有者权益是企业分配税后净利润的主要依据，而债权人除按规定取得利息外，无权分配企业的盈利。

（3）参与经营管理权。企业所有人有权行使企业的经营管理权，或者授权管理人员行使经营管理权。但债权人只享有收回债务本金和利息的权利，无权参与企业收益分配，也没有对企业实施经营管理的权利。

（4）所有者权益一般只有在企业解散清算或按法律程序减资时才有可能返还给投资者，在企业持续经营的情况下，一般不能收回投资。而债权人不必承担企业的亏损。

3. 所有者权益的分类

所有者权益按其构成分为实收资本、资本公积、盈余公积和未分配利润。

（1）实收资本（或股本）。实收资本即投入资本，是指投资者按照企业章程或合同、协议约定，以货币资金、实物、无形资产及其他方式实际直接投入企业的资本，是企业承担民事责任的财力保证。所有者通过购买企业发行的股票而直接投资于企业的股票面值称为股本。

（2）资本公积。资本公积是指企业由投入资本本身所引起的各种增值，如资本溢价等。资本公积并非直接由企业生产经营活动产生，因此它只能用于转增资本，而不能用于弥补亏损。

（3）盈余公积。盈余公积是指企业按照规定从净利润中提取的各种积累资金，它既可以用于弥补亏损，也可以用于转增资本，但不得用于向出资人分配利润。盈余公积又可分为法定盈余公积和任意盈余公积。

（4）未分配利润。未分配利润是指企业未明确用途未做分配的利润，它在未分配前属于所有者权益的组成部分，也可留待以后年度继续进行分配。从数量上看，它是期初未分配利润加上本期实现的净利润，减去提取的各种盈余公积和向所有者分配利润后的余额。

（四）收入

1. 收入的定义

《企业会计准则》规定："收入是指企业在日常活动中形成的、会导致所有者权益增加的、与所有者投入资本无关的经济利益的总流入。"

2. 收入的特征

作为反映经营成果要素之一的收入具有以下几个方面的特征：

（1）收入是企业在日常活动中形成的，而不是从偶发的交易或事项中产生。日常活动是指企业完成其经营目标所从事的经常性活动及与之相关的活动。例如，商业企业销售商品、保险公司签发保单、咨询公司提供咨询服务、软件公司为客户开发软件、租赁公司出租资产等，均属于企业的日常活动。有些经济业务也能为企业带来经济利益流入，但由于不是日常活动，所以不属于收入。比如，在实务处理中，固定资产出售所形成的净收益，这种净收益和企业的日常活动没有直接联系，所以应当计入利得。

（2）收入会导致所有者权益的增加。例如，企业向银行借款，虽然在一定程度上，为企业带来了经济利益流入（现金资产增加），但该流入并不会导致所有者权益的增加，反而使企业承担了借款，所以不应将其确认为收入，而应确认为负债。

（3）收入是与所有者投入资本无关的经济利益的总流入。收入会导致经济利益的流入，从而导致资产的增加。在实务处理中，需要注意资产增加的因素。例如，经济利益的流入是所有者投入资本的增加所致，这种情况下所有者投入资本的增加不应当确认为收入，而应将其确认为所有者权益。

3. 收入的分类

（1）收入按企业从事日常活动的性质不同，分为销售商品收入、提供劳务收入和让渡资产使用权收入等。

（2）收入按企业经营业务的主次不同，分为主营业务收入和其他业务收入。主营业务收入是指由企业日常经营中的经常性活动所形成的收入；其他业务收入是指由企业日常经营中的与之相关的其他经营活动所产生的收入。

（五）费用

1. 费用的定义

《企业会计准则》规定："费用是指企业在日常活动中发生的、会导致所有者权益减少的、与向所有者分配利润无关的经济利益的总流出。"费用是与收入相对应的概念，是企业取得收入与之相配比所付出的代价，并从收入中获得补偿。

2. 费用的特征

作为反映经营成果要素之一的费用具有以下几个方面的特征：

（1）费用是企业在日常活动中形成的。费用必须是企业在其日常活动中所形成的，如营业成本、销售费用、管理费用和财务费用等。将费用界定为日常活动中所形成的，主要是为了将费用和损失相区分，企业非日常活动所形成的经济利益的流出不能确认为费用，而应当计入损失，如固定资产清理净损失等。

（2）费用引起所有者权益的减少。与费用相关的经济利益的流出，会导致所有者权益的减少。费用只有在经济利益很可能流出从而导致企业资产减少或者负债增加，且经济利益的流出能够可靠计量时才能予以确认。

（3）费用是与向所有者分配利润无关的经济利益的总流出。费用的发生应当导致经济利益的流出，从而导致资产的减少或者负债的增加（这种情况最终也会导致资产的减少）。换个说法，费用可能表现为资产的减少，如用现金或者银行存款支付期间费用；也可能表现为负债的增加；或者同时表现为资产的减少和负债的增加。

3. 费用的分类

费用按是否计入成本可分为计入成本的费用和计入损益的费用。计入成本的费用又称生产费用，按计入方式可分为直接费用和间接费用；计入损益的费用主要包括期间费用等。

（1）直接费用。直接费用是指直接为生产产品或提供劳务而发生的费用，包括直接材料、直接人工和其他直接费用。

（2）间接费用。间接费用是指企业各生产单位（分厂、车间）为组织和管理生产所发生的共同费用，如生产车间为组织和管理生产发生的各项费用，包括车间管理人员的工资、车间固定资产的折旧费等。间接费用分配计入生产成本。

（3）期间费用。期间费用是指不计入生产成本，而在发生的会计期间直接计入当期损益的费用，包括销售费用、管理费用和财务费用。

（六）利润

1. 利润的定义

《企业会计准则》规定："利润是指企业在一定会计期间的经营成果，包括收入减去费用后的净额、直接计入当期利润的利得和损失等。"收入减去费用后的净额反映的是企业日常活动的业绩。直接计入当期利润的利得和损失，是指应当计入当期损益、会导致所有者权益发生增减变动的、与所有者投入资本或者向所有者分配利润无关的利得或损失。其中，利得是指由企业非日常活动所形成的、会导致所有者权益增加的、与所有者投入资本无关的经济利益的流入；损失是指由企业非日常活动所发生的、会导致所有者权益减少的、与所有者投入资本无关的经济利益的流出。

2. 利润的特征

作为反映经营成果要素之一的利润具有以下几个方面的特征：

（1）收入和费用要素配比的结果是利润，它是一定会计期间的经营成果，是一项时期指标。如果一个会计期间的各种收入与各项费用相抵后为正差额，则表现为盈利；如果为负差额，则表现为亏损。

（2）利润的界定不完全是收入与费用配比的结果。《企业会计准则》界定的利润，除了包括收入与和其相配比的费用相抵后的差额以外，还包括计入当期利润的"利得"和"损失"，但不包括直接计入所有者权益的"利得"和"损失"。

（3）利润的形成最终导致所有者权益的变动。盈利会使所有者权益增加；亏损则会导致所有者权益减少。

3. 利润的分类

利润按其构成的不同分为营业利润、利润总额和净利润。

营业利润 = 营业收入 − 营业成本 − 税金及附加 − 销售费用 − 管理费用 − 研发费用 − 财务费用 + 投资收益（−投资损失）− 信用减值损失 − 资产减值损失 + 公允价值变动收益（−公允价值变动损失）+ 资产处置收益（−资产处置损失）+ 其他收益 + 净敞口套期收益（−净敞口套期损失）

其中：营业收入 = 主营业务收入 + 其他业务收入

营业成本 = 主营业务成本 + 其他业务成本

利润总额 = 营业利润 + 营业外收入 − 营业外支出

净利润 = 利润总额 − 所得税费用

任务三　会计等式

会计等式也称会计恒等式，又称会计平衡公式，它是反映会计对象各要素之间数量关系的表达式，是复式记账的理论基础。

一、基本会计等式

任何企业为了维持正常的生产经营活动，都必须拥有一定数量与结构的、能给企业带来经济利益的经济资源，如机器设备、厂房等劳动资料及各种存货等。这些经济资源统称为资产。企业资产的最初来源渠道大体可分为两种：一是由国家、企业法人和个人作为投资主体以投资方式提供；二是由银行或各种金融机构作为债权人以借款方式提供。既然企业的投资者和债权人为企业提供了全部资产，就应该享有对企业资产的要求权。这种对企业资产的要求权，在会计上称为"权益"。其中，属于投资者的要求权，称为投资者权益，又称企业的所有者权益；属于债权人的要求权，称为债权人权益，又称企业的负债。

资产与权益是同一会计主体经济资源的两个方面。资产表明企业拥有什么样的经济资源，拥有多少经济资源，权益则表明是谁提供了这些经济资源，谁对这些经济资源享有要求权。资产与权益是相互依存的关系，没有无资产的权益，也没有无权益的资产。企业一定数额的资产，必然表现为企业投资者和债权人所拥有的一定数额的权益；而企业投资者和债权人所拥有的一定数额的权益，也必然反映在企业一定数额的资产上。因此，在用货币对企业的全部资产和全部权益进行计价核算时，从二者的价值量方面来看，在任一时点上它们都是必然相等的，二者之间保持的这种价值量上的平衡关系，用等式可表示为：

$$资产 = 权益$$

即

$$资产 = 债权人权益 + 投资人权益$$

也即

$$资产 = 负债 + 所有者权益$$

这一等式是反映某个会计期间开始时（某一时日）企业的财务状况，因此，该等式被称为静态会计等式。随着企业经济活动的进行，在会计期间，企业一方面取得了收入，并因此增加了资产或减少了负债；另一方面要发生各种各样的费用，并因此减少了资产或增加了负债。所以，企业在会计期间的任一时刻，即未结账之前，企业的会计等式就转化为下面的形式：

$$资产 = 负债 + 所有者权益 + 利润（收入 - 费用）$$

到了会计期末，企业将收入与费用相配比，计算出利润（或亏损），并按规定的程序进行分配，剩余的又全部归入所有者权益项目。这样在会计期末结账后，会计等式又恢复到会计期初的形式：

$$资产 = 负债 + 所有者权益$$

由此可见，基本会计等式揭示了会计要素之间的内在联系，它是设置账户、复式记账、试算平衡和编制会计报表的理论依据。

二、会计等式恒等原理

资产与权益的平衡关系是客观存在的，它不受经济业务变动的影响，即在企业生产经营活动中无论经济业务变动引起的资产和权益如何变化，都不会破坏资产与权益之间的平衡关系。

经济业务是指发生于企业生产经营过程中，引起会计要素增减变动的事项，又称会计事项。会计事项具有两个特征：（1）该事项能够用货币计量；（2）该事项能引起资金发生增减变动。由于企业生产经营活动的复杂性，企业的经济业务也是复杂多变的，但不论经济业务怎样变化，在一定会计日期企业的资产总额均等于权益总额。

从经济业务对会计平衡公式的影响来看，可以将经济业务概括为以下九种基本业务

类型:

(1) 一项资产增加,另一项资产减少,增减金额相等;
(2) 一项资产增加,一项负债增加,增减金额相等;
(3) 一项资产增加,一项所有者权益增加,增减金额相等;
(4) 一项资产减少,一项负债减少,增减金额相等;
(5) 一项资产减少,一项所有者权益减少,增减金额相等;
(6) 一项负债增加,另一项负债减少,增减金额相等;
(7) 一项所有者权益增加,另一项所有者权益减少,增减金额相等;
(8) 一项负债增加,一项所有者权益减少,增减金额相等;
(9) 一项负债减少,一项所有者权益增加,增减金额相等。

下面举例说明。

【例 1-1】 已知大山公司 2019 年 6 月初资产总额为 900 000 元、负债为 400 000 元、所有者权益为 500 000 元。大山公司 2019 年 6 月份发生以下经济业务:

1. 以银行存款购入机器一台,价值为 30 000 元。

这笔业务一方面引起资产要素中的固定资产增加 30 000 元,同时又引起资产要素中的银行存款减少 30 000 元。对会计等式的影响表示如下:

$$
\begin{array}{rcl}
资产 & = & 负债 + 所有者权益 \\
900\,000 & = & 400\,000 + 500\,000 \\
+30\,000 & & \\
-30\,000 & & \\
\hline
900\,000 & = & 400\,000 + 500\,000
\end{array}
$$

2. 向银行取得为期一年的借款 10 000 元,存入银行。

这笔业务一方面引起资产要素中的银行存款增加 10 000 元,同时又引起负债要素中的短期借款增加 10 000 元。对会计等式的影响表示如下:

$$
\begin{array}{rcl}
资产 & = & 负债 + 所有者权益 \\
900\,000 & = & 400\,000 + 500\,000 \\
+10\,000 & & +10\,000 \\
\hline
910\,000 & = & 410\,000 + 500\,000
\end{array}
$$

3. 接受 Y 企业投入资金 60 000 元,存入银行。

这笔业务一方面引起资产要素中的银行存款增加 60 000 元,同时又引起所有者权益要素中的投入资本增加 60 000 元。对会计等式的影响表示如下:

$$
\begin{array}{rcl}
资产 & = & 负债 + 所有者权益 \\
910\,000 & = & 410\,000 + 500\,000 \\
+60\,000 & & +60\,000 \\
\hline
970\,000 & = & 410\,000 + 560\,000
\end{array}
$$

4. 以银行存款归还前欠 X 企业的账款 5 000 元。

这笔业务一方面引起资产要素中的银行存款减少 5 000 元，同时又引起负债要素中的应付账款减少 5 000 元。对会计等式的影响表示如下：

```
    资产    =   负债   + 所有者权益
  970 000  = 410 000  +  560 000
  − 5 000    − 5 000
  965 000  = 405 000  +  560 000
```

5. 按法定程序以银行存款退还某投资者 80 000 元。

这笔业务一方面引起资产要素中的银行存款减少 80 000 元，同时又引起所有者权益要素中的实收资本减少 80 000 元。对会计等式的影响表示如下：

```
    资产    =   负债   + 所有者权益
  965 000  = 405 000  +  560 000
  − 80 000              − 80 000
  885 000  = 405 000  +  480 000
```

6. 从银行借款 9 000 元偿付所欠 Z 供货单位账款。

这笔业务一方面引起负债要素中的短期借款增加 9 000 元，同时又引起负债要素中的应付账款减少 9 000 元。对会计等式的影响表示如下：

```
    资产    =   负债   + 所有者权益
  885 000  = 405 000  +  480 000
             + 9 000
             − 9 000
  885 000  = 405 000  +  480 000
```

7. 经批准，按法定手续将 70 000 元盈余公积转增注册资本金。

这笔业务一方面引起所有者权益要素中的实收资本增加 70 000 元，同时又引起所有者权益要素中的盈余公积减少 70 000 元。对会计等式的影响表示如下：

```
    资产    =   负债   + 所有者权益
  885 000  = 405 000  +  480 000
                        + 70 000
                        − 70 000
  885 000  = 405 000  +  480 000
```

8. 按法定程序将应付给甲投资者的利润 36 000 元转为对企业的投资。

这笔业务一方面引起负债要素中的应付利润减少 36 000 元，同时又引起所有者权益要素中的实收资本增加 36 000 元。对会计等式的影响表示如下：

```
         资产     =    负债    +  所有者权益
       885 000   =  405 000   +   480 000
                    - 36 000      + 36 000
       ─────────────────────────────────────
       885 000   =  369 000   +   516 000
```

9. 计算出应向乙投资者分配利润 28 000 元。

这笔业务一方面引起负债要素中的应付利润增加 28 000 元，同时待分配利润中有 28 000 元已明确了利润分配的去向，这使得所有者权益要素中的未分配利润减少 28 000 元。对会计等式的影响表示如下：

```
         资产     =    负债    +  所有者权益
       885 000   =  369 000   +   516 000
                    + 28 000      - 28 000
       ─────────────────────────────────────
       885 000   =  397 000   +   488 000
```

从例【1-1】可知，上述经济业务发生的结果仅是使资产与权益的总额由期初的 900 000 元变化为 885 000 元，而资产与权益的平衡关系并未因此受到影响或改变。由此可知，无论经济业务的发生会引起企业的资产、负债和所有者权益发生怎样的增减变动，都不会破坏三者之间的平衡关系。

任务四　会计科目和账户

一、会计科目

（一）会计科目的含义

为了全面、系统、分类地反映和监督各项经济业务的发生情况，以及由此而引起的各类会计要素增减变动的过程和结果，就必须按照会计要素的不同特点，根据经济管理的要求，通过设置会计科目来进行分类别、分项目地核算。会计科目是对会计对象的具体内容在按照会计要素分类的基础上进一步分类的项目。

（二）会计科目的使用说明

1. 会计科目的设置与使用

企业应按照《企业会计准则》的规定，设置和使用会计科目。在不影响会计核算要求和会计报表指标汇总及对外提供统一的财务会计报表的前提下，可以根据实际情况自行增设、减少或合并某些会计科目。明细科目的设置，除《企业会计准则》已有规定外，在不违反统一会计核算要求的前提下，企业可以根据需要，自行确定。这些规定既体现了会计科目设置与使用的统一性，也体现了灵活性。

2. 会计科目的编号

《企业会计准则》统一规定了会计科目的编号，以便于企业编制会计凭证、登记账簿、查阅账目，实行会计电算化（在会计电算化中称为会计科目代码）。一级科目一般用四位数（大分类、小分类和具体会计科目）编号法：大分类编号用一位数从"1"开始；小分类编号用两位数从"00"开始，如"00，10，11，…"；具体会计科目编号用一位数从"1"开始。例如，《企业会计准则》把"库存现金"科目编号为"1001"，"银行存款"科目编号为"1002"，"其他货币资金"科目编号为"1012"，"固定资产"科目编号为"1601"，"累计折旧"科目编号为"1602"。在一些会计科目的编号之间留有空号，供企业根据实际需要增设科目之用。

（三）会计科目的分类

1. 按反映的经济内容划分

会计科目按其反映的经济内容可分为资产类、负债类、所有者权益类、共同类、成本类和损益类六大类科目。

（1）资产类科目。如反映货币资产的"库存现金""银行存款"等科目，反映结算资产的"应收票据""应收账款"等科目，反映存货资产的"原材料""库存商品"等科目。

（2）负债类科目。如反映流动负债的"短期借款""应付账款""应付职工薪酬""应交税费"等科目，反映长期负债的"长期借款"等科目。

（3）所有者权益类科目。如反映投入资本的"实收资本"科目，反映从利润中提取公积金的"盈余公积"科目，反映利润形成的"本年利润"科目，反映未分配利润的"利润分配"科目。

（4）共同类科目。如反映企业（银行）间业务往来的资金清算款项的"清算资金往来"科目。

（5）成本类科目。如反映制造成本的"生产成本""制造费用"等科目。

（6）损益类科目。如反映基本生产经营活动损益的"主营业务收入""主营业务成本""税金及附加"等科目，反映期间费用的"管理费用""财务费用""销售费用"科目。

2. 按提供核算指标的详细程度划分

会计科目按其提供核算指标的详细程度可分为总分类科目和明细分类科目。

（1）总分类科目。该科目又称一级科目或总账科目，它是对会计对象的具体内容进行总括分类的科目，用以反映核算指标的总括情况，如"现金""应收账款""原材料""固定资产"等科目。

（2）明细分类科目。该科目又称明细科目，它是对总分类科目进行进一步分类的科目，用以反映核算指标的详细情况。通常，根据核算资料适宜管理的需要，明细分类科目又可分为二级科目（子目）和三级科目（细目）。例如，在"应收账款"总分类科目下按具体单位分设明细分类科目，具体地反映应收各单位货款的详细情况。再如，在"原材料"一级科目下，可按其类别设置二级科目，在二级科目下，可再按其品种、规格、型号设置三级科目。

总分类科目一般由财政部统一制定，明细分类科目除统一会计制度中规定设置的以外，各单位可根据实际需要自行设置，分级次设置。需要说明的是，不是所有的总分类科目都设置明细分类科目，如"库存现金"科目。

(四) 会计科目表

企业常用的一级会计科目共93个,如表1-1所示。

表1-1　　　　　　　　　　　　企业常用会计科目

顺序号	编号	会计科目名称	顺序号	编号	会计科目名称
		一、资产类	30	1531	长期应收款
1★	1001	库存现金	31	1541	未实现融资收益
2★	1002	银行存款	32★	1601	固定资产
3	1012	其他货币资金	33★	1602	累计折旧
4	1101	交易性金融资产	34	1603	固定资产减值准备
5★	1121	应收票据	35★	1604	在建工程
6★	1122	应收账款	36★	1605	工程物资
7★	1123	预付账款	37	1606	固定资产清理
8	1131	应收股利	38★	1701	无形资产
9	1132	应收利息	39	1702	累计摊销
10★	1221	其他应收款	40	1703	无形资产减值准备
11★	1231	坏账准备	41	1711	商誉
12★	1401	材料采购	42	1801	长期待摊费用
13★	1402	在途物资	43	1811	递延所得税资产
14★	1403	原材料	44★	1901	待处理财产损溢
15	1404	材料成本差异			二、负债类
16★	1406	库存商品	45★	2001	短期借款
17	1407	发出商品	46	2101	交易性金融负债
18	1410	商品进销差价	47★	2201	应付票据
19	1411	委托加工物资	48★	2202	应付账款
20	1412	包装物及低值易耗品	49★	2205	预收账款
21	1431	周转材料	50★	2211	应付职工薪酬
22	1461	存货跌价准备	51★	2221	应交税费
23	1501	待摊费用	52	2231	应付利息
24	1521	持有至到期投资	53★	2232	应付股利
25	1522	持有至到期投资减值准备	54	2241	其他应付款
26	1523	可供出售金融资产	55	2401	预提费用
27	1524	长期股权投资	56	2411	预计负债
28	1525	长期股权投资减值准备	57	2501	递延收益
29	1526	投资性房地产	58★	2601	长期借款

续表

顺序号	编号	会计科目名称	顺序号	编号	会计科目名称
59	2602	长期债券	76	5201	劳务成本
60	2801	长期应付款	77	5301	研发支出
61	2802	未确认融资费用			六、损益类
62	2901	递延所得税负债	78★	6001	主营业务收入
		三、共同类	79★	6051	其他业务收入
63	3001	清算资金往来	80	6101	公允价值变动损益
64	3002	外汇买卖	81★	6111	投资收益
65	3101	衍生工具	82★	6301	营业外收入
66	3201	套期工具	83★	6401	主营业务成本
67	3202	被套期项目	84★	6402	其他业务成本
		四、所有者权益类	85★	6403	税金及附加
68★	4001	实收资本	86★	6601	销售费用
69	4002	资本公积	87★	6602	管理费用
70★	4101	盈余公积	88★	6603	财务费用
71★	4103	本年利润	89	6701	资产减值损失
72★	4104	利润分配	90	6702	信用减值损失
73	4201	库存股	91★	6711	营业外支出
		五、成本类	92★	6801	所得税费用
74★	5001	生产成本	93★	6901	以前年度损益调整
75★	5101	制造费用			

注：表中在顺序号后标有"★"符号的科目为本教材举例业务题中使用的会计科目。

二、会计账户

（一）会计账户的含义

会计科目的分类确定，只是对会计对象的具体内容进行了科学的分类，即确定了每一分类项目的名称。要对经济业务进行连续、系统地登记，必须为每一个会计科目开设会计账户。

会计账户（以下简称"账户"）是指根据会计科目的名称设立在具有一定结构和格式的账簿中，用来系统、连续、分类地记录经济业务内容的一种手段。

（二）会计账户的结构

由于各项经济业务引起的会计要素的变动不外乎增加和减少两种情况，因此，用来分类记录经济业务的账户必须确定结构，即增加的数量记在哪里，减少的数量记在哪里，增减变动后的结果记在哪里。

会计账户的格式设计一般应包括以下内容：
（1）账户名称，即会计科目；
（2）日期和摘要，即经济业务发生的时间和内容；
（3）凭证号数，即账户记录的来源和依据；
（4）增加和减少的金额。

会计账户的基本结构都是由左右两方组成的，一方记录增加额，另一方记录减少额，同时还反映增减变动后的结果，即余额。账户左右两方记录的主要内容是增加额和减少额，增减相抵后的差额为账户余额。因此，在每个账户中所记录的金额，可以分为期初余额、本期增加额、本期减少额和期末余额。本期增加额和本期减少额是指在一定会计期间（如月份、季度或年度），账户在左右两方分别登记的增加金额合计和减少金额合计，也称本期增加发生额和本期减少发生额。本期增加发生额和本期减少发生额相抵后的差额即为本期的期末余额。如果将本期的期末余额转入下一期，就是下一期的期初余额。上述四项金额的关系可以用公式表示如下：

本期期末余额 = 本期期初余额 + 本期增加发生额 – 本期减少发生额

账户的左右两方是按相反方向来记录增加额和减少额的，也就是说，如果账户在左方（借方）记录增加额，则在右方（贷方）记录减少额；反之，如果账户在右方（贷方）记录增加额，则在左方（借方）记录减少额。究竟哪一方记录增加额，哪一方记录减少额，取决于各账户所记录的经济内容和所采用的记账方法。

为便于学习，习惯上将上述账户的结构简化为"T"形账户，如图1-1所示。

左方	账户名称（会计科目）	右方
期初余额		期初余额
本期增加额（或本期减少额）		本期减少额（或本期增加额）
期末余额		期末余额

图1-1　"T"形账户结构

在会计实务中，会计账户通用的基本结构如表1-2所示。

表1-2　　　　　　　　　　会计账户的基本结构

年		凭证号数	摘要	左方（借方）	右方（贷方）	余额
月	日					

（三）会计科目与会计账户的关系

在会计学中，会计账户和会计科目是两个不同的概念，二者之间既有联系又有区别。

会计账户与会计科目的联系表现在：相同名称的会计科目与会计账户记录和反映相同的经济内容，即会计账户是根据会计科目开设的，会计科目就是会计账户的名称，会计科目规定的核算内容就是会计账户记录和反映的经济内容。在会计的实际工作中，会计科目和会计账户在相关账页中有机结合，构成了会计账簿。也正因如此，在实际工作中会计科目和会计账户常被作为同义词来使用而不加以区别。

会计账户与会计科目的区别表现在：（1）会计科目只是对会计要素的具体内容进行分类的项目名称，但会计账户除了包括会计科目名称外，还含有具体的结构和格式，并且具有特定的登记方法。（2）会计账户的具体结构、格式和特定的登记方法，使其成为各个会计主体记录、加工、整理、汇总各种会计信息的真正载体，会计账户的设置则构成了会计核算的专门方法之一；会计科目则只是一个抽象概括的项目名称，由国家统一加以制定，并在会计准则中以科目表的形式予以列示，它的设置只是名称的限定，不构成会计核算的方法。

（四）会计账户的分类

1. 按经济内容分类

会计账户按照经济内容分类，也就是按照会计要素进行分类，可分为资产、负债、所有者权益、收入、费用、利润六大类。需要说明的是，由于企业在一定期间所取得的收入和发生的费用最终都体现在当期损益的计算中，因此，收入、费用账户可归为一类，称作损益类账户。同时，以制造企业为例，由于企业必须进行产品成本的计算，需要专门设置产品成本核算账户，因此，会计账户按经济内容分类，可分为资产、负债、所有者权益、成本、损益五大类。

（1）资产类账户。

资产类账户是用来反映企业资产增减变动及其结存数额的账户，包括库存现金、银行存款、应收账款、其他应收款、原材料、固定资产、无形资产等账户。

（2）负债类账户。

负债类账户是用来反映企业负债增减变动及其结存数额的账户，包括短期借款、应付账款、应付职工薪酬、应交税费、长期借款等账户。

（3）所有者权益类账户。

所有者权益类账户是用来反映企业所有者权益增减变动及其结存数额的账户，包括实收资本、盈余公积、资本公积、本年利润、利润分配等账户。

（4）成本类账户。

成本类账户是用来反映制造企业、建筑承包商为生产产品、提供劳务而耗用的企业经济资源的情况，包括生产成本、制造费用、劳务成本、工程施工、机械作业等账户。

（5）损益类账户。

损益类账户是用来反映企业在一个会计期间通过生产经营活动和非生产经营活动等所形成的所有损益的情况，包括主营业务收入、其他业务收入、投资收益、营业外收入、销售费用、财务费用、管理费用等账户。

2. 按提供信息的详细程度分类

会计账户按提供信息的详细程度可分为总分类账户和明细分类账户。

（1）总分类账户。

总分类账户又称一级账户，仅以货币计量单位进行登记，是按照总分类科目设置的、用来提供总括核算信息的账户。总分类账户不能提供各种经营过程进行情况的详细资料，因而不能满足企业内部管理上的具体需要。例如，会计上对企业购销业务形成的债权债务进行总分类核算时，只涉及"应收账款"这一反映债权关系的账户和"应付账款"这一反映债务关系的账户，通过这两个总分类账户，无法确切地得知与本企业形成债权债务关系的具体单位和各单位的具体金额。又如,"原材料"等总分类账户没有实物指标,不可能提供企业原材料的具体类别、品名、规格及价格。因此,在设置总分类账户的同时,还必须设置明细分类账户。

(2) 明细分类账户。

明细分类账户是按照明细分类科目设置的、用来提供详细核算信息的账户。例如,为了具体掌握企业与各往来单位之间的货款结算情况,就应在"应付账款"总分类账户下按各债权单位的名称分别设置明细分类账户。又如,为了具体了解各种材料的收、发、结存情况,就有必要在"原材料"总分类账户下按照材料的品种分别设置明细分类账户。在明细分类账户中,除以货币计量单位进行金额核算外,必要时还要运用实物计量单位进行数量核算,以便通过提供数量方面的资料,对总分类账户进行必要的补充。

除了总分类账户和明细分类账户以外,各会计主体还可根据实际需要设置二级账户。二级账户是介于总分类账户和明细分类账户之间的一种账户,它提供的资料比总分类账户详细、具体,但比明细分类账户概括、综合。例如,"原材料"总分类账户下,可以先按原料及主要材料、辅助材料、燃料等材料类别设置若干二级账户,其下再按材料的品种等设置明细分类账户。设置二级账户后,总分类账户可以把它作为中间环节来控制所属明细分类账户,这对于加强经营管理有一定的作用,但也会增加核算工作量。因此,二级账户一般不宜多设,必要时也可不设。在不设置二级账户的情况下,所需数据可根据有关明细分类账户的记录汇总求得。

当然也不是所有总分类账户都要设置明细分类账户,如"库存现金""银行存款"等总分类账户就可以不设置明细分类账户。

(五) 总分类账户与明细分类账户的关系及其平行登记

1. 总分类账户与明细分类账户的关系

总分类账户与明细分类账户是既有内在联系,又有区别的两类账户。

两者之间的内在联系是:(1) 两者所反映的经济业务内容相同。如"库存商品"总分类账户与其所属的"甲""乙""丙"等商品明细分类账户,都是用来反映库存商品的收、发、结存业务的。(2) 登记账簿的原始依据相同。登记总分类账户与登记其所属明细分类账户的记账凭证和原始凭证是相同的。

两者之间的主要区别是:(1) 反映经济内容的详细程度不同。总分类账户反映资产、负债、所有者权益等增减变动的总括情况,提供总括核算资料;明细分类账户反映资产、负债、所有者权益等增减变动的详细情况,提供某一方面的详细核算资料,有些明细分类账户还可以提供实物指标和劳动量指标,如原材料明细分类账户。(2) 作用不同。总分类账户提供的经济指标是明细分类账户资料的综合,对所属明细分类账户起着统驭和控制作用;明细分类账户是对有关总分类账户的补充,起着辅助和补充说明的作用。

由上所述可见,在设置明细分类账户时,一定要考虑两者之间这种既有联系又有区别的特征。

2. 总分类账户与明细分类账户的平行登记

为了使总分类账户与其所属明细分类账户之间能起到统驭、控制与辅助、补充的作用,便于账户核对,确保核算资料的正确、完整,必须采用平行登记的方法登记总分类账户及其所属明细分类账户。所谓平行登记,是指经济业务发生后,根据会计凭证一方面登记有关的总分类账户，另一方面又要登记该总分类账户所属的各有关明细分类账户。平行登记包括以下几个要点：

（1）同期间登记。

对于每一项经济业务，在同一会计期间内，既要计入有关的总分类账户，又要计入各总分类账户所属的明细分类账户（没有明细分类账户的除外）。如果涉及的明细分类账户不止一个，则应分别计入有关的几个明细分类账户。

（2）同方向登记。

对于每一项经济业务，计入总分类账户的方向应与计入其所属明细分类账户的方向相同。即如果总分类账户的金额登记在借方（或贷方），其所属明细分类账户的金额也应登记在借方（或贷方）。

（3）同金额登记。

对于每一项经济业务，计入总分类账户的金额与计入其所属明细分类账户的金额之和相等。

3. 总分类账户与明细分类账户的核对

在将一定时期内所发生的经济业务全部登计入账后，总分类账户与其所属明细分类账户是否按照平行登记的方法进行登记，登记的结果是否正确，需要进行核对。核对的方法通常以每一总分类账户所属明细分类账户的记录分别编制"明细分类账户本期发生额及余额表"（格式参见表1-9、表1-10），然后将其汇总的明细分类账户期初余额、本期发生额和期末余额的金额与相应的总分类账户金额进行核对。如果核对相符，则说明总分类账户和明细分类账户的记录是正确的；反之，有关账户的记录肯定有问题，应该仔细检查并更正直至核对无误为止。

任务五 复式记账原理

一、记账方法

（一）概念

企业在账户中记录经济业务，必须借助一定的记账方法。记账方法是根据单位所发生的经济业务，运用一定的记账原理并采用特定的记账符号，在账簿中进行登记的方法。

（二）种类

记账方法包括单式记账法和复式记账法。

1. 单式记账法

单式记账法是对所发生的经济业务只在一个账户进行登记的方法。它的特点是只反映经济业务的一个侧面，会计记录之间不存在相互勾稽关系。通常，它只重点记录钱款的收付和债权债务结算业务，不能全面、系统地反映经济业务的来龙去脉，也不便于检查账簿记录的正确性，因而它是一种比较简单、不完整的记账方法。随着社会经济的发展，单式记账法已明显不能适应社会经济建设发展的需要，现在企业已经不再采用此方法记账。

2. 复式记账法

（1）复式记账法的含义及特点。

复式记账法是对所发生的经济业务以相等的金额同时在相互联系的两个或两个以上的账户中进行登记的方法。

复式记账法主要有以下两个特点：一是根据账户之间存在的勾稽关系，可以了解每项经济业务的来龙去脉；二是对账户记录的结果可进行试算平衡，以检查账户记录的正确性。目前，复式记账法作为一种科学的记账方法被世界各国广泛采用。

（2）复式记账法的种类。

根据记账符号、账户分类、记账规则和试算平衡方法的不同，复式记账法分为借贷记账法、收付记账法和增减记账法三种。

借贷记账法是以"借"和"贷"作为记账符号的一种复式记账方法，也是当前国际上通用的一种记账方法。在我国，《企业会计准则》规定企业应当采用借贷记账法记账，《事业单位会计准则》和《行政单位会计制度》也要求行政事业单位采用借贷记账法记账。

收付记账法是以"收"和"付"作为记账符号的一种复式记账方法，是我国预算会计曾经长期采用的方法，从1998年起，预算会计全部采用借贷记账法。

增减记账法是以"增"和"减"作为记账符号的一种复式记账方法，是20世纪60年代我国商业系统改革记账方法时创设的一种复式记账方法，在20世纪60—80年代曾被广泛推广到各行各业，现在已废止。

二、借贷记账法

（一）借贷记账法理论依据

借贷记账法是以会计基本等式"资产＝负债＋所有者权益"为依据建立起来的一种科学的记账方法。

（二）借贷记账法下账户的结构

借贷记账法的记账符号是"借"和"贷"。对账户来说，它们是账户的两个部分，分别代表左方和右方，即左方为借方，右方为贷方，其结构如图1-2所示。所有账户的借方和贷方都是按相反方向记录增加数和减少数，即一方登记增加额，另一方就登记减少额。必须注意的是，"借"和"贷"只是记账符号，至于是表示增加还是减少，则取决于账户的性质与所记录经济业务内容的性质。

图1-2　借贷记账法下账户的结构

1. 资产和成本类账户的结构

在借贷记账法下，资产类、成本类账户的借方登记增加额，贷方登记减少额，期末余额一般在借方，有些账户可能无期末余额。其余额的计算公式如下：

期末借方余额 = 期初借方余额 + 本期借方发生额 – 本期贷方发生额

（1）资产类账户的结构（图1-3）。

该类账户借方登记资产的增加额，贷方登记资产的减少额，期末余额在借方。资产类备抵账户的结构与所调整账户的结构正好相反，增加额记在贷方，减少额记在借方，如"累计折旧""坏账准备"等账户。

借方	资产类账户	贷方
期初余额 本期增加额		本期减少额
本期借方发生额合计 期末余额		本期贷方发生额合计

图1-3　资产类账户的结构

（2）成本类账户的结构（图1-4）。

成本类账户的结构与资产类账户的结构基本相同，借方登记成本的增加额，贷方登记成本的减少额或结转额，期末余额在借方，表示尚未完工产品的生产成本。

借方	成本类账户	贷方
期初余额 本期增加额		本期减少额或结转额
本期借方发生额合计 期末余额		本期贷方发生额合计

图1-4　成本类账户的结构

2. 负债和所有者权益类账户的结构

负债和所有者权益类账户的结构（图1-5）与资产类账户的结构正好相反。在借贷记账法下，负债和所有者权益类账户的借方登记减少额，贷方登记增加额，期末余额一般在贷方，有些账户可能无期末余额。其余额的计算公式如下：

期末贷余额 = 期初贷方余额 + 本期贷方发生额 – 本期借方发生额

借方	负债和所有者权益类账户	贷方
本期减少额		期初余额 本期增加额
本期借方发生额合计		本期贷方发生额合计 期末余额

图1-5　负债和所有者权益类账户的结构

3. 损益类账户的结构

损益类账户主要包括收入类账户和费用类账户。

（1）收入类账户的结构（图1-6）。

收入类账户的结构与负债和所有者权益类账户的结构相似。在借贷记账法下，收入类账户的借方登记减少额，贷方登记增加额。本期收入净额在期末转入"本年利润"账户，用以计算当期损益，结转后无期末余额。

借方 收入类账户	贷方
本期收入减少额或转销额	本期收入增加额
本期借方发生额合计	本期贷方发生额合计
无期末余额	

图 1-6　收入类账户的结构

（2）费用类账户的结构（图1-7）。

费用类账户的结构与资产类账户的结构相同，与收入类账户的结构相反。在借贷记账法下，费用类账户的借方登记增加额，贷方登记减少额。本期费用净额在期末转入"本年利润"账户，用以计算当期损益，结转后无期末余额。

借方 费用类账户	贷方
本期费用增加额	本期费用减少额或转销额
本期借方发生额合计	本期贷方发生额合计
无期末余额	

图 1-7　费用类账户的结构

4. 双重性账户

借贷记账法作为一种科学的记账方法，其账户设置必须具有一整套账户体系，如账户按其反映的经济内容的不同分为资产类、负债类、共同类、所有者权益类、成本类和损益类六类账户。考虑到具体会计对象中，有的性质是不确定的，时而是资产性质，时而又成为负债性质，为方便会计上的账务处理，简化记账手续，可设置兼有资产和负债两种性质的双重性账户，如共同类账户中的"清算资金往来"等账户。另外，资产类账户中的"应收账款"和"预付账款"账户、负债类账户中的"应付账款"和"预收账款"账户，也会因实际经济业务发生的性质，而使它们具有双重性。通常，双重性账户在期末时，可根据期末余额的方向来确定其性质。如为借方余额，就是资产性质的账户；如为贷方余额，就是负债性质的账户。

（三）借贷记账法的记账规则

借贷记账法的记账规则为"有借必有贷，借贷必相等"，即对于每一笔经济业务都要在两个或两个以上相互联系的账户中以借方和贷方相等的金额进行登记。具体地说，就是对发生的每一笔经济业务，都必须计入一个账户的借方，同时计入另一个或几个账户的贷方；或者计入一个账户的贷方，同时计入另一个或几个账户的借方；或者计入几个账户的借方，同时计入另几个账户的贷方，并且计入借方和贷方的金额必须相等。

三、账户的对应关系和会计分录

（一）账户的对应关系

根据借贷记账法"有借必有贷，借贷必相等"的记账规则，登记每一笔经济业务时，在有关会计账户之间就形成了应借、应贷的关系。会计账户中这种应借、应贷的依存关系称为会计账户的对应关系；存在对应关系的会计账户称为对应会计账户。通过会计账户的对应关系，可以了解经济业务的具体内容，知晓资金运动的来龙去脉；同时，还可以发现经济业务的处理是否合理、合法，会计账户或科目的使用是否正确。

（二）会计分录

1. 会计分录的含义

会计分录（以下简称"分录"）是对每项经济业务列示出应借、应贷的账户名称及其金额的一种记录。会计分录由记账符号、相互对应的账户或科目及其金额三要素构成。

根据每项经济业务所涉及的会计账户的多少，可以把会计分录分为简单会计分录和复合会计分录。简单会计分录是指只涉及一个借方账户和一个贷方账户的分录，即"一借一贷"的分录；复合会计分录是指由两个以上对应账户所组成的会计分录，即"一借多贷""一贷多借"或"多借多贷"的会计分录。通常，一个复合会计分录可以分解为多个简单会计分录。之所以编制为复合会计分录，目的在于能集中反映整个经济业务的全貌，简化记账工作，提高工作效率。但需要注意的是，多借多贷的会计分录，只有在某一项经济业务比较繁杂，确实需要编制时才可以编制，一般不允许将不同的经济业务合并编制成多借多贷的会计分录。

2. 会计分录的编制步骤

会计分录的编制步骤可归纳如下：
（1）分析经济业务事项所涉及的账户；
（2）根据经济业务引起的会计要素的增减变动，确定涉及哪些账户，以及这些账户的金额分别是增加还是减少；
（3）根据账户的性质和结构，判断应计入账户的方向，是借方还是贷方；
（4）检查会计分录是否符合记账规则，三要素是否齐全。

3. 会计分录的书写格式

在借贷记账法下，编制会计分录的格式是：先写借方科目，再写贷方科目。会计分录为上下结构，上借下贷，借贷错开，金额相等。一般"贷"字应对齐借方科目的第一个字，金额也要错开写。编制复合分录时，对于多个贷方或借方科目，不必重复写"贷"或"借"，只需写第一个会计科目的"贷"或"借"，然后将相同方向的会计科目对齐即可。

【例1-2】 根据项目一"任务三"中【例1-1】的经济业务，编制会计分录如下：

1. 借：固定资产　　　　　　　　　　　　　　　　　　　　30 000
　　贷：银行存款　　　　　　　　　　　　　　　　　　　　　　30 000
2. 借：银行存款　　　　　　　　　　　　　　　　　　　　10 000
　　贷：短期借款　　　　　　　　　　　　　　　　　　　　　　10 000
3. 借：银行存款　　　　　　　　　　　　　　　　　　　　60 000
　　贷：实收资本　　　　　　　　　　　　　　　　　　　　　　60 000
4. 借：应付账款　　　　　　　　　　　　　　　　　　　　 5 000
　　贷：银行存款　　　　　　　　　　　　　　　　　　　　　　 5 000
5. 借：实收资本　　　　　　　　　　　　　　　　　　　　80 000
　　贷：银行存款　　　　　　　　　　　　　　　　　　　　　　80 000

6. 借：应付账款　　　　　　　　　　　　　　　　　　9 000
　　贷：短期借款　　　　　　　　　　　　　　　　　　　　9 000
7. 借：盈余公积　　　　　　　　　　　　　　　　　　70 000
　　贷：实收资本　　　　　　　　　　　　　　　　　　　　70 000
8. 借：应付股利　　　　　　　　　　　　　　　　　　36 000
　　贷：实收资本　　　　　　　　　　　　　　　　　　　　36 000
9. 借：利润分配　　　　　　　　　　　　　　　　　　28 000
　　贷：应付股利　　　　　　　　　　　　　　　　　　　　28 000

四、借贷记账法下的试算平衡

（一）试算平衡的含义

试算平衡是指根据资产与权益的恒等关系和借贷记账法的记账规则，通过对所有账户的发生额和余额的汇总计算和比较，来检查所有账户记录是否正确的过程。

（二）试算平衡方法的分类

试算平衡方法包括发生额试算平衡法和余额试算平衡法两种方法。

1. 发生额试算平衡法

在借贷记账法下，每一笔经济业务都按"有借必有贷，借贷必相等"的记账规则，用相等的金额、相反的方向加以记录，这就确定了每一项经济业务所编制的会计分录借方与贷方的发生额必然相等的关系。由此，在一定时期内根据会计分录登记有关账户之后，所有登记账户的借方本期发生额合计和所有登记账户的贷方本期发生额合计必然相等。因此，发生额试算平衡法计算公式如下：

全部账户本期借方发生额合计 = 全部账户本期贷方发生额合计

2. 余额试算平衡法

余额试算平衡法是建立在会计等式"资产 = 负债 + 所有者权益"恒等原理基础上，根据本期所有账户借方余额合计等于所有账户贷方余额合计的恒等关系，检验本期账户记录是否正确的方法。由于所有账户的期末余额又是根据一定时期的本期借、贷方发生额计算的结果，所以，所有账户借方余额合计必然与所有账户贷方余额合计相等。因此，余额试算平衡法计算公式如下：

全部账户的借方期初余额合计 = 全部账户的贷方期初余额合计
全部账户的借方期末余额合计 = 全部账户的贷方期末余额合计

（三）试算平衡表的编制

在实际会计核算中，试算平衡是通过编制"试算平衡表"来完成的，格式见表1-4。试算平衡表通常是在期末结出各账户的本期发生额合计和期末余额后编制的，表中一般应设置"期初余额""本期发生额""期末余额"三大栏目，其下分设"借方""贷方"两个小栏目。各大栏目中的借方合计与贷方合计应该平衡相等，否则便存在记账错误。为了简化表格，试算平衡表也可只根据各个账户的本期发生额编制，不填列各账户的期初余额和期末余额。

【例1-3】　承前例，已知大山公司2019年6月初各总分类账户余额如表1-3所示。根据【例1-2】编制的会计分录编制试算平衡表，如表1-4所示。

表1-3　　　　　　　大山公司2019年6月初各总分类账户余额　　　　　　单位：元

资产类账户		负债和所有者权益类账户	
库存现金	2 000	短期借款	60 000
银行存款	80 000	应付账款	320 000
应收账款	58 000	应交税费	20 000
原材料	150 000	实收资本	450 000
固定资产	610 000	盈余公积	50 000
合计	900 000	合计	900 000

表1-4　　　　　　大山公司总分类账户发生额及余额试算平衡表

2019年6月　　　　　　　　　　　　　　　　　　　　　　　　　单位：元

会计科目	期初余额		本期发生额		期末余额	
	借方	贷方	借方	贷方	借方	贷方
库存现金	2 000				2 000	
银行存款	80 000		70 000	115 000	35 000	
应收账款	58 000				58 000	
原材料	150 000				150 000	
固定资产	610 000		30 000		640 000	
短期借款		60 000		19 000		79 000
应付账款		320 000	14 000			306 000
应交税费		20 000				20 000
应付股利			36 000	28 000	8 000	
实收资本		450 000	80 000	166 000		536 000
盈余公积		50 000	70 000			20 000
利润分配			28 000		28 000	
合计	900 000	900 000	328 000	328 000	941 000	941 000

（四）编制试算平衡表注意事项

在编制试算平衡表时，应注意以下几点：

（1）必须保证所有账户的余额均已计入试算平衡表。会计等式是针对会计六要素整体而言的，缺少任何一个账户的发生额及余额，都会造成本期借方发生额合计与本期贷方发生额合计不相等、期初或期末借方余额合计与贷方余额合计不相等。

（2）及时发现记账错误。如果试算平衡表借贷不相等，说明账户记录肯定有错误，应该认真查找并改正，直到实现试算平衡为止。

（3）即使发生额与余额试算平衡，也不一定说明账户记录绝对正确。这是因为有些记账错误并不会影响借贷双方的平衡关系。例如，因漏记某项经济业务而使本期借贷双方的发生额发生等额虚减，借贷仍然平衡；因重记某项经济业务而使本期借贷双方的发生额发生等额虚增，借贷仍然平衡；因某项经济业务记错有关账户，借贷仍然平衡；因某项经济业务在账户记录中颠倒了记账方向，借贷仍然平衡；因借方或贷方发生额中，偶尔发生多记少记并相互抵销，借贷仍然平衡。因此，在编制试算平衡表之前，应认真核对有关账户记录，消除上述错误。

五、总分类账户与明细分类账户平行登记的方法举例

【例1-4】 已知大山公司2019年12月初账户余额如下："原材料"账户借方余额6 800元，其中甲材料100千克，每千克60元，计6 000元；乙材料40千克，每千克20元，计800元；"应付账款"账户贷方余额4 000元，其中应付春天公司2 600元，应付夏天公司1 400元。

该公司12月份发生下列经济业务（暂不考虑增值税）：

（1）10日，向春天公司购入甲材料150千克，每千克60元，计9 000元；购入乙材料100千克，每千克20元，计2 000元。两种材料均已验收入库，货款未付。

（2）17日，向夏天公司购入乙材料100千克，每千克20元，计2 000元。材料已验收入库，货款未付。

（3）22日，以银行存款归还前欠春天公司货款10 000元、夏天公司货款2 500元。

（4）31日，本月生产产品领用甲材料180千克，每千克60元，计10 800元；领用乙材料200千克，每千克20元，计4 000元。

根据上述经济业务，应编制如下会计分录：

（1）借：原材料——甲材料　　　　　　　　　　　　　9 000
　　　　　　——乙材料　　　　　　　　　　　　　2 000
　　　贷：应付账款——春天公司　　　　　　　　　　11 000

（2）借：原材料——乙材料　　　　　　　　　　　　　2 000
　　　贷：应付账款——夏天公司　　　　　　　　　　 2 000

（3）借：应付账款——春天公司　　　　　　　　　　　10 000
　　　　　　——夏天公司　　　　　　　　　　　　 2 500
　　　贷：银行存款　　　　　　　　　　　　　　　　12 500

（4）借：生产成本　　　　　　　　　　　　　　　　　14 800
　　　贷：原材料——甲材料　　　　　　　　　　　　10 800
　　　　　　——乙材料　　　　　　　　　　　　　4 000

根据以上经济业务编制的会计分录，在"原材料"和"应付账款"总分类账户及其所属明细分类账户中进行平行登记，并进行核对，如表1-5至表1-10所示。

表 1-5　　　　　　　　"原材料"总分类账户

借方		贷方	
期初余额	6 800		
(1)	11 000	(4)	14 800
(2)	2 000		
本期发生额	13 000	本期发生额	14 800
期末余额	5 000		

表 1-6　　　　　　　　原材料明细分类账户

借方	甲材料	贷方		借方	乙材料	贷方	
期初余额	6 000			期初余额	800		
(1)	9 000	(4)	10 800	(1)	2 000	(4)	4 000
				(2)	2 000		
本期发生额	9 000	本期发生额	10 800	本期发生额	4 000	本期发生额	4 000
期末余额	4 200			期末余额	800		

表 1-7　　　　　　　　"应付账款"总分类账户

借方		贷方	
		期初余额	4 000
(3)	12 500	(1)	11 000
		(2)	2 000
本期发生额	12 500	本期发生额	13 000
		期末余额	4 500

表 1-8　　　　　　　　应付账款明细分类账户

借方	春天公司	贷方		借方	夏天公司	贷方	
(3)	10 000	期初余额	2 600	(3)	2 500	期初余额	1 400
		(1)	11 000			(2)	2 000
本期发生额	10 000	本期发生额	11 000	本期发生额	2 500	本期发生额	2 000
		期末余额	3 600			期末余额	900

表 1-9　　　　　"原材料"明细分类账户本期发生额及余额表

2019 年 12 月　　　　　　　　　　　　　　　　单位：元

明细分类账户名称	期初余额		本期发生额		期末余额	
	借方	贷方	借方	贷方	借方	贷方
甲材料	6 000		9 000	10 800	4 200	
乙材料	800		4 000	4 000	800	
合计	6 800		13 000	14 800	5 000	

表 1-10 "应付账款"明细分类账户本期发生额及余额表

2019 年 12 月 单位：元

明细分类账户名称	期初余额		本期发生额		期末余额	
	借方	贷方	借方	贷方	借方	贷方
春天公司		2 600	10 000	11 000		3 600
夏天公司		1 400	2 500	2 000		900
合计		4 000	12 500	13 000		4 500

任务六 会计职业基础

一、从事会计职业应具备的技能

（一）从事会计职业应具备的专业技能

会计职业的专业技能集中体现在"精通核算"上。具体来说，它包括会计核算能力、成本核算能力、涉税事务处理能力、计算机和财务软件应用能力、经济业务判断能力、财务分析与管理能力等。从事会计职业的人员要能够根据财经法规和会计制度的要求，按照所从事行业的业务流程，对每一笔经济业务进行准确的账务处理，能正确理解并运用会计准则，依法依规处理涉税事务，并为会计信息使用者提供及时、有用的会计信息。

（二）从事会计职业应具备的综合技能

从事会计职业的人员除具备必需的专业技能外，还必须具备一定的综合技能。主要表现为以下几点：

（1）沟通能力。会计信息的传递需要会计工作岗位的人员与单位内部及外部有业务关联的人员及时地沟通与交流。这一点要求从事会计职业的主体人员，运用恰当的沟通方式，积极并主动地完成。

（2）学习能力。即要树立终身学习的理念，在实践中不断学习，并通过自学等途径来获取新知识，提高专业素质和职业素养。

（3）团队协作能力。会计工作岗位分工明确，每一个岗位都有其明确的职责。有分工就有合作，团队协作能力要求团队内各成员从整体出发，对各成员具体负责的工作进行有机整合，紧密配合，共同做好本职工作，以实现企业整体财务目标。

二、会计机构设置和会计人员配备

（一）会计机构设置

会计机构是指直接从事和组织会计领导工作的职能部门。只有建立健全会计机构，才能保证会计工作的正常进行。《中华人民共和国会计法》第 36 条规定："各单位应当根据会计业务的需要，设置会计机构，或者在有关机构中设置会计人员并指定会计主管人员；不具备设置条件的，应当委托经批准设立从事会计代理记账业务的中介机构代理记账。国有的和国有资产占控股地位或者主导地位的大、中型企业必须设置总会计师。"在实务中，由于会计工作与财务工作都是综合性的经济管理工作，它们之间有着密切的联系，所以，我国通常把处理会计工作与财务工作的机构合并在一起，设置相应的财务会计机构，统一办理会计业务与财务业务。在我国目前的经济管理体制下，会计机构的设置层次与经济管理机构的设置层次基本相同。但由于各单位的性质不同，具体设置也各不相同。

为了科学、合理地组织会计工作，保证本单位正常的经济核算，各单位应根据其规模大小、业务繁简和管理体制的要求设置会计机构。一般来说，凡实行独立核算的大、中型企业（包括集团公司、股份有限公司、有限责任公司等），应当设置会计机构。对于实行企业化管理的事业单位、会计业务较多的行政单位、社会团体和其他组织也应设置会计机构。各级主管部门一般设置会计（财务）司、局、处、科。主管部门的会计机构主要负责组织、领导和监督所属单位的会计工作。基层单位的会计机构，一般称为会计（财务）部、处、科、股、组等。基层单位的会计机构，在单位行政领导人或总会计师的领导下开展会计工作。

一些规模小、会计业务简单的单位，可以不设置会计机构。根据《中华人民共和国会计法》的规定，不单独设置会计机构的单位，应当在有关机构中设置会计人员并指定会计主管人员，负责管理单位会计事务，行使会计机构负责人的职权。不具备设置会计机构和会计人员条件的单位，应当委托经批准设立从事会计代理记账业务的中介机构代理记账。

（二）会计人员配备

根据《会计基础工作规范》的基本要求，各单位应该根据本单位会计业务的需要设置会计工作岗位，配备会计人员。建立健全会计机构，配备好会计人员，是各单位做好会计工作，充分发挥会计职能作用的重要保证。

一般来说，会计工作岗位可分为总会计师（或行使总会计师职权）岗位，会计机构负责人（会计主管人员）岗位，出纳岗位，稽核岗位，资本、基金核算岗位，收入、支出、债权债务核算岗位，工资、成本费用、财务成果核算岗位，财产物资收发、增减核算岗位，总账岗位，对外财务报告编制岗位，会计电算化岗位，会计档案管理岗位，等等。

会计人员是指直接从事会计工作的人员，包括单位财务会计负责人、会计机构负责人和具体从事会计业务的工作人员。会计人员通过会计专业技术资格考试的，可以评定专业技术职称。会计人员的专业技术职称分为助理会计师、会计师、高级会计师、正高级会计师。助理会计师为初级职称，会计师为中级职称，高级会计师和正高级会计师为高级职称。初级和中级会计专业技术职称的取得实行全国统一考试制度，高级会计专业技术职称的取得实行考试与评比相结合的制度。

三、会计法规与会计职业道德

（一）会计法规

会计法规是我国经济法规的一个组成部分，它是由国家和地方立法机关及中央、地方各级政府和行政部门制定颁发的有关会计方面的法律、法规、制度和办法的总称，也可称为会计法规体系。这些法律、法规、制度和办法是贯彻国家有关方针、政策和加强会计工作的重要工具，是处理会计工作的规范。

会计法规体系从法律来源上可以分为下列层次：一是由全国人民代表大会常务委员会

统一制定的会计法律，如《中华人民共和国会计法》，它是一部规范我国会计活动的基本会计法规；二是由国务院或财政部制定的会计行政法规，如《企业会计准则》，它是按照基本会计法规的要求制定的专项会计法规，是制定会计制度的依据。另外，企事业单位还需根据会计准则的规定，结合自身的具体情况制定会计核算办法。

国际上通用的会计行业规范，以会计准则为代表。会计准则是反映经济活动、确认产权关系、规范收益分配的会计技术标准，是生产和提供会计信息的重要依据，也是政府调控经济活动、规范经济秩序和开展国际经济交往等的重要手段。在会计实践中，会计准则具有严密和完整的体系。到目前为止，我国已颁布的会计准则有《企业会计准则》《小企业会计准则》和《事业单位会计准则》。

（二）会计职业道德

会计人员的职业道德是指在会计职业活动中应当遵循的、体现会计职业特征的、调整会计职业关系的职业行为准则和规范。

会计人员的职业道德具体包括以下几点：

（1）爱岗敬业。爱岗敬业是会计职业道德的基础。它要求会计人员具有忠于职守的事业精神，热爱本职工作，敬重会计职业，严肃认真，一丝不苟，尽职尽责。

（2）诚实守信。诚实守信是做人做事的基本准则，是人们在古往今来的交往中产生的最根本的道德规范，也是会计职业的精髓。它要求会计人员做事实事求是，不弄虚作假，保密守信，不为利益所诱惑，执业谨慎，信誉至上。

（3）廉洁自律。廉洁自律是会计职业道德的前提，也是其内在要求。它要求会计人员树立正确的人生观和价值观，公私分明，不贪不占。

（4）客观公正。客观公正是会计职业道德所追求的理想目标。它要求会计人员依法办事，依规办事，不偏不倚，保持对会计事务进行职业判断的客观性和独立性。

（5）坚持准则。坚持准则是会计职业道德的核心，它要求会计人员在处理业务的过程中，严格按照会计规律制度办事，不为主观或他人意志所左右。

（6）提高技能。会计职业技能包括会计理论操作水平、会计实务操作能力、职业判断能力、自动更新知识能力、提供会计信息的能力、沟通交流能力及职业经验等。它要求会计人员具有不断提高会计技能的意识和愿望，具有勤学苦练、刻苦钻研的精神和掌握科学的学习方法。

（7）参与管理。它要求会计人员努力钻研相关业务，熟悉财经法规和相关制度，提高业务技能，为参与管理打下坚实的基础；要求会计人员熟悉服务对象的经营活动和业务流程，使参与管理的决策更具有针对性和有效性。

（8）加强服务。它要求会计人员具有文明的服务态度、强烈的服务意识和优良的服务质量，并不断强化服务意识，提高服务质量。

财政部门、业务主管部门和各单位应当定期检查会计人员遵守职业道德的情况，并将其作为会计人员晋升、晋级、聘任专业职务、表彰奖励的重要考核依据。

项目小结

会计的产生是社会经济发展的必然产物，并随着社会生产的发展而发展。会计的基本职能是核算和监督。会计的特点是以货币为主要计量单位,以凭证为依据,具有连续性、系统性、全面性和综合性。会计的对象表现为特定主体的资金增减变动的运动。会计要素通常分为资产、负债、所有者权益、收入、费用和利润六项。

会计核算的前提即会计假设包括会计主体、持续经营、会计分期和货币计量。

"资产=负债+所有者权益"是会计的基本等式。会计等式是设置账户、复式记账、编制会计报表的理论依据。

会计科目是对会计对象的具体内容进一步分类的项目,是会计账户的名称。会计账户是根据会计科目开设的,具有一定的格式和结构。

复式记账法根据记账符号的不同,可分为借贷记账法、增减记账法和收付记账法。

会计机构要根据企业的规模和业务量的多少来设置,会计人员应具备会计职业应有的技能和一定的综合能力,同时还应具备良好的职业道德。

 巩固与提高

一、复习思考题

1. 你是怎么理解会计的概念的?
2. 会计核算和会计监督的内容分别是什么?
3. 试述会计要素的含义及内容。
4. 什么是会计科目?什么是会计账户?会计科目与会计账户有什么关系?
5. 什么是会计信息质量要求?其主要内容是什么?
6. 会计职业道德包括哪些内容?

二、单项选择题

1. 会计核算采用的主要计量单位是( )。
   A. 货币   B. 实物   C. 工时   D. 劳动耗费
2. 会计对象的具体化是( )。
   A. 会计科目   B. 会计原则   C. 会计要素   D. 会计账户
3. 会计的基本职能是( )。
   A. 服务和监督   B. 核算和控制   C. 核算和反映   D. 核算和监督
4. 在进行会计核算时,应将企业财产与其他企业财产及国家财产相互区分开来,是依据( )假设。
   A. 会计主体   B. 持续经营   C. 会计分期   D. 货币计量
5. 会计核算的基本前提又称( ),它是对会计核算所处的时间、空间、环境等做出的必要假定。
   A. 会计假设   B. 会计规定   C. 会计法规   D. 会计准则
6. ( )又称稳健原则,是指在存在不确定因素的情况下做出判断时,保持必要的谨慎,不高估资产或收益,也不低估负债或费用。
   A. 配比原则   B. 历史成本原则
   C. 权责发生制原则   D. 谨慎性原则

7. 在我国，企业会计确认、计量、报告的基础是（   ）。
   A. 收付实现制   B. 实地盘存制   C. 永续盘存制   D. 权责发生制
8. 强调经营成果计算的企业适合采用（   ）。
   A. 实收实付制   B. 实地盘存制   C. 权责发生制   D. 收付实现制
9. 权责发生制是（   ）的对称，指收入、费用在应收或应付时确认，而不是在实际收到现金或支付现金时才确认。
   A. 收付实现制   B. 现金兑换制   C. 货币兑换制   D. 外汇兑换制
10. 下列项目中，属于资产中非流动资产要素的是（   ）。
    A. 应收利息   B. 固定资产   C. 存货   D. 其他应收款
11. 企业在生产经营过程中的完工产品属于（   ）。
    A. 短期投资   B. 库存商品   C. 应交税金   D. 制造费用
12. 下列项目中，属于生产成本中间接费用的是（   ）。
    A. 管理费用   B. 营业费用   C. 财务费用   D. 制造费用
13. 对于制造企业来说，下列项目中，属于基本业务收入的是（   ）。
    A. 材料销售收入   B. 产品销售收入
    C. 无法支付的应付账款   D. 固定资产出租的租金收入
14. 企业的净利润是企业一定期间的利润总额，扣除（   ）后的财务成果。
    A. 营业外收支金额   B. 投资收益
    C. 所得税费用   D. A、B、C
15. 配比原则是指企业在进行核算时，收入与导致产生这些收入的成本和费用在（   ）确认，也就是收入与其成本、费用应当相互匹配。
    A. 第一会计期间   B. 第二会计期间
    C. 不同会计期间   D. 同一会计期间
16. 复式记账、账户试算平衡和编制资产负债表的理论依据是（   ）。
    A. 资产＝负债＋所有者权益
    B. 资产＝负债＋所有者权益＋利润
    C. 资产＝负债＋所有者权益＋（收入－费用）
    D. 收入－费用＝利润
17. 复式记账的理论依据是（   ）。
    A. 记账规则   B. 会计等式   C. 账户结构   D. 平衡关系
18. 企业在会计核算中，应遵循（   ）要求，充分估计各种风险和损失，合理预计可能发生的损失和费用，并予以记录。
    A. 历史成本   B. 重要性   C. 谨慎性   D. 稳健性
19. 借贷记账法的记账规则是（   ）。
    A. 借方登记增加数，贷方登记减少数   B. 有借必有贷，借贷必相等
    C. 借方登记减少数，贷方登记增加数   D. 上借下贷，左右错开
20. 把账户分为左右两方，哪方记增加、哪方记减少取决于（   ）。
    A. 不同的核算方法   B. 记账原则
    C. 记录的经济业务内容   D. 不同的记账时间

21. "本年利润"账户属于（　　）账户。
   A. 资产类　　　　　　　　　　　B. 负债类
   C. 所有者权益类　　　　　　　　D. 损益类
22. （　　）通常没有期末余额。
   A. 资产类账户　　　　　　　　　B. 负债类账户
   C. 所有者权益类账户　　　　　　D. 损益类账户
23. 某账户期末贷方余额为 3 000 元，期初贷方余额为 2 700 元，本期贷方发生额为 1 300 元，则本期借方发生额为（　　）元。
   A. 18 700　　　　B. 7 300　　　　C. 13 300　　　　D. 1 000
24. 借贷记账法的余额试算平衡公式是（　　）。
   A. 每个账户发生额 = 每个账户贷方发生额
   B. 全部账户本期借方发生额合计 = 全部账户本期贷方发生额合计
   C. 全部账户期末借方余额合计 = 全部账户期末贷方余额合计
   D. 每个账户期末借方余额 = 每个账户期末贷方余额
25. 账户的对应关系是指（　　）。
   A. 有关账户之间的应借、应贷关系
   B. 资产类账户与负债类账户之间的关系
   C. 总分类账户与明细分类账户之间的关系
   D. 成本类账户与损益类账户之间的关系
26. 简单会计分录是指（　　）的会计分录。
   A. 多借多贷　　　B. 一借多贷　　　C. 一贷多借　　　D. 一借一贷
27. 根据所属会计要素分类，下列会计科目全部归属于同一类会计要素的是（　　）。
   A. 库存现金、应收账款、预收账款、生产成本
   B. 在建工程、利润分配、财务费用、本年利润
   C. 管理费用、财务费用、所得税费用、制造费用
   D. 固定资产、累计折旧、预付账款、应收账款
28. 下列项目中，引起资产和负债同时增加的经济业务是（　　）。
   A. 以银行存款购买材料　　　　　B. 收到外单位投资投入的无形资产
   C. 向银行借款并存入银行存款户　D. 以银行存款偿还应付账款
29. 经济业务发生仅涉及负债这一会计要素时，只引起该要素中某些项目发生（　　）变动。
   A. 同增　　　　B. 同减　　　　C. 不增不减　　　　D. 一增一减
30. 下列涉及资产、权益同增的业务是（　　）。
   A. 用现金 500 元购买办公用品　　B. 收到投入资本 30 000 元，存入银行
   C. 借入短期借款 20 000 元，存入银行　D. 以银行存款 50 000 元归还长期借款
31. 以下会计分录体现的经济业务内容是（　　）。
   借：银行存款　　　　　　　　　　　　　　　　　　　20 000
   　　贷：短期借款　　　　　　　　　　　　　　　　　　　　20 000
   A. 以银行存款 20 000 元偿还短期借款　　B. 从银行取得短期借款 20 000 元

C. 收到某企业前欠货款 20 000 元　　D. 收到某企业投入货币资金 20 000 元

32. 下列错误中，可以通过试算平衡发现的是（　　）。
A. 应借、应贷科目颠倒　　　　　　B. 借方金额小于贷方金额
C. 漏记一项经济业务　　　　　　　D. 重记一项经济业务

33. 下列关于总分类账户与明细分类账户关系的表述，错误的是（　　）。
A. 总分类账户与明细分类账户所反映的经济业务是相同的
B. 总分类账户与明细分类账户所反映的经济业务的详细程度是相同的
C. 登记总分类账户与登记明细分类账户的原始依据是相同的
D. 总分类账户对所属明细分类账户起着统驭控制的作用，明细分类账户对有关总分类账户起着补充说明的作用

三、多项选择题

1. 以下关于会计职能的说法，正确的是（　　）。
A. 核算和监督是会计的基本职能
B. 会计的核算和监督职能是相辅相成、不可分割的
C. 核算职能是会计最基本的职能
D. 会计核算是会计监督的前提

2. 会计的核算方法由设置账户、复式记账、填制和审核会计凭证、登记账簿、（　　）等组成。
A. 账账核对　　　　　　　　　　　B. 成本计算
C. 财产清查　　　　　　　　　　　D. 编制会计报表

3. 根据我国《企业会计准则》的规定，会计要素可分为（　　）。
A. 资产和费用　　　　　　　　　　B. 负债和收入
C. 利润和所有者权益　　　　　　　D. 会计账户和科目

4. 借贷记账法的基本内容通常包括（　　）。
A. "借""贷"记账符号　　　　　　B. 记账规则
C. 账户的设置　　　　　　　　　　D. 试算平衡

5. 下列各项中，属于制造企业"其他业务收入"的有（　　）。
A. 销售产品收入　　　　　　　　　B. 以商品进行投资
C. 销售原材料收入　　　　　　　　D. 出租固定资产收入

6. 下列各项中，属于反映企业经营成果的会计要素有（　　）。
A. 收入　　　B. 费用　　　C. 所有者权益　　　D. 利润

7. 企业利润总额的组成内容包括（　　）。
A. 短期投资　　　　　　　　　　　B. 投资净收益
C. 营业利润　　　　　　　　　　　D. 营业外收支净额

8. 下列各项中，属于企业期间费用的有（　　）。
A. 销售费用　　B. 制造费用　　C. 管理费用　　D. 财务费用

9. 若一项经济业务发生后引起银行存款减少 5 000 元，则相应地有可能引起（　　）。
A. 固定资产增加 5 000 元　　　　　B. 短期借款增加 5 000 元

C. 应付职工薪酬减少 5 000 元　　　　　D. 应付账款减少 5 000 元
10. 下列关于损益类账户的表述中，正确的有（　　）。
A. 费用类账户的增加额计入借方　　　　B. 收入类账户的减少额计入借方
C. 期末一般无余额　　　　　　　　　　D. 年末一定要结转到"利润分配"账户
11. （　　）账户的结构与"预收账款"账户的结构相同。
A. 固定资产　　　B. 应付账款　　　C. 长期借款　　　D. 盈余公积
12. 下列关于"有借必有贷，借贷必相等"记账规则的表述中，正确的有（　　）。
A. 计入一个科目的借方，必须同时计入该科目的贷方
B. 计入一个科目的贷方，必须同时计入另一个或几个科目的借方
C. 计入一个科目的借方，必须同时计入另一个或几个科目的贷方
D. 计入几个科目的贷方，必须同时计入另几个科目的借方
13. 结构基本相同的两类账户有（　　）账户。
A. 资产类与收入类　　　　　　　　　　B. 资产类与费用类
C. 负债类与所有者权益类　　　　　　　D. 所有者权益类与收入类
14. 下列账户中，与资产类账户结构相反的有（　　）账户。
A. 负债类　　　B. 费用类　　　C. 收入类　　　D. 成本类
15. 下列各项经济业务中，能引起会计等式左右两边会计要素同时变动的有（　　）。
A. 收到某单位前欠货款存入银行　　　　B. 以银行存款偿还银行借款
C. 收到某单位投入机器设备一台　　　　D. 以银行存款购买材料（不考虑增值税）
16. 下列项目中，正确的经济业务类型有（　　）。
A. 一项资产增加，一项所有者权益减少
B. 资产和负债同时增加
C. 一项负债减少，一项所有者权益增加
D. 负债和所有者权益同时增加
17. 下列业务中，引起会计恒等式两边同时发生增减变动的有（　　）。
A. 以银行存款偿还应付账款　　　　　　B. 购入材料未付款
C. 从银行提取现金　　　　　　　　　　D. 用银行存款购入设备
18. 一个完整的会计分录其内容应包括（　　）。
A. 应记账户的名称　　　　　　　　　　B. 应计入账的金额
C. 应记账户的方向　　　　　　　　　　D. 应计入账的时间
19. （　　）属于资产中有关项目有借有贷的经济业务。
A. 收到某投资者投来的银行存款　　　　B. 以银行存款购买设备一台
C. 向银行借入短期借款　　　　　　　　D. 收到某单位还来欠款
20. 在借贷记账法下，一般能编制（　　）的会计分录。
A. 一借一贷　　　B. 一借多贷　　　C. 多借一贷　　　D. 有借无贷
21. 在以下的会计分录中，（　　）存在对应关系。

借：库存现金　　　　　　　　　　　　　　　　2 000
　　银行存款　　　　　　　　　　　　　　　　50 000
　贷：应收账款　　　　　　　　　　　　　　　　52 000

A. "库存现金"与"应收账款"账户之间
B. "银行存款"与"应收账款"账户之间
C. "库存现金"与"银行存款"账户之间
D. "银行存款"与"库存现金"账户之间

22. 试算平衡法无法及时发现的错误有（　　）。
A. 一笔经济业务被重复记账　　　　B. 借贷方向、金额正确，但记错了账户
C. 一笔经济业务被漏记　　　　　　D. 一笔业务的借方金额记错

23. 借贷记账法下试算平衡的方法有（　　）。
A. 余额试算平衡法　　　　　　　　B. 发生额试算平衡法
C. 余额调节表法　　　　　　　　　D. 差额试算平衡法

24. 有关"平行登记"表述正确的是，对发生的每一笔经济业务（　　）。
A. 既要计入有关总分类账户又要计入有关总分类账户所属的明细分类账户
B. 登记总分类账户和其所属明细分类账户的依据应当相同
C. 登记总分类账户和其所属明细分类账户的借贷方向相同
D. 必须在同一天登记总分类账户和其所属明细分类账户

四、判断题

1. 会计的核算方法有设置账户、复式记账、填制和审核会计凭证、登记账簿、成本计算、财产清查和编制会计报表。这些方法可以在会计核算中任意选用，不是必须用的方法。（　　）
2. 一个法人单位必定是会计主体，会计主体未必是一个法人单位。（　　）
3. 会计处理的方法应始终保持前后期一致，不得变更，这是会计信息质量要求的一贯性原则。（　　）
4. 会计信息质量要求的相关性，就是要求企业提供的会计信息应当与其经营决策相关。（　　）
5. 权责发生制是以收到或支付的现金作为确认收入和费用的依据。（　　）
6. 资产既包括过去的交易或事项，也包括未来发生的交易或事项形成的经济资源。（　　）
7. 资产包括固定资产和流动资产两部分。（　　）
8. 预付账款和预收账款均属于负债。（　　）
9. 收入按其与企业经营业务范围的主次关系分为主营业务收入和其他业务收入。（　　）
10. 费用按是否可以构成产品成本分为直接费用和间接费用。（　　）
11. 企业的期间费用包括待摊费用和预提费用。（　　）
12. 短期借款是为生产经营而借入的，因此，其利息支出应计入管理费用。（　　）
13. 营业利润＝主营业务利润＋其他业务利润。（　　）
14. 利润总额减去所得税费用后的余额，又叫税后利润。（　　）
15. 会计要素中，收入、费用和利润反映企业一定时期的财务状况，资产、负债和所有者权益反映企业某一特定日期的经营活动及其成果。（　　）
16. 资产与所有者权益在数量上始终是相等的。（　　）

17. 任何经济业务的发生均不会改变资产与权益始终保持平衡的关系。　　（　）
18. 从数量上看，资产与权益始终保持平衡关系，因此任何经济业务的发生均不会改变资产与权益的总额。　　（　）
19. 一般来说，资产增加时权益会减少；反之，资产减少时权益会增加。（　）
20. 账户分为左右两方，左方记增加额，右方记减少额。　　（　）
21. 凡有借方余额的账户均为资产类账户，凡有贷方余额的账户均为负债类或所有者权益类账户。　　（　）
22. 借贷记账法的记账规则是"先借后贷，左右错开"。　　（　）
23. 借贷记账法的试算平衡可按"全部账户借方本期发生额合计＝全部账户贷方本期发生额合计"公式进行。　　（　）
24. 会计科目和账户所反映的经济内容是相同的，因此，会计科目就是会计账户。
　　（　）
25. 在会计工作中，用试算平衡表来查验记账是否正确也有一定的局限性。（　）

五、业务题

习题一

1. 目的：熟悉资产、负债和所有者权益的具体内容及其划分。
2. 资料：新科公司 2019 年 9 月 30 日的相关资料如下：
（1）企业的库存现金；
（2）向银行借入四个月到期的借款；
（3）国家投入企业的资金；
（4）企业买进的专利权；
（5）企业应付给职工的工资；
（6）企业应付给南方厂的购货款；
（7）企业的未分配利润；
（8）生产车间正在加工的在产品；
（9）生产车间正在使用中的机器设备；
（10）因销售产品应收回的货款；
（11）库存的甲材料；
（12）管理部门使用的三辆汽车；
（13）企业收到上级主管部门投入的专项设备；
（14）企业的盈余公积；
（15）企业因销货收到的商业汇票；
（16）企业因购买材料开出的商业汇票；
（17）企业利用闲置资金购买的国库券；
（18）准备出售的完工产品。
3. 要求：指出上述内容，哪些属于资产，哪些属于负债，哪些属于所有者权益。

习题二

1. 目的：练习资产、负债和所有者权益的分类。
2. 资料：新科公司 2019 年 10 月 31 日的相关资料如表 1-11 所示。

表 1-11　　　　　　　　　　新科公司 2019 年 10 月 31 日的相关资料

序号	资料	项目名称		
		资产	负债	所有者权益
1	企业库存现金为 1 200 元			
2	企业银行存款为 9 670 元			
3	企业的库存材料价值为 31 200 元			
4	企业的库存产成品价值为 9 800 元			
5	企业向银行借入短期借款 37 800 元			
6	生产车间用厂房、机器设备价值共 500 000 元			
7	企业拥有的实收资本为 630 000 元			
8	应向外单位收取的货款为 22 000 元			
9	企业采购材料开出的商业汇票面值为 18 000 元			
10	企业对外单位进行的长期股权投资为 50 000 元			
11	企业计提的盈余公积为 19 600 元			
12	接受捐赠的专项设备价值为 100 000 元			
13	企业购入的专利价值为 38 000 元			
14	企业向银行取得两年期贷款为 100 000 元			
15	因销货收到的商业汇票面值为 8 800 元			
16	应付给外单位的购料款为 11 070 元			
17	管理部门使用的一辆汽车价值为 45 800 元			

3. 要求：

（1）分清资料性质，并将其内容所属项目名称填入表 1-11 中。

（2）将同一项目的金额小计，并将小计金额填入资产负债表（简表）（表 1-12），计算合计数是否相等。

表 1-12　　　　　　　　　　资产负债表（简表）

2019 年 10 月 31 日　　　　　　　　　　　　　　　　单位：元

资产		负债和所有者权益	
项目名称	金额	项目名称	金额
库存现金		短期借款	
银行存款		应付账款	
应收账款		应付票据	
应收票据		长期借款	
原材料		负债小计	
库存商品			

续表

资产		负债和所有者权益	
长期股权投资		实收资本	
固定资产		资本公积	
无形资产		盈余公积	
		所有者权益小计	
合计金额		合计金额	

习题三

1. 目的：练习常用会计科目的分类。
2. 资料：新科公司在日常会计处理中，常使用的会计科目如下：

库存现金	短期借款	其他业务成本	资本公积
销售费用	实收资本	银行存款	应付账款
应收账款	应付票据	管理费用	主营业务成本
原材料	应交税费	营业外收入	应收票据
长期借款	投资收益	库存商品	所得税费用
固定资产	盈余公积	无形资产	生产成本
制造费用	主营业务收入	应付职工薪酬	长期待摊费用
应付利息	其他业务收入	财务费用	利润分配
其他应收款	营业外支出	累计折旧	其他应收款
本年利润	应付股利	营业外支出	税金及附加

3. 要求：将上述会计科目按其反映的经济内容分别归类。

习题四

1. 目的：练习经济业务对会计等式的影响。
2. 资料：新科公司2019年11月发生下列经济业务：
（1）收到外单位用银行存款付来的前欠购货款12 000元。
（2）用银行存款支付前欠A单位货款4 800元。
（3）向银行借入短期借款80 000元，款项收到存入银行。
（4）企业收到国家投入的设备一台，价值260 000元。
（5）企业签发商业汇票抵付前欠外单位货款1 070元。
（6）企业所有者甲某代企业归还银行短期借款80 000元，并将其转为投入资本。
（7）企业按法定程序以银行存款退还某投资者50 000元。
（8）经批准按法定手续将20 000元资本公积转增注册资本金。
（9）企业计算出应向丙投资者分配利润17 000元。
3. 要求：
（1）分析上列各项经济业务的类型，确认每项经济业务引起的资产、负债和所有者权益的变化。
（2）结合表1-11的数据，编制该公司11月末简化的资产负债变化表（表1-13）。

（3）观察表1-13中"资产项目合计金额"和"负债和所有者权益项目合计金额"两栏的"月初余额""本期增加""本期减少""月末余额"四个项目的金额，试说明其特点。

表1-13　　　　　　　　　　新科公司简化的资产负债变化表

2019年11月30日　　　　　　　　　　　　　　　　　　单位：元

资产项目	月初余额	本期增加	本期减少	月末余额
库存现金				
银行存款				
应收账款				
应收票据				
原材料				
库存商品				
长期股权投资				
固定资产				
无形资产				
资产项目合计金额				
负债和所有者权益项目	月初余额	本期增加	本期减少	月末余额
短期借款				
应付账款				
应付票据				
长期借款				
负债小计				
实收资本				
资本公积				
盈余公积				
所有者权益小计				
负债和所有者权益项目合计金额				

项目二　填制和审核会计凭证

学习目标

1. 了解会计凭证含义及种类。
2. 熟悉原始凭证的基本内容，能根据原始凭证所提供的信息分析经济业务的内容。
3. 掌握记账凭证的种类和基本内容，熟悉不同种类记账凭证的适用范围，能根据会计主体经济业务的内容选择合适的记账凭证。

情境导入

2019 年 6 月，王鑫从某商贸职业技术学院毕业，担任科博公司财务处出纳。2019 年 11 月 20 日，科博公司发生如下经济业务：（1）收到一张中国工商银行转账支票，是红联公司 11 月 2 日所欠货款 20 000 元；（2）公司业务员张拓出差预借差旅费 8 000 元，王鑫审核"借款单"后，以现金支付。

请问：上述经济业务所涉及的原始凭证有哪些？如果你是王鑫，你应如何填制和审核这些原始凭证，并填制相关记账凭证？

任务一　认知原始凭证

一、原始凭证的概念与种类

（一）原始凭证的概念

原始凭证是指在经济业务发生或完成时取得或填制的，用来记载和证明经济业务的发生和完成情况，并明确经济责任，具有法律效力，作为记账依据的最初书面证明。例如，转账支票（表 2-1）、借款单（表 2-2）、增值税专用发票（表 2-3）、发出材料汇总表（表 2-4）、领料单（表 2-5）、差旅费报销单（表 2-6）等都是原始凭证。

表 2-1 转账支票

| 中国工商银行
转账支票存根
10203320
00342218
附加信息

出票日期 年 月 日

收款人：
金　　额：
用　　途：

单位主管　　　会计 | 中国工商银行 **转账支票**　　　　00342218　10203320
　　　　　　　　　　　　　　　　　　　00342218

出票日期（大写）　　　年　月　日　　付款行名称：
收款人：　　　　　　　　　　　　　　　出票人账号：

人民币（大写）　　　　　　　　　亿千百十万千百十元角分

用途　　　　　　　　　　　　　密码
上列款项请从　　　　　　　　　行号
我账户内支付
出票人签章　　　　　　　复核　　记账

付款期限自出票之日起十天 |

表 2-2 借 款 单

年 月 日

借款部门		借款人		借款事由	
借款金额（大写）			金额　千百十万千百十元角分		
报销金额		已退金额			
部门负责人签章		领款人签章			
单位负责人签章				备注	
会计主管核批		付款方式		出纳	

表 2-3

3300132140

××增值税专用发票

No 11465335

此联不作报销、扣税凭证使用

开票日期： 年 月 日

购货单位	名　　　称： 纳税人识别号： 地　址 、电　话： 开户行及账号：				密码区				
货物或应税劳务名称		规格型号	单位	数量	单价	金额	税率	税额	
合计									
价税合计（大写）						（小写）¥			
销货单位	名　　　称： 纳税人识别号： 地　址 、电　话： 开户行及账号：				备注				

第一联：记账联　销货方记账凭证

收款人： 复核： 开票人： 销货单位（章）

表 2-4

发出材料汇总表

年　月　日

领料部门	甲材料	乙材料	丙材料	丁材料	合计
生产车间					
车间一般耗用					
行政管理部门					
合计					

会计主管： 复核： 制单：

表 2-5

领 料 单

领料部门：　　　　　　　　　　　　　年　月　日　　　　　　　　　　发料仓库：

材料类别	材料名称	规格	数量		单价	金额	备注
			请领	实领			
合计								

仓库主管：　　　　　　　　　发料人：　　　　　　　　　领料人：

表 2-6

差旅费报销单

年　月　日

出差人		部门			职务		出差事由			附件张数		
出发站			到达站			交通工具	交通费		出差补贴		其他费用		
月	日	时 地点	月	日	时 地点		单据张数	金额	天数	金额	项目	单据张数	金额
											住宿费		
											市内车费		
											邮电费		
											办公用品费		
											其他		
报销金额	人民币 ¥			预借金额	人民币 ¥			补领金额	¥		
					退还金额	¥					

会计主管：　　　　　　审核：　　　　　　出纳：　　　　　　报销人：

（二）原始凭证的种类

1. 自制原始凭证

自制原始凭证是本单位内部经办业务的部门或人员，根据所办理的经济业务自行填制、仅供本单位内部使用的原始凭据。例如，企业仓库保管人员在验收材料入库时填制的"入库单"（表2-7）、车间领用材料填制的"领料单"、产品完工入库填制的"产品入库单"、企业发放员工工资编制的"工资费用分配表"（表2-8）等。

自制原始凭证按填制手续和内容分为一次凭证、累计凭证和汇总原始凭证。

表 2-7

入 库 单

购货单位：　　　　　　　　　　年　　月　　日

产品编号	产品名称	规格	计量单位	数量		单位成本	总成本
				应收	实收		
备注						合计	

主管：　　　　　　　仓库：　　　　　　　记账：　　　　　　　经手人：

表 2-8

工资费用分配表

　　　　　　　　　　　　　　　　年　　月　　日　　　　　　　　　金额单位：

车间或部门 \ 应借账户	生产成本			制造费用	管理费用	合计
	分配标准	分配率	分配金额			
基本生产车间 　产品1						
产品2						
合计						
车间管理人员						
行政管理人员						
合计						

财务主管：　　　　　　　　　　　　　　　会计：

2. 外来原始凭证

外来原始凭证是指同外单位发生经济业务往来时，从外单位取得的原始凭证。例如，购货时取得的增值税专用发票、发运货物的运单、银行结算凭证、职工出差的火车票等。凡外来原始凭证必须盖有单位的公章或税务局的全国统一发票监制章方为有效。

例如，银行进账单（表 2-9、表 2-10）、现金支票（表 2-11 支票正面、表 2-12 支票背面）、增值税专用发票（表 2-3）这类原始凭证就是外来原始凭证。

表 2-9　　　　　**进账单第一联（回单，给出/持票人）**

XX 银行进账单（回单）　1

出票人	全称											
	账号											
	开户银行											
金额	人民币（大写）	亿	千	百	十	万	千	百	十	元	角	分
收款人	全称											
	账号											
	开户银行											
票据种类		票据张数										
票据号码												

XX 银行进账单（回单）　1
年　月　日

出票人	全称		收款人	全称	
	账号			账号	
	开户银行			开户银行	
金额	人民币（大写）	亿千百十万千百十元角分			
票据种类		票据张数			
票据号码					

注意：本回单不作进账、提货的证明，不作账务处理的依据，仅供查询用。

此联是开户银行交给（出）持票人的回单

表 2-10　　　　　**中国工商银行进账单（收账通知）**　3
年　月　日

出票人	全称	
	账号	
	开户银行	
金额	人民币（大写）	亿 千 百 十 万 千 百 十 元 角 分
收款人	全称	
	账号	
	开户银行	
票据种类		票据张数
票据号码		

收款人开户银行签章

复核　　　记账

此联是收款人开户银行交给收款人的收账通知

表 2-11　　　　　　　　　　现金支票正面

××××银行 现金支票存根 10203320 10020333	××××银行现金支票　　　00342218　10203320 　　　　　　　　　　　　　　　　　00342218
附加信息 出票日期　年　月　日 收款人： 金　额： 用　途： 单位主管　　　会计	付款期限自出票之日起十天　　出票日期（大写）　　年　月　日　　付款行名称： 收款人：　　　　　　　　　　　　　出票人账号： 人民币（大写）　　　　　　　　　　亿千百十万千百十元角分 用途　　　　　　　　　　　　　　密码 上列款项请从　　　　　　　　　　行号 我账户内支付 出票人签章　　　　　　　复核　　　记账

表 2-12　　　　　　　　　　现金支票背面

附加信息：		（贴粘单处）根据《中华人民共和国票据法》等法律法规的规定，签发空头支票由中国人民银行处以票面金额5%但不低于1 000元的罚款。
	收款人签章 　年　月　日	
身份证件名称：　　发证机关： 号　码：		

二、原始凭证的基本构成要素

原始凭证的基本内容又称凭证要素，原始凭证的基本构成要素主要包括以下几个方面：

（1）原始凭证的名称；
（2）原始凭证的填制日期及编号；
（3）接受凭证单位或个人的名称；
（4）经济业务内容摘要；
（5）经济业务中事项的名称、数量、单价和金额；
（6）填制原始凭证的单位、填制人员及其他经办人员的签章。

任务二　填制和审核原始凭证

一、原始凭证填制的要求

（一）原始凭证填制的基本要求

（1）遵纪守法。经济业务的内容必须符合国家有关政策、法令、规章、制度的要求，凡不符合以上要求的，不得列入原始凭证。

（2）记录真实。原始凭证所填列的日期，以及经济业务的内容、数量、金额等必须与实际情况完全符合，以确保凭证内容真实可靠，不得弄虚作假，更不能伪造凭证。

（3）内容完整。原始凭证上所记录的基本内容应无一遗漏地填写完整，以反映经济业务的全貌，而且凭证填写的手续必须完备，符合内部控制原则。尤其要注意：日期、名称、用途填写明确；有关部门和人员要认真审核，并签名盖章；各种凭证要连续编号，以便核查。

（4）填制及时。原始凭证应在经济业务发生或完成时及时填制，并按规定的程序和手续传递给有关部门，以便及时办理后续业务，进行会计审核和记账。

（5）书写规范。原始凭证上的文字说明和数字要清晰、整齐，字迹工整且易于辨认。填制过程中出现文字或数字错误时，不得任意涂改、乱擦或挖补。

（二）原始凭证填制的技术要求

填制原始凭证除符合上述基本要求外，还要遵循一些技术上的要求。

（1）阿拉伯数字要逐个书写清楚，不能连笔或书写不清，金额的最高位数字前应写人民币金额符号"￥"，在"￥"与阿拉伯数字之间，不得留有空白。凡阿拉伯数字前书写币种符号的，数字后面不再书写货币单位。

（2）汉字大写金额数字，一律用正楷或行书书写，如壹、贰、叁、肆、伍、陆、柒、捌、玖、拾、仟、万、亿、元、角、分、零等易于辨认、不易涂改的字样，不能用"0"、一、二、三、四、五、六、七、八、九、十等简易字代替，不得任意自造简化字。

（3）以元为单位的金额一律填写到角分，无角分的，角位和分位填写"0"，不得空格。

（4）大写金额数字到"元"或"角"之后应写"整"字；大写金额有分的，分字后面不写"整"字。如￥79 000.00，汉字大写金额应书写为：人民币柒万玖仟元整；又如￥2 168.40，汉字大写金额应书写为：人民币贰仟壹佰陆拾捌元肆角整；而￥35.16，汉字大写金额应书写为：人民币叁拾伍元壹角陆分。

（5）阿拉伯金额数字中间有"0"或连续有几个"0"时，汉字大写金额只写一个"零"字。如9 006元，汉字大写金额应书写为：人民币玖仟零陆元整。若数字中间连续有几个"0"，元位也是"0"，汉字大写金额可只写一个"零"字，也可不写"零"字。如￥9 810.65，汉字大写金额书写为：人民币玖仟捌佰壹拾元零陆角伍分，或者书写为：人民币玖仟捌佰壹拾元陆角伍分。阿拉伯金额数字角位是"0"，而分位不是"0"时，汉字大写金额"元"后应书写"零"字。如￥702.05，汉字大写金额应书写为：人民币柒佰零贰元零伍分。

二、原始凭证填制的方法

（一）外来原始凭证的填制方法

与外单位发生经济业务往来时，从外单位取得的原始凭证（表2-13），需要具备证明经济业务事项完成情况和明确经济责任所必需的内容，必须有填制单位公章；从个人处取得的原始凭证须有填制人员的签章。

表2-13　　　　　　　　　**浙江温州人本超市有限公司零售发票**

税号：330300760159831　　　　　发票联　　　　　　　　　NO：0045415

开票日期2019年9月9日		购货单位名称		红星工厂	
品名及型号	单位	数量	单价	金额	备注
笔记本	本	40	2.5	100	学院路店
笔记本	本	10	5	50	
合计人民币（大写）		壹佰伍拾元整			

收款人：孙美　　　　　　开票人：吴东　　　　　　开票单位盖章

（二）自制原始凭证的填制方法

1. 一次凭证

一次凭证是指在经济业务发生时一次填制完成的、用以记录一项经济业务或同时记录若干项同类经济业务的原始凭证。外来原始凭证都是一次凭证，如产品出库单（表2-14）、借款单等。

表2-14　　　　　　　　　　　　**出　库　单**

购货单位：　　　　　　　　　　　年　月　日　　　　　　　　　　仓库：

产品编号	产品名称	规格	计量单位	数量		单位成本	总成本
				请发	实发		
备注						合计	

仓库主管：　　　　　记账：　　　　　发货人：　　　　　填单：

以"产品出库单"为例，它是产品从仓库发出时由销售部门填制的原始凭证，由单位自制，联次和格式通常可根据本单位经济管理和业务流程的需要自行设计。一般来说，产品出库单为一式三联：第一联作存根，留存备查；第二联交仓库，据此准备发货；第三联为提货联，交购货方作为提货凭据，或交本企业发运部门作为提货发运凭据。填制时，时间以出库当天日期为准，单价为产品出库售价。

2. 累计凭证

累计凭证是指一定时期内在一张凭证中连续登记若干项同类经济业务的原始凭证。下面以"限额领料单"（表2-15）为例说明累计凭证的填制方法。

表2-15

限额领料单

领料部门：　　　　　　　　　　　　　　　　　　　　编号：
用途：　　　　　　　　　　　　　年　月　　　　　发料仓库：

材料编号	材料名称规格	计量单位	计划投产量	单位消耗定额	领用限额	实发														
						数量	单价						金额							
							百	十	万	百	十	元	角	分	千	百	十	万	千	百	十	元	角	分

日期	领用			退料			限额结余数量
	数量	领料人	发料人	数量	退料人	收料人	

生产计划部门：　　　　　　供销部门：　　　　　　仓库：

"限额领料单"是由生产计划部门根据下达的生产任务和材料消耗定额按每种材料用途分别开出，一料一单，一式两联，第一联交仓库据以发料，第二联交领料部门据以领料。领料单位领料时，在表内注明请领数量，经负责人签章批准后，持往仓库领料。仓库发料时，根据材料的名称、规格在限额内发料，同时将实发数量及限额结余数量填写在限额领料单内，领发料双方在单内签章。月末，在此单内结出实发数量和金额转交会计部门，据以计算材料费用，并做材料减少的核算。使用限额领料单领料，全月不能超过生产计划部门下达的全月领用限额量。由于增加生产量而需追加限额时，应经生产计划部门批准，办理追加限额的手续。但由于浪费或其他原因超限额用料需追加限额，时应由用料部门向生产计划部门提出申请，经批准后追加限额。在用另一种材料代替限额领料单内所列材料时，应另填一次"领料单"，同时相应地减少限额余额。

3. 汇总原始凭证

汇总原始凭证也称原始凭证汇总表，是将一定时期内若干张反映同类型经济业务的原始凭证，按照一定标准进行归类汇总所填制的原始凭证，常用的汇总记账凭证有发出材料汇总表（表2-4）、工资结算汇总表（表2-8）、差旅费报销单（表2-6）等。

汇总原始凭证所汇总的内容，只能是同类经济业务，即只能将反映同类经济业务的各原始凭证汇总编制一张汇总原始凭证，而不能将两类或两类以上的经济业务汇总编制一张汇总原始凭证。

三、原始凭证的审核

（一）审核原始凭证的真实性

审核原始凭证所记载的经济业务是否与实际情况相符，包括当事人员及单位的真实性，经济业务发生的时间、地点和填制凭证日期是否准确，业务内容、数量及金额是否与实际情况相符。

（二）审核原始凭证的合法性

审核原始凭证所记录的经济业务是否有违反国家法律法规的情况，是否符合规定的审核权限，是否履行了规定的凭证传递和审核程序，是否有贪污腐化等行为。

（三）审核原始凭证的合理性

审核原始凭证所记录的经济业务是否符合企业生产经营活动的需要，是否符合有关的计划和预算等。

（四）审核原始凭证的完整性

根据原始凭证所应反映的基本内容和要求，审核原始凭证的内容是否完整，手续是否完备，应填项目是否填写齐全，填写方法、填写形式是否正确，有关签字盖章是否具备等。

（五）审核原始凭证的正确性

主要审核数字是否清晰，文字是否工整，书写是否规范，凭证联次是否正确，有无刮擦、涂改和挖补等情况。

任务三　认知记账凭证

一、记账凭证的概念和种类

（一）记账凭证的概念

在实际工作中，为了便于登记账簿，需要将来自不同单位、种类繁多、数量庞大、格式不一的原始凭证加以归类、整理，确定会计分录，填制具有统一格式的记账凭证，并将相关的原始凭证附在记账凭证后面，这就是编制记账凭证。

记账凭证是指会计人员根据审核无误的原始凭证或原始凭证汇总表编制的，用来确定经济业务应借、应贷的会计科目及金额的会计分录，并据以登记账簿的会计凭证。原始凭证是填制记账凭证的依据，记账凭证则是登记会计账簿的依据。

（二）记账凭证的分类

1. 按适用范围划分

按适用范围的不同，记账凭证可分为专用记账凭证和通用记账凭证。

专用记账凭证是指专门记录某一类经济业务的记账凭证。按照其记录的经济业务是否与货币资金的收付有关，专用记账凭证可分为收款凭证（表 2-16）、付款凭证（表 2-17）、转账凭证（表 2-18）。

表 2-16 **收款凭证**

借方科目：　　　　　　　　　　　年　月　日　　　　　　　　　编号：收字第　号

摘要	贷方科目		金额									√
	总账科目	明细科目	千	百	十	万	千	百	十	元	角	分	
合计												

会计主管：　　　　　记账：　　　　　复核：　　　　　制单：

附凭证　张

表 2-17 **付款凭证**

贷方科目：　　　　　　　　　　　年　月　日　　　　　　　　　编号：付字第　号

摘要	借方科目		金额									√
	总账科目	明细科目	千	百	十	万	千	百	十	元	角	分	
合计												

会计主管：　　　　　记账：　　　　　复核：　　　　　制单：

附凭证　张

表 2-18

转账凭证

年　　月　　日　　　　　　　　　编号：转字第　号

摘要	总账科目	明细账目	借方科目										贷方金额										√
			百	十	万	千	百	十	元	角	分	百	十	万	千	百	十	元	角	分	
	合计																				

会计主管：　　　　　记账：　　　　　复核：　　　　　制单：

附凭证　张

　　收款凭证是用来记录现金和银行存款等货币资金收款业务的记账凭证。付款凭证是用来记录现金和银行存款等货币资金付款业务的记账凭证。收款凭证和付款凭证都是根据现金和银行存款等货币资金收付款业务的原始凭证填制的。转账凭证是用来记录与现金、银行存款等与货币资金收付无关的转账业务的凭证，它是根据有关转账业务的原始凭证填制的。涉及现金和银行存款之间的收付款业务，即将现金存入银行或从银行提取现金，通常只编制付款凭证，不编制收款凭证，以避免重复记账。

　　通用记账凭证（格式如表 2-19 所示），是指适用各类经济业务，统一格式要求，用来记录所有经济业务的记账凭证。

表 2-19

记账凭证

年　　月　　日　　　　　　　　　编号：　字第　号

摘要	会计科目	借方科目										贷方金额										√
		百	十	万	千	百	十	元	角	分	百	十	万	千	百	十	元	角	分	
	合计																				

附凭证　张

会计主管：　　　　　记账：　　　　　复核：　　　　　制单：

2. 按填列方式划分

记账凭证按填列方式可分为单式记账凭证和复式记账凭证。

单式记账凭证要求把某项经济业务所涉及的会计科目分别登记在两张或两张以上的记账凭证中，每一张记账凭证只登记一个会计科目，其对方科目只供参考。复式记账凭证要求将某项经济业务所涉及的全部账户及金额集中登记在一张记账凭证中。专用记账凭证和通用记账凭证同属复式记账凭证。

二、记账凭证的基本构成要素

记账凭证将经济信息转换成会计信息，其主要作用在于对原始凭证进行分类、整理，按复式记账的方法，编制会计分录，据以登记账簿。记账凭证有以下几个基本构成要素：

(1) 记账凭证的名称；
(2) 记账凭证的日期和编号；
(3) 经济事项内容的摘要；
(4) 所涉及经济事项的会计科目、记账方向和金额；
(5) 所附原始凭证的张数及记账标记；
(6) 有关人员的签章。

任务四　填制和审核记账凭证

一、记账凭证填制的要求与方法

记账凭证填制应做到真实可靠、内容完整、填制及时和书写清楚，此外还要遵守以下要求：

(1) 必须根据审核无误的原始凭证填制记账凭证。
(2) 准确填写记账凭证的日期。一般应填写填制凭证当天的日期，当某一项经济业务涉及多张原始凭证，而各种原始凭证的日期不同时，记账凭证的日期不得早于最晚取得的原始凭证的日期，如报销差旅费的记账凭证应填写报销当日的日期。
(3) 记账凭证须统一编号。

因记账凭证分类各异，一般有以下三种编号方法：

一是统一编号法——适用于通用记账凭证，即将每月内全部记账凭证按时间统一编号，如"01、02、03"。

二是三类编号法——适用于专用记账凭证，即将每月内全部经济业务分为收款、付款、转账业务三类顺序编号，如按"付字1号，付字2号，……""转字1号，转字2号，……"连续编号。

三是五类编号法——适用于专用记账凭证，即将每月内全部经济业务分为现金收款凭证、银行存款收款凭证、现金付款凭证、银行存款付款凭证、转账凭证五类连续编号，如"现收字1号""现付字1号""银收字1号""银付字1号""转字1号"等。

以上编号方法都应按照顺序进行，不得跳号、重号。当同一项业务要编制两张或两张以上的记账凭证时,须使用分数编号法。如某凭证的编号是11,此项业务需要填制两张记账凭证,则可编号为"$11^{1/2}$、$11^{2/2}$"。

(4) 摘要是对记录的经济业务的简要说明,填写要简明、真实、准确。如"收到欠款""预借差旅费"等。

(5) 正确编制会计分录与"金额"栏。

会计科目、子目、细目都须按照会计准则的统一规定填制,不得简写,对应关系明确。金额应与原始凭证中的相符,阿拉伯数字应填写规范且填至分位,借贷方金额相等,合计数的前面应填写人民币金额符号"¥"。"金额"栏的空白处要从左下角至右上角画注销线。

(6) 注明附件张数。附件张数用阿拉伯数字写在记账凭证页面右侧"附凭证张"内。

(7) 相关人员签章。凭证下方应有各相关人员签章。"记账"栏应在已经登记账簿后画"√",表示已经入账,以免发生漏记或重记的错误。

二、记账凭证的填制

下面举例说明记账凭证的填制。

南京汇景设计有限公司于2019年10月12日,到中国农业银行文三支行提取现金21 500元,作为备用金使用。现填制记账凭证,如表2-20所示。

表2-20

记账凭证

2019年10月12日　　　　　　　　　编号：　字第0003号

摘要	总账科目	明细账目	借方科目 百十万千百十元角分	贷方金额 百十万千百十元角分	√
提现	库存现金		2 1 5 0 0 0 0		附凭证1张
	银行存款	中国农业银行文三支行		2 1 5 0 0 0 0	
	合计		¥ 2 1 5 0 0 0 0	¥ 2 1 5 0 0 0 0	

会计主管：<u>朱辉</u>　　　　记账：<u>蔡瑜</u>　　　　复核：<u>吴丽</u>　　　　制单：<u>崔丽</u>

三、记账凭证的审核

记账凭证的审核内容主要包括以下几个方面：

(1) 审核内容是否真实。即审核记账凭证与所附原始凭证的内容是否一致。

(2) 审核项目填制是否完整。即审核记账凭证上是否有日期、编号、摘要、会计科目、金额，所附原始凭证张数及相关人员的签章等。

（3）审核会计分录是否正确。即检查记账凭证上的科目、金额是否填写正确，账户对应关系是否清晰，内容是否与原始凭证上的经济业务内容相符，是否符合会计制度的要求。

 项目小结

原始凭证是在经济业务发生或完成时取得或填制的，用以记载或证明经济业务发生或完成情况，并明确经济责任，具有法律效力，作为记账依据的最初的书面证明。原始凭证分为自制原始凭证和外来原始凭证。原始凭证审核的内容主要包括真实性、合法性、合理性、完整性、正确性五个方面。

记账凭证是会计人员根据审核无误的原始凭证或原始凭证汇总表编制的，用来确定经济业务应借、应贷的会计科目及金额的会计分录，并据以登记账簿的会计凭证。

记账凭证的种类，按适用范围，可分为专用记账凭证和通用记账凭证；按填列方式，可分为单式记账凭证和复式记账凭证。

记账凭证审核的内容主要有：内容是否真实；项目填制是否完整；会计分录是否正确。

 巩固与提高

一、复习思考题

1. 什么是会计凭证？填制和审核会计凭证有何意义？
2. 原始凭证的基本要素有哪些？
3. 记账凭证的基本要素有哪些？
4. 如何审核记账凭证？

二、单项选择题

1. 记账凭证按其适用范围的不同，分为（　　）。
   A. 单式记账凭证和复式记账凭证　　B. 收款凭证、付款凭证和转账凭证
   C. 专用记账凭证和通用记账凭证　　D. 一次凭证和累计凭证
2. 下列原始凭证中，属于外来原始凭证的是（　　）。
   A. 发出材料汇总表　　　　　　　　B. 领料单
   C. 购货发票　　　　　　　　　　　D. 销货发票
3. "限额领料单"属于（　　）。
   A. 一次凭证　　B. 累计凭证　　C. 汇总凭证　　D. 记账凭证
4. 现金和银行存款之间相互划转的业务应该编制（　　）。
   A. 付款凭证　　B. 收款凭证　　C. 转账凭证　　D. 原始凭证
5. 编制记账凭证的根本目的是（　　）。
   A. 取代原始凭证　　　　　　　　　B. 便于审核原始凭证
   C. 便于编制会计报表　　　　　　　D. 确定会计分录，便于登账

6. 销售发票上记载的金额为￥900 502.10，汉字大写金额应为（　　）。
A. 玖拾万零零伍佰零贰元壹角整　　　B. 玖拾万零伍佰零贰元壹角整
C. 玖拾万伍佰贰元壹角　　　　　　　D. 玖拾万伍佰贰元壹角整

三、多项选择题

1. 下列各项中，属于原始凭证审核内容的有（　　）。
A. 真实性　　　　　　　　　　　　　B. 合法性、合理性
C. 正确性　　　　　　　　　　　　　D. 完整性

2. 下列属于外来原始凭证的是（　　）。
A. 银行收付款通知单　　　　　　　　B. 供货单位开具的发票
C. 员工出差的飞机票和火车票　　　　D. 本单位开具的销售发票

3. 记账凭证的基本要素包括（　　）。
A. 凭证名称和日期　　　　　　　　　B. 摘要
C. 会计科目名称　　　　　　　　　　D. 借方、贷方金额

4. 记账凭证的填制依据可以是（　　）。
A. 一次凭证　　B. 累计凭证　　C. 付款凭证　　D. 转账凭证

5. 下列各项中，属于编制转账凭证时贷方不可能出现的会计科目是（　　）。
A. "库存现金"　　B. "银行存款"　　C. "应收账款"　　D. "应付账款"

四、判断题

1. 各种原始凭证都应由会计人员填制并审核。（　　）
2. 记账凭证既是记录经济业务发生和完成情况的书面证明，也是登记账簿的依据。（　　）
3. 为了便于管理，企业都要将记账凭证分为收款凭证、付款凭证和转账凭证三种类型。（　　）
4. 自制原始凭证都是一次凭证，外来原始凭证绝大多数是一次凭证。（　　）
5. 五类编号法适用于通用记账凭证，即将每月内全部经济业务分为现金收款凭证、银行存款收款凭证、现金付款凭证、银行存款付款凭证、转账凭证五类连续编号。（　　）

五、业务题

1. 目的：练习记账凭证的编制方法。
2. 资料：某公司2019年9月发生如下经济业务：
（1）向银行提取现金80 000元，备发工资。
（2）向银行借入半年期借款50 000元。
（3）从南京惠景公司购入C材料5吨，每吨600元，货款用银行存款支付。
（4）博雅公司归还货款90 000元，存入银行。
（5）出售给光明公司甲产品500件，每件500元，货款尚未收到。
（6）将现金2 000元存入银行。
（7）以银行存款10 000元归还银行借款。
3. 要求：根据以上资料编制专用记账凭证。

项目三　学会产品制造企业日常经济业务的会计处理

学习目标

1. 了解产品制造企业的主要经济业务流程,能够应用借贷记账法记录产品制造企业的主要经济业务活动。
2. 掌握产品制造企业材料采购成本的核算方法。
3. 掌握产品制造企业产品生产成本的核算方法。
4. 掌握产品制造企业商品销售成本的核算方法。
5. 掌握产品制造企业利润形成及分配的核算方法。

情境导入

在学习如何对产品制造企业日常经济业务进行会计核算前,为了让同学们对产品制造企业的生产经营过程有一个更加直观、清楚的认识,老师特意组织大家参观了当地某知名服装加工厂。该厂人力资源部的黄经理热情地接待了大家。他首先安排同学们参观了工厂的相关产品展示厅,并介绍了产品的基本情况,随后带领大家来到财务科,财务科李科长向大家详细介绍了企业材料供应、生产、加工、销售等各环节的财务核算过程。最后,同学们还参观了该厂的生产车间,观看了服装加工的过程:布料物料进厂检验→排料→裁剪→缝制→锁眼钉扣→熨烫成衣→检验→包装入库等,亲眼目睹了一件件漂亮的衣服是如何被制造出来的。

请结合同学们的参观过程谈一谈你所理解的工业企业生产经营过程。

会计主体在我国主要分为行政单位、事业单位及企业。其中,企业按行业性质分为产品制造企业、商品流通企业和服务企业等。在所有的会计主体中,由于产品制造企业的生产经营活动比较复杂,业务涉及面较广,其会计业务具有代表性,因此本项目将以产品制造企业为背景来说明借贷记账法的具体运用。

产品制造企业是最早出现的企业,它是以产品的生产和销售为主要活动内容的经济组织。为了开展正常的生产经营活动,产品制造企业首先必须通过一定的渠道筹集一定数量的资金;接着需要将所筹集的资金转化为各项资产,如购建厂房、购买机器设备、采购原材料等为生产做准备;然后生产部门利用机器设备对原材料进行加工,生产出相应的产品并对外销售;最后在将资金回笼、缴纳相关税费后,企业就可以核算出当期的利润并进行分配。产品制造企业的主要经济业务及流程如图3-1所示。

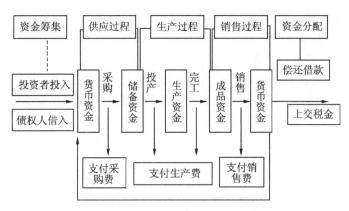

图 3-1 产品制造企业的主要经济业务及流程

任务一 资金筹集业务的会计处理

资金筹集是企业生产经营活动的起点。任何一个企业要开展正常的生产经营活动,首先都必须通过一定的渠道筹集一定数量的资金,用于购建固定资产、购买原材料、支付工资、偿还到期债务等。企业筹集资金的来源主要有两个方面:一是投资者投入的资金,即吸收投资;二是向银行及其他金融机构借入的资金,即取得借款。前者构成企业所有者权益的基本组成部分,后者形成企业负债。因此,资金筹集业务核算的主要内容包括吸收投资的核算和取得借款的核算。

一、吸收投资的核算

任何企业设立时都必须有法定资本金。企业的资本金按投资主体的不同,分为代表国家投资的政府部门或机构投入企业形成的国家资本、其他法人单位以其法定财产投入企业形成的法人资本、自然人以其合法财产投入企业形成的个人资本、国(境)外投资者投入企业形成的外商资本四个部分。企业资本按投入资金形式的不同,可分为货币投资、实物投资、证券投资和无形资产投资等。

(一)吸收投资的账户设置

1. "实收资本"账户的设置

"实收资本"账户属于所有者权益类账户,用于核算企业投资者投入资金的增减变动及其结余情况。该账户贷方登记实收资本的增加额,借方登记按法定程序报批的注册资本的减少额,期末余额在贷方,反映期末实收资本的实有数额。该账户可按投资者的不同设置"国家资本""法人资本""个人资本""外商资本"等明细分类账户,进行明细分类核算。

2. "资本公积"账户的设置

"资本公积"账户属于所有者权益类账户,用于核算企业投资者出资额超出其在注册资本或股本中所占份额的部分。直接计入所有者权益的利得和损失,也在该账户核算。该账户贷方登记资本公积的增加额,借方登记资本公积的减少额,期末余额在贷方,反映期末资本公积的实有数额。该账户可按资本公积来源的不同设置"资本溢价（股本溢价）""其他资本公积"等明细分类账户，进行明细分类核算。

3．"银行存款"账户的设置

"银行存款"账户属于资产类账户，用于核算企业存入银行或其他金融机构的各种存款的增减变动情况。该账户借方登记企业存入银行的款项，贷方登记企业提取和支取的存款，期末余额在借方，反映期末在银行或其他金融机构存款的实有数额。该账户可按开户银行、存款种类的不同设置明细分类账户，进行明细分类核算。

4．"固定资产"账户的设置

"固定资产"账户属于资产类账户，用于核算企业固定资产原值的增减变动及结余情况。该账户借方登记企业增加的固定资产的原值，贷方登记企业减少的固定资产的原值，期末余额在借方，反映企业现有的固定资产的原值。该账户可按固定资产品种设置明细分类账户，进行明细分类核算。

5．"无形资产"账户的设置

"无形资产"账户属于资产类账户，用于核算企业持有的无形资产的成本，包括专利权、专利技术、商标权、著作权、土地使用权等。该账户借方登记企业外购无形资产的购入成本、收到投资者投入无形资产的投资合同或协议约定的成本、自制无形资产的研发成本，贷方登记无形资产处置时减少的部分，期末余额在借方，反映企业现有的无形资产的成本。

（二）吸收投资的核算实例

【例3-1】 2019年6月1日，新华公司收到国家投入企业的350 000元，存入银行。该笔业务的会计分录如下：

借：银行存款　　　　　　　　　　　　　　　　　　　　350 000
　　贷：实收资本——国家资本　　　　　　　　　　　　　　　　350 000

【例3-2】 2019年6月3日，新华公司收到光明公司投入的全新运输汽车一辆，经双方确认，价值为200 000元，现已办妥交接验收手续。该笔业务的会计分录如下：

借：固定资产　　　　　　　　　　　　　　　　　　　　200 000
　　贷：实收资本——光明公司　　　　　　　　　　　　　　　　200 000

【例3-3】 2019年6月5日，新华公司接受绿洲公司投入的专利技术，双方协商作价50 000元，现已办妥有关专利技术的投资手续。该笔业务的会计分录如下：

借：无形资产　　　　　　　　　　　　　　　　　　　　50 000
　　贷：实收资本——绿洲公司　　　　　　　　　　　　　　　　50 000

【例3-4】 2019年6月10日，新华公司经批准后，用资本公积100 000元转增资本。该笔业务的会计分录如下：

借：资本公积　　　　　　　　　　　　　　　　　　　　100 000
　　贷：实收资本　　　　　　　　　　　　　　　　　　　　　　100 000

二、取得借款的核算

在企业的经营过程中，筹集资金的方式，除了可以由投资者投入资金，还可以向银行或其他金融机构借款，用于补充生产周转资金的不足。根据偿还期限的长短，企业取得的借款可分为短期借款和长期借款。

（一）取得借款的账户设置

1. "短期借款"账户的设置

"短期借款"账户属于负债类账户，用于核算企业向银行或其他金融机构借入的、期限在一年以内（含一年）的借款的取得及偿还情况。该账户贷方登记增加额，反映企业取得的短期借款金额；借方登记减少额，表示企业到期归还的短期借款金额；期末余额在贷方，反映企业尚未归还的短期借款金额。该账户可按债权人或借款种类设置明细分类账户，进行明细分类核算。

2. "长期借款"账户的设置

"长期借款"账户属于负债类账户，用于核算企业向银行或其他金融机构借入的、期限在一年以上的各种借款。该账户贷方登记企业借入的长期借款的本金及利息调整，借方登记已归还的长期借款的本金的数额，期末余额在贷方，反映企业尚未偿还的长期借款的数额。该账户可按债权人或借款种类设置明细账户，进行明细分类核算。

3. "财务费用"账户的设置

"财务费用"账户属于损益类账户，用于核算企业为筹集生产经营所需资金等而发生的利息支出、汇兑损益及相关的手续费等筹资费用。该账户借方登记发生的各项财务费用，贷方登记应冲减财务费用的利息收入、汇兑损益及期末结转到"本年利润"账户的数额，期末结转后无余额。该账户可按费用项目设置明细分类账户，进行明细分类核算。

4. "应付利息"账户的设置

"应付利息"账户属于负债类账户，用于核算企业按合同约定应支付的利息及其结算情况。该账户贷方登记各期应该负担的利息，借方登记各期实际支付的利息，期末余额在贷方，反映企业期末应付未付的利息。该账户可按债权人设置明细分类账户，进行明细分类核算。

（二）取得借款的核算实例

【例 3-5】 2019 年 6 月 1 日，新华公司向建设银行取得期限为三个月的贷款 100 000 元，年利率为 6%，到期一次还本付息。该笔业务的会计分录如下：

（1）2019 年 6 月 1 日取得借款时：

借：银行存款　　　　　　　　　　　　　　　　　　　　100 000
　　贷：短期借款　　　　　　　　　　　　　　　　　　　　100 000

（2）2019 年 6 月 31 日计提利息时：

借：财务费用　　　　　　　　　　　　　　　　　　　　　　500
　　贷：应付利息　　　　　　　　　　　　　　　　　　　　　500

2019 年 7 月 31 日、8 月 31 日计提利息时的会计分录与上述相同。

（3）到期一次还本付息时：

借：短期借款　　　　　　　　　　　　　　　　　　　　100 000
　　应付利息　　　　　　　　　　　　　　　　　　　　　1 500
　　贷：银行存款　　　　　　　　　　　　　　　　　　　101 500

任务二　资产采购业务的会计处理

企业为了开展正常的生产经营活动，就必须采购生产所需的各种资产，如厂房、机器设备、原材料等。资产采购业务的核算主要包括固定资产购建和原材料采购的核算。

一、固定资产购建的核算

固定资产是指企业使用期限超过一年的房屋、建筑物、机器、机械、运输工具，以及其他与生产经营有关的设备、器具、工具等。企业取得固定资产既可以外购，也可以自行建造。一般而言，从外部购入固定资产是企业固定资产增加的主要渠道，包括购入不需要安装的固定资产和购入需要安装的固定资产。

外部购入固定资产的成本包括购买价、相关税费，以及使固定资产达到预定可使用状态所发生的可归属于该项固定资产的运输费、装卸费等。自行建造的固定资产的成本由固定资产达到预定可使用状态所发生的必要支出构成。

（一）固定资产购建的账户设置

1. "在建工程"账户的设置

"在建工程"账户属于资产类账户，用于核算企业进行设备安装工程（包括需要安装设备的价值）、固定资产建造过程等发生的实际支出。该账户借方登记各项工程发生的实际支出数（如管理费、征地费、可行性研究费等），贷方登记固定资产竣工、交付使用时的实际支出数，期末余额在借方，反映尚未达到预定可使用状态的在建工程的成本。该账户应按工程项目设置明细分类账户，进行明细分类核算。

2. "工程物资"账户的设置

"工程物资"账户属于资产类账户，用于核算企业为在建工程准备的各种物资的成本。该账户借方登记购入工程物资增加的金额，贷方登记在建工程领用工程物资及工程完工后转作本企业存货的物资的成本，期末余额在借方，反映为在建工程准备的各种物资的成本。

（二）固定资产购建的核算实例

【例3-6】 2019年6月5日，新华公司购入生产用设备一台，发票上注明的设备价款为90 000元，增值税税额为11 700元，不需要安装，设备已运达企业，款项以银行存款支付。该笔业务的会计分录如下：

借：固定资产　　　　　　　　　　　　　　　　　　　　　　　　90 000
　　应交税费——应交增值税（进项税额）　　　　　　　　　　　11 700
　　贷：银行存款　　　　　　　　　　　　　　　　　　　　　　101 700

【例3-7】 2019年6月6日，新华公司购入工程物资一批，发票上注明的物资价款为100 000元，增值税税额为13 000元，运杂费3 000元（不考虑增值税），款项以银行存款支付。该笔业务的会计分录如下：

借：工程物资　　　　　　　　　　　　　　　　　　　　　　　103 000
　　应交税费——应交增值税（进项税额）　　　　　　　　　　　13 000

贷：银行存款　　　　　　　　　　　　　　　　　　　　　　　　　116 000

【例3-8】　2019年6月7日，新华公司购入需要安装的设备一台，发票上注明的设备价款为60 000元，增值税税额为7 800元，运杂费800元（不考虑增值税），设备已运达企业，款项以银行存款支付。该笔业务的会计分录如下：

　　借：在建工程　　　　　　　　　　　　　　　　　　　　　　　　　60 800
　　　　应交税费——应交增值税（进项税额）　　　　　　　　　　　　7 800
　　　　贷：银行存款　　　　　　　　　　　　　　　　　　　　　　　68 600

【例3-9】　承【例3-8】，设备由企业自行安装，共领用工程物资5 000元，甲材料1 000元，应付安装工人工资福利费等2 000元，用现金支付其他费用600元。该笔业务的会计分录如下：

　　借：在建工程　　　　　　　　　　　　　　　　　　　　　　　　　8 600
　　　　贷：工程物资　　　　　　　　　　　　　　　　　　　　　　　5 000
　　　　　　原材料　　　　　　　　　　　　　　　　　　　　　　　　1 000
　　　　　　应付职工薪酬　　　　　　　　　　　　　　　　　　　　　2 000
　　　　　　库存现金　　　　　　　　　　　　　　　　　　　　　　　600

【例3-10】　承【例3-9】，设备安装完工，交付使用。该笔业务的会计分录如下：

　　借：固定资产　　　　　　　　　　　　　　69 400　（60 800＋8 600）
　　　　贷：在建工程　　　　　　　　　　　　　　　　　　　　　　　69 400

二、原材料采购的核算

购建固定资产是产品制造企业开始生产的基础，却不是企业的经常业务。产品制造企业的主要采购业务是原材料的采购。原材料是企业生产过程中不可缺少的物质要素。企业一方面从供货单位购进各种材料物资，以满足生产经营的需要；另一方面要支付材料的买价和各种采购费用，与供应单位进行货款的结算。同时，对已运达企业的材料应验收入库，由仓库妥善保管。此外，为了以后正确计算产品成本，还必须确定入库材料的价值，计算出材料的采购成本。

（一）原材料核算的主要内容

原材料按其在生产过程中的作用，可分为原料及主要材料、辅助材料、外购半成品（外购件）、修理用备件、包装材料、燃料等。企业的各种材料既可以直接从外单位购进，也可以委托外单位加工，有些材料还可以自制。

外购材料的实际采购成本由以下几个部分构成。

1. 买价

买价即购货发票注明的货款金额。

2. 采购费用

采购费用包括采购过程中发生的运杂费、运输途中的合理损耗、入库前的挑选整理费用等。

（1）运杂费。即由企业负担的供货单位至本企业所在地过程中所发生的包装费、运输费、仓储费、装卸费及保险费等，但不包括按规定根据运输费的一定比例计算的可抵扣的增值税进项税额。

(2) 运输途中的合理损耗。即购入散装、易碎或易挥发的材料时，在运输途中所产生的定额内的合理损耗。超过定额损耗部分除由责任者赔偿外，其余计入"管理费用"。

(3) 入库前的挑选整理费用。即材料入库前发生的技术性检验及挑选整理费用，还包括挑选过程中发生的损耗，并减去回收的下脚料、废料的价值。

（二）原材料采购的账户设置

1. "在途物资"账户的设置

"在途物资"账户属于资产类账户，用于核算企业采用实际成本（或进价）进行材料、商品等物资的日常核算，以及货款已付但尚未验收入库的在途物资的采购成本。该账户借方登记企业已购入但尚未验收入库物资的采购成本，贷方登记物资运达验收入库的采购成本，期末余额在借方，反映尚未运达企业或者已经运达企业但尚未验收入库的在途物资的采购成本。该账户可按材料的类别、品种、规格分别设置明细分类账户，进行明细分类核算。

2. "原材料"账户的设置

"原材料"账户属于资产类账户，用于核算企业库存的各种材料，包括原料及主要材料、辅助材料、外购半成品、修理用备件、包装材料、燃料等的增减变动情况。该账户借方登记已经验收入库材料的实际成本，贷方登记发出材料的实际成本，期末余额在借方，反映企业库存材料的实际成本。该账户需要按照材料种类、规格分设原材料明细分类账户，分类反映每种材料的库存和增减变动情况。

3. "应付账款"账户的设置

"应付账款"账户属于负债类账户，用于核算企业因赊购材料物资和接受劳务供应而应付给供应单位的款项。该账户借方登记实际归还款项的数额，贷方登记应付供应单位款项（买价、税金和代垫运杂费等）的增加额，期末余额在贷方，反映尚未偿还供应单位的款项结余额。该账户可按供应单位分设明细分类账户，进行明细分类核算。

4. "应付票据"账户的设置

"应付票据"账户属于负债类账户，用于核算企业购买材料、商品和接受劳务供应等开出、承兑的商业汇票。该账户借方登记减少数，表示到期支付（或已贴现）的商业汇票的金额；贷方登记增加数，表示付款企业应付的商业汇票的票面金额；期末余额在贷方，反映企业尚未到期的商业汇票的票面金额。该账户不设置明细分类账户，但要设置"应付票据备查簿"登记其具体内容。

5. "应交税费"账户的设置

"应交税费"账户属于负债类账户，用于核算企业按照税法等规定计算应缴纳的各种税费，包括增值税、消费税、所得税、资源税、教育费附加等（印花税等不需要预计税额的税种除外）。企业代扣代缴的个人所得税等也通过该账户核算。该账户借方登记实际缴纳的各种税费，包括支付的增值税进项税额，贷方登记计算出的各种应交而未交税费的增加。期末余额方向不固定，如果在贷方，反映企业尚未缴纳的税费；如果在借方，反映企业多缴纳或尚未抵扣的税费。该账户可按应缴纳的税费项目设置明细分类账户，进行明细分类核算。

在材料采购业务中设置"应交税费"账户主要是用于核算增值税。增值税是对在我国境内销售货物或者加工、修理修配劳务，销售服务、无形资产、不动产及进口货物的单位和个人，就其取得的货物或应税劳务的销售额，或者进口货物的金额计算税款，并实行税款抵扣的一种流转税。增值税是对商品生产和流通中各环节的新增价值或商品附加值进行征税，是一种价外税，采取两段增收法，分为增值税进项税额和销项税额。

$$应纳增值税额 = 当期增值税销项税额 - 当期增值税进项税额$$
$$= 销售额 \times 增值税税率 - 购进货物或劳务价款 \times 增值税税率$$

6. "预付账款"账户的设置

"预付账款"账户属于资产类账户，用于核算企业因采购材料、物资和接受劳务，而按照购货合同规定预付给供应单位的货款。该账户借方登记预付款的增加，贷方登记收到供应单位提供的材料、物资等而冲销的预付款（预付款的减少），期末余额一般在借方，反映企业尚未结算的预付款的结余数额。该账户可按供应单位设置明细分类账户，进行明细分类核算。

7. "周转材料"账户的设置

"周转材料"账户属于资产类账户，用于核算企业周转材料的计划成本或实际成本，包括包装物、低值易耗品等（企业的包装物、低值易耗品也可以单独设置"包装物""低值易耗品"科目）。该账户借方登记企业购入、自制、委托外单位加工完成并已验收入库的周转材料等，贷方登记领用周转材料的账面价值，期末余额一般在借方，反映企业在库周转材料的计划成本或实际成本及在用周转材料的摊余价值。

（三）原材料采购业务的核算实例

【例 3-11】 2019 年 6 月 10 日，新华公司从 A 公司购入甲材料一批，价款 30 000 元，增值税税率 13%，材料尚未验收入库，签发一张期限为三个月的商业承兑汇票，用于抵付相应款项。该笔业务的会计分录如下：

借：在途物资——甲材料　　　　　　　　　　　　　　　　30 000
　　应交税费——应交增值税（进项税额）　　　　　　　　　3 900
　　贷：应付票据——A 公司　　　　　　　　　　　　　　　　33 900

【例 3-12】 2019 年 6 月 10 日，新华公司以银行存款支付甲材料运杂费 500 元（不考虑增值税）。该笔业务的会计分录如下：

借：在途物资——甲材料　　　　　　　　　　　　　　　　500
　　贷：银行存款　　　　　　　　　　　　　　　　　　　　500

【例 3-13】 2019 年 6 月 11 日，新华公司从 B 公司购入乙材料 2 000 千克，单价 5 元，共计 10 000 元；丙材料 1 000 千克，单价 3 元，共计 3 000 元。增值税税率 13%，款项及进项税额全部付清。该笔业务的会计分录如下：

借：在途物资——乙材料　　　　　　　　　　　　　　　　10 000
　　　　　　——丙材料　　　　　　　　　　　　　　　　 3 000
　　应交税费——应交增值税（进项税额）　　　　　　　　　1 690
　　贷：银行存款　　　　　　　　　　　　　　　　　　　　14 690

【例 3-14】 新华公司以银行存款支付乙、丙两种材料外地运杂费 600 元（不考虑增值税）。该笔业务的会计分录如下：

共同发生的运杂费应由受益对象共同负担，分配后计入各自采购成本。

运杂费分配率 = 600 ÷ (2 000 + 1 000) = 0.2(元/千克)

乙材料负担的运杂费 = 2 000 × 0.2 = 400（元）

丙材料负担的运杂费 = 1 000 × 0.2 = 200（元）

借：在途物资——乙材料　　　　　　　　　　　　　　　　400
　　　　　——丙材料　　　　　　　　　　　　　　　　200
　　贷：银行存款　　　　　　　　　　　　　　　　　　　600

【例3-15】　2019年6月12日，新华公司再次从B公司购入丙材料20 000元，增值税税率13%，货款未付。该笔业务的会计分录如下：

借：在途物资——丙材料　　　　　　　　　　　　　　　20 000
　　应交税费——应交增值税（进项税额）　　　　　　　2 600
　　贷：应付账款——B公司　　　　　　　　　　　　　　22 600

【例3-16】　2019年6月13日，新华公司向C公司预付购货款30 000元。该笔业务的会计分录如下：

借：预付账款——C公司　　　　　　　　　　　　　　　30 000
　　贷：银行存款　　　　　　　　　　　　　　　　　　30 000

【例3-17】　承【例3-16】预付账款的乙材料40 000元到货，增值税税率13%。该笔业务的会计分录如下：

借：在途物资——乙材料　　　　　　　　　　　　　　　40 000
　　应交税费——应交增值税（进项税额）　　　　　　　5 200
　　贷：预付账款——C公司　　　　　　　　　　　　　　45 200
借：预付账款——C公司　　　　　　　　　　　　　　　15 200
　　贷：银行存款　　　　　　　　　　　　　　　　　　15 200

【例3-18】　2019年6月15日，新华公司签发商业汇票从E公司购入丁材料10 000元，增值税税率13%。该笔业务的会计分录如下：

借：在途物资——丁材料　　　　　　　　　　　　　　　10 000
　　应交税费——应交增值税（进项税额）　　　　　　　1 300
　　贷：应付票据　　　　　　　　　　　　　　　　　　11 300

【例3-19】　月底，材料验收入库，结转实际采购成本。该笔业务的会计分录如下：公司在本会计期间共购入四种材料，它们的采购成本分别为：

甲材料 = 30 000 + 500 = 30 500（元）

乙材料 = 10 000 + 400 + 40 000 = 50 400（元）

丙材料 = 3 000 + 200 + 20 000 = 23 200（元）

丁材料 = 10 000（元）

借：原材料——甲材料　　　　　　　　　　　　　　　　30 500
　　　　——乙材料　　　　　　　　　　　　　　　　50 400
　　　　——丙材料　　　　　　　　　　　　　　　　23 200
　　　　——丁材料　　　　　　　　　　　　　　　　10 000
　　贷：在途物资——甲材料　　　　　　　　　　　　　30 500
　　　　　　——乙材料　　　　　　　　　　　　　50 400

——丙材料	23 200
——丁材料	10 000

任务三　产品生产业务的会计处理

企业在生产产品的过程中会发生各种耗费（生产费用），发生的这些耗费须由所生产出来的产品负担，应采用一定的方法归集、分配，计入所生产产品的成本（生产成本）。

一、生产成本的主要内容

生产成本由直接材料费用、直接人工费用和制造费用三部分组成。直接材料费用是指企业在生产过程中直接用于产品生产，构成产品实体的原材料及主要材料、外购半成品等费用。直接人工费用是指支付给产品生产工人的直接薪酬，包括工资、奖金、津贴、补贴、福利费、社会保险费、住房公积金等费用。制造费用也称间接费用，是指企业生产车间为生产产品所发生的各项间接支出，包括间接材料、间接工资、折旧费和其他间接支出。

二、产品生产业务的账户设置

1. "生产成本"账户的设置

"生产成本"账户属于成本类账户，用于核算制造产品而发生的各种生产成本。该账户借方登记本期发生的各种直接材料、直接人工等各项直接费用及分配计入的制造费用，贷方登记已完工并验收入库的产品的实际生产成本，期末余额在借方，反映尚未完工的在产品成本。该账户可按照基本生产成本和辅助成本进行明细分类核算。其中，基本生产成本按照生产车间和成本核算对象（产品的种类、批别、订单、生产阶段）设置明细分类账户，按规定的项目设置专栏，进行明细分类核算。

2. "制造费用"账户的设置

"制造费用"账户属于成本类账户，用于归集和分配企业为生产产品或提供劳务而发生的各种间接费用。该账户借方登记制造费用的增加额，包括车间管理人员的工资和福利费、机器设备及车间厂房的折旧费和修理费、车间办公费、水电费、机器物料消耗、劳动保护费用，贷方登记转入"生产成本"账户的数额，结转后该账户期末无余额。该账户可按车间、部门和费用项目设置明细分类账户，进行明细分类核算。

3. "管理费用"账户的设置

"管理费用"账户属于损益类账户，用于核算企业行政管理部门为组织和管理生产经营活动而发生的各项费用，包括企业在筹建期间发生的开办费、董事会费、公司经费（包括企业行政管理部门职工薪酬费、物料消耗、办公费、差旅费等）、行政管理部门负担的工会经费、咨询费、诉讼费、业务招待费、研究开发费、排污费等，以及企业生产车间（部门）和行政管理部门发生的固定资产修理费用等后续支出。该账户借方登记企业发生的各项管理费用，贷方登记期末结转到"本年利润"账户的金额，结转后该账户无余额。

4. "应付职工薪酬"账户的设置

"应付职工薪酬"账户属于负债类账户，用于核算企业给予职工的各种形式的报酬或对价及其他相关支出，包括为职工在职期间和离职后提供的全部货币性薪酬和非货币性福利。该账户贷方登记本期应负担的职工工资、奖金、津贴和补贴、职工福利费、养老保险费、医疗保险费等保险费、住房公积金、解除劳动关系给予的补偿等；借方登记应付职工薪酬的减少额；期末余额在贷方，反映应付未付的职工薪酬。该账户可按"工资""职工福利费""社会保险费""住房公积金""非货币性福利""辞退福利""工会经费""职工教育经费"等设置明细分类账户，进行明细分类核算。

5. "累计折旧"账户的设置

"累计折旧"账户属于资产类账户，是固定资产的调整账户，用于核算固定资产使用寿命内，按一定的方法计提的折旧额。该账户贷方登记累计折旧的增加额，借方登记因固定资产出售、毁损、报废、盘亏、调出等转出的折旧数，期末余额在贷方，反映现有固定资产已提折旧的累计数。

三、产品生产业务的核算实例

【例3-20】 2019年6月16日，新华公司从仓库发出材料一批，材料出库单汇总表列明的材料用途见表3-1。

表3-1　　　　　　　　　材料出库单汇总表

单位：元

用途	甲材料	乙材料	合计
生产产品——A产品领用	20 000	10 000	30 000
——B产品领用	3 000	5 000	8 000
生产车间领用	3 000	7 000	10 000
行政管理部门领用	1 000	2 000	3 000
销售部门领用	1 000	1 000	2 000
合计	28 000	25 000	53 000

该笔业务的会计分录如下：

借：生产成本——A产品　　　　　　　　　　　　　　30 000
　　　　　　——B产品　　　　　　　　　　　　　　 8 000
　　制造费用　　　　　　　　　　　　　　　　　　　10 000
　　管理费用　　　　　　　　　　　　　　　　　　　 3 000
　　销售费用　　　　　　　　　　　　　　　　　　　 2 000
　　贷：原材料——甲材料　　　　　　　　　　　　　28 000
　　　　　　——乙材料　　　　　　　　　　　　　　25 000

【例3-21】 2019年6月17日，新华公司一车间职工张山出差预借差旅费3 000元，以现金支付。该笔业务的会计分录如下：

借：其他应收款——张山　　　　　　　　　　　　　 3 000

贷：库存现金　　　　　　　　　　　　　　　　　　　　　　　　　3 000

【例3-22】　2019年6月19日，张山出差回到公司，报销差旅费2 500元，交回现金500元。该笔业务的会计分录如下：

　　借：制造费用——一车间　　　　　　　　　　　　　　　　　　　2 500
　　　　库存现金　　　　　　　　　　　　　　　　　　　　　　　　　　500
　　贷：其他应收款——张山　　　　　　　　　　　　　　　　　　　　3 000

【例3-23】　2019年6月20日，仓库发出低值易耗品一批，价值8 000元（采用一次摊销法），其中生产车间领用5 000元，行政管理部门领用2 000元，专设的销售机构领用1 000元。该笔业务的会计分录如下：

　　借：制造费用　　　　　　　　　　　　　　　　　　　　　　　　　5 000
　　　　管理费用　　　　　　　　　　　　　　　　　　　　　　　　　2 000
　　　　销售费用　　　　　　　　　　　　　　　　　　　　　　　　　1 000
　　贷：周转材料——低值易耗品　　　　　　　　　　　　　　　　　　8 000

【例3-24】　2019年6月21日，新华公司用银行存款支付全年的报刊杂志费6 000元。该笔业务的会计分录如下：

　　借：预付账款——预付报刊杂志费　　　　　　　　　　　　　　　　6 000
　　贷：银行存款　　　　　　　　　　　　　　　　　　　　　　　　　6 000

【例3-25】　2019年6月22日，新华公司开出转账支票一张，用于购买办公用品3 000元，其中车间负担2 000元，行政管理部门负担1 000元。该笔业务的会计分录如下：

　　借：制造费用　　　　　　　　　　　　　　　　　　　　　　　　　2 000
　　　　管理费用　　　　　　　　　　　　　　　　　　　　　　　　　1 000
　　贷：银行存款　　　　　　　　　　　　　　　　　　　　　　　　　3 000

【例3-26】　2019年6月30日，新华公司委托开户银行支付本月的水电费5 000元，其中车间负担3 200元，行政管理部门负担1 800元。该笔业务的会计分录如下：

　　借：制造费用　　　　　　　　　　　　　　　　　　　　　　　　　3 200
　　　　管理费用　　　　　　　　　　　　　　　　　　　　　　　　　1 800
　　贷：银行存款　　　　　　　　　　　　　　　　　　　　　　　　　5 000

【例3-27】　2019年6月30日，新华公司摊销本月应负担的500元报刊杂志费，其中车间负担300元，行政管理部门负担200元。该笔业务的会计分录如下：

　　借：制造费用　　　　　　　　　　　　　　　　　　　　　　　　　　300
　　　　管理费用　　　　　　　　　　　　　　　　　　　　　　　　　　200
　　贷：预付账款——预付报刊杂志费　　　　　　　　　　　　　　　　　500

【例3-28】　2019年6月30日，新华公司根据工资和考勤记录，编制工资分配表，计算出本月应付职工工资100 000元。其中，生产A产品生产工人工资32 000元，生产B产品生产工人工资38 000元，车间技术、管理人员工资18 000元，企业行政管理人员工资12 000元。该笔业务的会计分录如下：

　　借：生产成本——A产品　　　　　　　　　　　　　　　　　　　　32 000
　　　　　　　——B产品　　　　　　　　　　　　　　　　　　　　　38 000

制造费用　　　　　　　　　　　　　　　　　　　　　　　　18 000
　　管理费用　　　　　　　　　　　　　　　　　　　　　　　　12 000
　　贷：应付职工薪酬——工资　　　　　　　　　　　　　　　　　　　100 000

【例3-29】 2019年6月30日，新华公司开出现金支票，从银行提取现金100 000元，以备发放本月工资。该笔业务的会计分录如下：

　　借：库存现金　　　　　　　　　　　　　　　　　　　　　　100 000
　　贷：银行存款　　　　　　　　　　　　　　　　　　　　　　　　100 000

【例3-30】 2019年6月30日，新华公司用现金发放本月职工工资100 000元。该笔业务的会计分录如下：

　　借：应付职工薪酬——工资　　　　　　　　　　　　　　　　100 000
　　贷：库存现金　　　　　　　　　　　　　　　　　　　　　　　　100 000

【例3-31】 2019年6月30日，新华公司按本月职工工资薪酬的2%和2.5%确认工会经费和职工教育经费。该笔业务的会计分录如下：

　　借：生产成本——A产品　　　　1 440［32 000×（2%+2.5%）］
　　　　　　　　——B产品　　　　1 710［38 000×（2%+2.5%）］
　　　　制造费用　　　　　　　　　810［18 000×（2%+2.5%）］
　　　　管理费用　　　　　　　　　540［12 000×（2%+2.5%）］
　　贷：应付职工薪酬——工会经费　　　2 000（100 000×2%）
　　　　　　　　　　——职工教育经费　2 500（100 000×2.5%）

【例3-32】 2019年6月30日，按照规定的折旧率，新华公司计提本月固定资产折旧额。其中，生产车间使用的固定资产应计提折旧40 000元，企业行政管理部门使用的固定资产应计提折旧5 000元。该笔业务的会计分录如下：

　　借：制造费用　　　　　　　　　　　　　　　　　　　　　　40 000
　　　　管理费用　　　　　　　　　　　　　　　　　　　　　　　5 000
　　贷：累计折旧　　　　　　　　　　　　　　　　　　　　　　　　45 000

【例3-33】 2019年6月30日，新华公司以两种产品生产工人工资为标准，计算并分配当月发生的全部制造费用，结转计入"生产成本"账户。该笔业务的会计分录如下：

制造费用 = 10 000 + 2 500 + 5 000 + 2 000 + 3 200 + 300 + 18 000 + 810 + 40 000
　　　　 = 81 810（元）

制造费用分配率 = 81 810÷（32 000+38 000）= 1.168 7

A产品负担的制造费用 = 32 000×1.168 7 = 37 398.4（元）

B产品负担的制造费用 = 81 810 - 37 398.4 = 44 411.6（元）

　　借：生产成本——A产品　　　　　　　　　　　　　　　　　37 398.4
　　　　　　　　——B产品　　　　　　　　　　　　　　　　　44 411.6
　　贷：制造费用　　　　　　　　　　　　　　　　　　　　　　　81 810

【例3-34】 2019年6月30日，新华公司产品完工入库。其中，A产品生产成本为100 838.4元，完工6 000件，月末在产品成本为45 000元（直接材料15 000元，直接人工20 000元，制造费用10 000元）；B产品生产成本为96 660.8元，月末全部完工，共5 000件。计算A、B产品的生产成本并进行完工入库的账务处理。该笔业务的会计分录如下：

A 产品生产成本 = 30 000 + 32 000 + 1 440 + 37 398.4 = 100 838.4（元）

B 产品生产成本 = 8 000 + 38 000 + 1 710 + 44 411.6 = 92 121.6（元）

借：库存商品——A 产品　　　　　　55 838.4（100 838.4 – 45 000）

　　　　　　——B 产品　　　　　　92 121.6

　贷：生产成本——A 产品　　　　　　　　　　　　　　　　55 838.4

　　　　　　——B 产品　　　　　　　　　　　　　　　　92 121.6

任务四　产品销售业务的会计处理

一、产品销售过程的主要内容

企业在销售产品的过程中，一方面出售产品并与购货单位进行款项结算，另一方面要确认并结转已售产品的生产成本，支付为销售产品而发生的销售费用，如销售人员工资、包装费、广告费等，此外还要依据国家税收法律等规定计算和缴纳税费。

销售过程核算的主要任务是：计算和确认销售收入；计算和缴纳各种税费；计算并结转销售成本；核算归集销售费用等。

二、产品销售业务的账户设置

为了正确反映产品销售过程核算的内容，企业应设置和运用以下账户。

1. "主营业务收入"账户的设置

"主营业务收入"账户属于损益类账户，用于核算企业确认的销售产品、提供劳务等主营业务所产生的收入。该账户借方登记期末结转入"本年利润"账户的收入及发生的销售退回、销售折让，贷方登记企业销售产品（包括产成品、自制半成品等）或让渡资产使用权所实现的收入，结转后期末无余额。该账户可按主营业务的种类设置明细分类账户，进行明细分类核算。

2. "主营业务成本"账户的设置

"主营业务成本"账户属于损益类账户，用于核算企业因销售产品、提供劳务或让渡资产使用权等日常活动所发生的实际成本。该账户借方登记主营业务发生的实际成本，贷方登记期末转入"本年利润"账户的主营业务成本，结转后期末无余额。该账户可按主营业务的种类设置明细分类账户，进行明细分类核算。

3. "税金及附加"账户的设置

"税金及附加"账户属于损益类账户，用于核算企业在经营活动中应负担的税金及附加费用，包括除增值税以外的消费税、城市维护建设税、资源税、教育费附加、房产税、土地使用税、车船使用税、印花税等相关税费。该账户借方登记企业按规定计算确定应负担的相关税费，贷方登记期末转入"本年利润"账户的金额，结转后期末无余额。

4. "销售费用"账户的设置

"销售费用"账户属于损益类账户，用于核算企业在销售产品过程中发生的费用，包括运输费、装卸费、包装费、保险费、展览费和广告费，以及为销售本企业产品而专设的销售机构的职工工资及福利费、业务费等经营费用。该账户借方登记企业在销售产品过程中发生的各种费用，贷方登记期末转入"本年利润"账户的金额，结转后期末无余额。该账户可按费用项目设置明细分类账户，进行明细分类核算。

5. "应收账款"账户的设置

"应收账款"账户属于资产类账户，用于核算企业因销售产品、提供劳务等经营活动，应向购货单位或接受劳务单位收取的款项。不单独设置"预收账款"账户的企业，预收的账款也在该账户核算。该账户借方登记企业发生应收账款时确定的应收金额，贷方登记已收回的金额。期末余额一般在借方，表示企业尚未收回的应收账款；期末余额如在贷方，表示企业预收的账款。该账户可按购货单位或接受劳务的单位设置明细分类账户，进行明细分类核算。

6. "应收票据"账户的设置

"应收票据"账户属于资产类账户，用于核算企业因销售产品、提供劳务等收到的商业汇票。该账户借方登记企业收到的应收票据，贷方登记票据到期收回的票面金额，期末余额在借方，反映企业持有的尚未到期的商业汇票的票面金额。

7. "预收账款"账户的设置

"预收账款"账户属于负债类账户，用于核算企业按照合同规定预收购货单位订货款的增减变动及其余额情况。该账户贷方登记预收购货单位的款项和购货单位补付的款项，借方登记向购货单位发出产品销售实现的货款和退回多付的款项。期末余额如在贷方，表示企业预收款的结余数；期末余额如在借方，表示购货单位应付给企业的款项。该账户可按照不同的购货单位设置明细分类账户，进行明细分类核算。

8. "其他业务收入"账户的设置

"其他业务收入"账户属于损益类账户，用于核算企业确认的除主营业务活动以外的其他经营活动实现的收入，包括出租固定资产、出租无形资产、出租包装物和商品、销售材料等收入。该账户贷方登记企业获得的其他业务收入，借方登记期末结转到"本年利润"账户的金额，结转后期末无余额。该账户可按其他业务的种类设置明细分类账户，进行明细分类核算。

9. "其他业务成本"账户的设置

"其他业务成本"账户属于损益类账户，用于核算企业确认的除主营业务活动以外的其他经营活动所发生的支出，包括销售材料的成本、出租固定资产的折旧额、出租无形资产的摊销额、出租包装物的成本或摊销额等。该账户借方登记其他业务发生的实际成本，贷方登记期末转入"本年利润"账户的金额，结转后期末无余额。

三、产品销售业务的核算实例

【例3-35】 2019年6月10日，新华公司向大地工厂销售A产品5 000件，每件售价15元，共计75 000元，增值税税率13%，款项已全部收到并存入银行。该笔业务的会计分录如下：

借：银行存款　　　　　　　　　　　　　　　　　　　84 750
　　贷：主营业务收入——A产品　　　　　　　　　　　　　　　75 000

  应交税费——应交增值税（销项税额）   9 750

【例3-36】 2019年6月12日，新华公司向红星工厂销售B产品1 000件，每件售价30元，共计30 000元，增值税税率13%，货款尚未收到。该笔业务的会计分录如下：

 借：应收账款——红星工厂   33 900
  贷：主营业务收入——B产品   30 000
    应交税费——应交增值税（销项税额）   3 900

【例3-37】 2019年6月13日，新华公司以银行存款支付本月广告费10 000元。该笔业务的会计分录如下：

 借：销售费用   10 000
  贷：银行存款   10 000

【例3-38】 2019年6月15日，新华公司收到红星工厂前欠货款33 900元，款项已收到并存入银行。该笔业务的会计分录如下：

 借：银行存款   33 900
  贷：应收账款——红星工厂   33 900

【例3-39】 2019年6月16日，新华公司将多余的乙材料200千克对外销售，售价1 200元，增值税税率13%，款项已收到并存入银行。该笔业务的会计分录如下：

 借：银行存款   1 356
  贷：其他业务收入   1 200
    应交税费——应交增值税（销项税额）   156

【例3-40】 2019年6月30日，结转本月已售A产品和B产品的产品成本。本月共销售A产品5 000件，单位生产成本为10元，共计50 000元；销售B产品1 000件，单位生产成本为20元，共计20 000元。该笔业务的会计分录如下：

 借：主营业务成本   70 000
  贷：库存商品——A产品   50 000
       ——B产品   20 000

【例3-41】 2019年6月30日，新华公司按规定计算本月应缴纳的城市维护建设税200元、教育费附加50元。该笔业务的会计分录如下：

 借：税金及附加   250
  贷：应交税费——应交城市维护建设税   200
      ——应交教育费附加   50

【例3-42】 2019年6月30日，结转上述已售材料的销售成本1 000元。该笔业务的会计分录如下：

 借：其他业务成本   1 000
  贷：原材料   1 000

任务五　利润形成及分配业务的会计处理

一、利润形成过程的核算

（一）利润的构成

利润是指企业在一定会计期间的经营成果。利润包括收入减去费用后的净额、直接计入当期利润的利得和损失等。根据对外报告的利润表的编制要求，利润分三个层次，即营业利润、利润总额和净利润。

1. 营业利润

营业利润是指企业从日常生产经营活动中取得的利润，是企业利润的主要来源。

$$营业利润 = 营业收入 - 营业成本 - 税金及附加 - 期间费用 -$$
$$信用减值损失 - 资产减值损失 + 公允价值变动收益$$
$$（-公允价值变动损失）+ 投资收益（-投资损失）+$$
$$其他收益 + 资产处置收益（-资产处置损失）$$

2. 利润总额

利润总额是指税前利润，也就是企业在所得税前一定时期内经营活动的总成果。

$$利润总额 = 营业利润 + 营业外收入 - 营业外支出$$

3. 净利润

净利润是指企业当期利润总额按规定缴纳了所得税后的金额，即企业的税后利润。

$$净利润 = 利润总额 - 所得税费用$$

（二）利润形成过程中的账户设置

1. "本年利润"账户的设置

"本年利润"账户属于所有者权益类账户，用于核算企业当期实现的净利润（或发生的净亏损）。该账户借方登记期末由"主营业务成本""管理费用""财务费用""销售费用""其他业务成本""税金及附加""营业外支出""所得税费用"等账户转入的金额，贷方登记期末由"主营业务收入""其他业务收入""营业外收入""投资收益"等账户转入的金额。年度终了，"本年利润"账户转入"利润分配"账户前的贷方余额表示净利润（净盈利），借方余额表示亏损总额。期末将"本年利润"账户余额全部转入"利润分配"账户，结转后该账户应无余额。

2. "营业外收入"账户的设置

"营业外收入"账户属于损益类账户，用于核算企业发生的与企业生产经营活动没有直接关系的各种收入，包括处置非流动资产利得、非货币性资产交换利得、债务重组利得、罚没利得、政府补助利得、盘盈利得、捐赠利得等。该账户贷方登记营业外收入的增加，借方登记会计期末转入"本年利润"账户的营业外收入额，结转后期末无余额。该账户可按营业外收入项目设置明细分类账户，进行明细分类核算。

3. "营业外支出"账户的设置

"营业外支出"账户属于损益类账户，用于核算企业发生的不属于企业生产经营费用，与企业生产经营没有关系，但按照有关规定应从企业实现的收入总额中扣除的支出，是直接计入利润的损失，包括处置非流动资产损失、非货币性资产交换损失、债务重组损失、盘亏损失、公益性捐赠支出、非常损失等。该账户借方登记营业外支出的发生即营业外支出的增加，贷方登记会计期末转入"本年利润"账户的营业外支出额，结转后期末无余额。该账户可按营业外支出项目设置明细分类账户，进行明细分类核算。

4. "投资收益"账户的设置

"投资收益"账户属于损益类账户，用于核算企业确认的投资收益或投资损失。该账户借方登记发生的投资损失和期末转入"本年利润"账户的净收益，贷方登记企业实现的投资收益和期末转入"本年利润"账户的净损失，结转后期末无余额。该账户可按投资种类设置明细分类账户，进行明细分类核算。

5. "所得税费用"账户的设置

"所得税费用"账户属于损益类账户，用于核算企业确认的应从当期利润总额中扣除的所得税费用。该账户借方登记按照应纳税所得额计算出的所得税费用，贷方登记期末转入"本年利润"账户的所得税费用，结转后该账户无余额。

(三) 利润形成过程中的核算实例

【例3-43】 2019年6月20日，新华公司收到被投资单位转来的应分得利润100 000元，款项已收到并存入银行。该笔业务的会计分录如下：

借：银行存款   100 000
　　贷：投资收益   100 000

【例3-44】 2019年6月21日，新华公司收到东风工厂交来的违反合同罚款3 000元，款项已收到并存入银行。该笔业务的会计分录如下：

借：银行存款   3 000
　　贷：营业外收入   3 000

【例3-45】 2019年6月25日，新华公司开出转账支票一张，向某灾区捐赠10 000元。该笔业务的会计分录如下：

借：营业外支出   10 000
　　贷：银行存款   10 000

【例3-46】 2019年6月30日，新华公司将本月损益类（收入）账户发生额结转至"本年利润"账户。该笔业务的会计分录如下：

借：主营业务收入   105 000
　　其他业务收入   1 200
　　营业外收入   3 000
　　投资收益   100 000
　　贷：本年利润   209 200

【例3-47】 2019年6月30日，新华公司将本月损益类（费用）账户发生额结转至"本年利润"账户。该笔业务的会计分录如下：

借：本年利润   120 290
　　贷：主营业务成本   70 000
　　　　其他业务成本   1 000

税金及附加	250
销售费用	13 000
管理费用	25 540
财务费用	500
营业外支出	10 000

【例3-48】 根据【例3-46】、【例3-47】新华公司计算出本月利润总额为88 910元，所得税税率为25%，计算本月应交所得税费用。该笔业务的会计分录如下：

应交所得税费用=(209 200-120 290)×25%=88 910×25%=22 227.5(元)
借：所得税费用　　　　　　　　　　　　　　　22 227.5
　　贷：应交税费——应交所得税　　　　　　　　　22 227.5

【例3-49】 2019年6月30日，新华公司将本月所得税费用结转至"本年利润"账户。该笔业务的会计分录如下：

借：本年利润　　　　　　　　　　　　　　　　22 227.5
　　贷：所得税费用　　　　　　　　　　　　　　　22 227.5

通过以上计算可知，该公司6月末净利润为66 682.5（88 910-22 227.5）元。

二、利润分配过程的核算

企业当年实现的净利润，一般按下列顺序进行分配：弥补以前年度亏损、提取法定盈余公积、提取任意盈余公积、向投资者分配利润。

（一）利润分配核算中的账户设置

1. "利润分配"账户的设置

"利润分配"账户属于所有者权益类账户，用于核算企业利润的分配（或亏损的弥补）和历年分配（或弥补）后的余额。借方登记提取盈余公积、应付现金股利和利润，以及年末由"本年利润"账户转入的本年累计亏损数；贷方登记盈余公积弥补的亏损数，以及年末由"本年利润"账户转入的本年累计净利润数。其贷方余额表示企业的未分配利润，借方余额表示未弥补亏损。为了具体反映企业利润的分配情况，该账户应设置"提取盈余公积""应付股利""未分配利润"等明细分类账户，进行明细分类核算。

2. "盈余公积"账户的设置

"盈余公积"账户属于所有者权益类账户，用于核算企业盈余公积的提取、使用和结存情况。该账户借方登记盈余公积的使用数，贷方登记从净利润中提取的盈余公积。该账户应按照"法定盈余公积"和"任意盈余公积"设置明细分类账户，进行明细分类核算。

3. "应付股利"账户的设置

"应付股利"账户属于负债类账户，用于核算企业经董事会、股东大会或类似机构审议确定或宣告支付但尚未支付的利润或现金股利。该账户借方登记实际支付的利润或现金股利，贷方登记应支付给投资者的利润或现金股利，期末贷方余额表示企业应付未付的利润或现金股利。该账户应按投资者设置明细分类账户，进行明细分类核算。

（二）利润分配的核算实例

【例3-50】 2019年年末，新华公司结转"本年利润"账户。假设该公司12月末"本年利润"账户为贷方余额2 000 000元。该笔业务的会计分录如下：

借：本年利润　　　　　　　　　　　　　　　　　　　　　　2 000 000
　　贷：利润分配——未分配利润　　　　　　　　　　　　　　　　2 000 000

【例3-51】　承【例3-50】，新华公司按净利润的10%提取法定盈余公积。该笔业务的会计分录如下：

借：利润分配——提取法定盈余公积　　　　　　　　　　　　200 000
　　贷：盈余公积——法定盈余公积　　　　　　　　　　　　　　200 000

【例3-52】　年末，新华公司计算应向投资者分配的利润1 500 000元。该笔业务的会计分录如下：

借：利润分配——应付股利　　　　　　　　　　　　　　　1 500 000
　　贷：应付股利　　　　　　　　　　　　　　　　　　　　　1 500 000

【例3-53】　公司年终结转本年已分配的利润1 700 000元。该笔业务的会计分录如下：

借：利润分配——未分配利润　　　　　　　　　　　　　　1 700 000
　　贷：利润分配——提取法定盈余公积　　　　　　　　　　　　200 000
　　　　　　　　——应付股利　　　　　　　　　　　　　　　1 500 000

项目小结

产品制造企业同其他类型的企业相比，它的经济活动过程最为完整，分为资金筹集过程、供应过程、生产过程和销售过程、利润形成及分配过程等。

资金筹集是企业生产经营活动的起点，企业筹集资金主要有两个来源：一是投资者投入的资金，即吸收投资；二是向银行或其他金融机构借入的资金，即取得借款。

材料供应过程中，企业一方面从供货单位购进各种材料物资，以满足生产经营的需要；另一方面要支付材料的买价和各种采购费用，与供应单位进行货款的结算。同时，对已运达企业的材料验收入库，由仓库妥善保管。此外，为了以后正确计算产品成本，还必须确定入库材料的价值，计算出材料的采购成本。

生产过程即企业将材料投入生产到产品完工并验收入库的全过程。企业在生产产品的过程中会发生各种耗费（生产费用），发生的这些耗费须由所生产出来的产品负担，应采用一定的方法归集、分配，计入所生产产品的成本（生产成本）中。

销售过程中，企业一方面出售产品并与购货单位进行款项结算；另一方面要确认并结转已售产品的生产成本，支付为销售产品而发生的销售费用，如销售人员工资、包装费、广告费等，此外还要依据国家税收法律等规定计算和缴纳税费。

利润形成过程中，企业须逐步核算出企业当期取得的营业利润、利润总额和净利润。

利润分配过程中，企业须确认可供分配利润的金额，并按规定对可供分配利润进行分配。

巩固与提高

一、复习思考题

1. 企业在筹集资金过程中会发生哪些主要经济业务？需要设置哪些账户进行核算？
2. 企业在供应过程中会发生哪些主要经济业务？需要设置哪些账户进行核算？
3. 企业在生产过程中会发生哪些主要经济业务？需要设置哪些账户进行核算？
4. 企业在销售过程中会发生哪些主要经济业务？需要设置哪些账户进行核算？
5. 材料采购成本由哪些部分构成？
6. 如何计算营业利润、利润总额及净利润？

二、单项选择题

1. 企业购入材料发生的运杂费等采购费用，应计入（　　）。
   A. 管理费用　　　B. 材料采购成本　　　C. 生产成本　　　D. 销售费用
2. 用来核算库存材料增减变动和结存情况的账户是（　　）。
   A. "在途物资"　　B. "原材料"　　C. "生产成本"　　D. "库存商品"
3. 企业按期计提固定资产折旧费时，应贷记（　　）。
   A. 生产成本　　　B. 制造费用　　　C. 管理费用　　　D. 累计折旧
4. 企业结转已销产品的实际生产成本时，应（　　）。
   A. 借记"应收账款"，贷记"主营业务收入"
   B. 借记"主营业务成本"，贷记"主营业务收入"
   C. 借记"主营业务成本"，贷记"库存商品"
   D. 借记"营业费用"，贷记"库存商品"
5. 下列支出中，应在"营业外支出"账户列支的是（　　）。
   A. 罚没支出　　　　　　　　　B. 离退休人员工资
   C. 业务招待费　　　　　　　　D. 利息支出
6. 下列费用中，不构成产品成本的有（　　）。
   A. 直接材料费　　B. 直接人工费　　C. 期间费用　　D. 制造费用
7. 不能结转至"本年利润"账户借方的是（　　）账户。
   A. "生产成本"　　B. "主营业务成本"　　C. "管理费用"　　D. "财务费用"
8. 下列项目中，不属于管理费用的有（　　）。
   A. 车间管理人员工资　　　　　B. 厂部管理人员工资
   C. 厂部耗用材料　　　　　　　D. 厂部办公用房的租金
9. 某企业本月支付厂部管理人员工资20 000元，预支厂部半年（含本月）报刊费6 000元，支付生产车间本月保险费5 000元，则该企业本月管理费用发生额为（　　）元。
   A. 11 000　　　B. 21 000　　　C. 25 000　　　D. 26 000
10. 下列计算利润总额的公式正确的是（　　）。
    A. 利润总额 = 主营企业利润 + 其他企业利润 – 管理费用 – 财务费用 – 营业费用
    B. 利润总额 = 营业利润 + 营业外收入 – 营业外支出

C. 利润总额 = 主营业务收入 + 投资收益 + 营业外收入 – 营业外支出
D. 利润总额 = 营业利润 – 管理费用 – 财务费用 – 营业费用

11. 与企业生产经营无直接联系而发生的支出是（　　）。
    A. 营业外支出　　B. 财务费用　　C. 其他业务支出　　D. 销售费用

12. 下列不属于营业外支出的项目是（　　）。
    A. 对外捐赠　　　　　　　　　B. 自然灾害损失
    C. 罚款支出　　　　　　　　　D. 出租固定资产摊销额

13. 某工业企业本期主营业务利润为100万元，其他业务利润为30万元，管理费用为25万元，投资收益为30万元，所得税费用为30万元。假定不考虑其他因素，该企业本期营业利润为（　　）万元。
    A. 95　　　　　　B. 125　　　　　　C. 135　　　　　　D. 130

14. 企业接受的现金捐赠，应计入（　　）账户。
    A. "资本公积"　B. "营业外收入"　C. "盈余公积"　D. "未分配利润"

15. 对于工业企业来说，下列项目中，属于基本业务收入的是（　　）。
    A. 材料销售收入　　　　　　　B. 产品销售收入
    C. 无法支付的应付账款　　　　D. 固定资产出租的租金收入

16. 企业出租包装物收取的押金应该通过（　　）账户核算。
    A. "应付账款"　　　　　　　　B. "预收账款"
    C. "其他应付款"　　　　　　　D. "其他业务收入"

17. 企业无论从何种途径取得材料，都要通过（　　）账户核算。
    A. "在途物资"　B. "应付账款"　C. "原材料"　D. "应付票据"

18. 年末结转后，"利润分配"账户的借方余额表示（　　）。
    A. 净利润　　　B. 利润总额　　C. 未分配的利润　D. 未弥补的亏损

19. 企业采购人员采购材料的差旅费回来报销后应计入（　　）账户。
    A. "管理费用"　B. "材料成本"　C. "销售费用"　D. "生产成本"

三、多项选择题

1. 制造业的主要经济业务包括（　　）。
    A. 资金筹集业务　　　　　　　B. 产品生产业务
    C. 产品销售业务　　　　　　　D. 财务成果业务

2. 下列项目应在"管理费用"账户中列支的有（　　）。
    A. 行政管理部门职工差旅费　　B. 董事会费
    C. 业务招待费　　　　　　　　D. 车间管理人员的工资

3. 企业的资本金按其投资主体不同可以分为（　　）。
    A. 货币投资　　B. 国家投资　　C. 个人投资　　D. 法人投资

4. 下列关于"生产成本"账户的说法正确的是（　　）。
    A. 属于资产类账户　　　　　　B. 期末余额反映完工产品成本
    C. 期末余额在借方　　　　　　D. 贷方登记验收入库产品成本

5. 企业购入材料时，如果借记"在途物资"账户，贷方可能记（　　）账户。
    A. 应付账款　　B. 应付票据　　C. 银行存款　　D. 预付账款

6. "应交税费——应交增值税"账户应设置的三级账户有（　　）。
A. "进项税额"　　B. "销项税额"　　C. "已交税金"　　D. "未交税金"

7. （　　）是应该直接计入当期损益的。
A. 制造费用　　B. 管理费用　　C. 财务费用　　D. 销售费用

8. 下列项目中，应结转至"本年利润"账户贷方的是（　　）。
A. 主营业务收入　　B. 主营业务成本　　C. 其他业务收入　　D. 其他业务成本

9. 下列费用项目中，应在"管理费用"账户列支的是（　　）。
A. 厂部管理人员工资　　　　　　B. 车间管理人员工资
C. 业务招待费　　　　　　　　　D. 生产工人工资

10. 下列项目中，应在"销售费用"账户列支的有（　　）。
A. 罚没支出　　B. 利息支出　　C. 销售人员的工资　　D. 广告费

11. 会计期末，转入"本年利润"账户借方的各项费用包括（　　）。
A. 主营业务成本　　B. 销售费用　　C. 税金及附加　　D. 所得税费用

12. 下列各项中，影响企业营业利润的项目有（　　）。
A. 销售费用　　B. 管理费用　　C. 投资收益　　D. 所得税费用

13. 下列各科目的余额，期末应结转至"本年利润"科目的有（　　）。
A. 营业外收入　　B. 营业外支出　　C. 投资收益　　D. 生产成本

14. 下列各科目中，期末应无余额的有（　　）。
A. 管理费用　　B. 所得税费用　　C. 本年利润　　D. 利润分配

15. 企业核算城市维护建设税和教育费附加，应通过（　　）账户核算。
A. "税金及附加"　　　　　　　　B. "主营业务收入"
C. "应交税费"　　　　　　　　　D. "应付账款"

16. "利润分配"账户的借方登记（　　）。
A. 可供分配的利润　　　　　　　B. 应交税费
C. 提取法定盈余公积　　　　　　D. 应付股利

17. 下列各项中，应计入材料采购成本的有（　　）。
A. 买价　　　　　　　　　　　　B. 运输费用
C. 运输途中的合理损耗　　　　　D. 采购人员工资

18. 企业从银行取得一年期的借款，应（　　）。
A. 借记"银行存款"账户　　　　　B. 借记"长期借款"账户
C. 贷记"长期借款"账户　　　　　D. 贷记"短期借款"账户

19. 企业收到作为投资的一辆汽车，应（　　）。
A. 借记"固定资产"　　　　　　　B. 贷记"短期借款"
C. 贷记"实收资本"　　　　　　　D. 贷记"应付账款"

20. 材料采购费用包括（　　）。
A. 运输费　　　　　　　　　　　B. 运输途中合理损耗
C. 入库前的挑选整理费用　　　　D. 购入材料应负担的税金

21. 下列属于管理费用的有（　　）。
A. 利息费用　　　　　　　　　　B. 厂部办公费用

C. 销售费用　　　　　　　　　　　D. 厂部一般耗用材料

22. 企业的资本金按照投资主体的不同可分为（　　）。
A. 国家资本　　　　　　　　　　　B. 法人资本
C. 个人资本　　　　　　　　　　　D. 外商资本

23. 材料验收入库时，应（　　）。
A. 借记"原材料"　　　　　　　　　B. 借记"材料采购"
C. 贷记"材料采购"　　　　　　　　D. 贷记"原材料"

24. 与"应付职工薪酬"账户贷方相对应的账户可能有（　　）。
A. "生产成本"　　B. "制造费用"　　C. "管理费用"　　D. "在建工程"

25. 下列费用中，属于生产过程中发生的费用有（　　）。
A. 车间机器设备折旧费　　　　　　B. 车间照明用电费
C. 生产工人工资　　　　　　　　　D. 生产产品耗用的材料

四、判断题

1. 企业向银行借入短期借款，应借记"短期借款"账户。（　　）
2. 企业购入材料时支付的增值税进项税额应计入"原材料"账户，构成材料的采购成本。（　　）
3. 制造费用、管理费用、财务费用和销售费用均属于期间费用。（　　）
4. 营业利润＝主营业务利润＋其他业务利润。（　　）
5. 企业对实现的净利润应在抵补各项罚没支出，弥补以前年度亏损后，再按规定计提法定盈余公积、任意盈余公积，并向投资者分配利润。（　　）
6. "利润分配"账户属于所有者权益类账户，企业按规定进行利润分配时，记借方。（　　）
7. 企业的期间费用应于期末采用一定的方法分配计入产品成本。（　　）
8. 企业对实现的利润进行分配时，可以直接在"本年利润"账户的借方反映利润分配的实际数额，也可以单独设置"利润分配"账户反映利润分配的数额。（　　）
9. 预收账款情况不多的企业，可以将预收的货款直接贷记"应收账款"账户。（　　）
10. 企业向社会福利部门捐款，应冲减盈余公积。（　　）
11. 企业应付租入包装物的租金，应在"应付账款"账户中核算。（　　）
12. "预收账款"账户的期末余额表示负债。（　　）
13. 企业应收未收的各种应收款项，均应通过"应收账款"账户核算。（　　）
14. 企业月份内发生的间接费用计入"制造费用"账户，不能计入"生产成本"账户。（　　）
15. 企业预付房屋租金时应从管理费用中列支。（　　）
16. "营业外收入"账户是用来核算企业发生的与企业生产经营无直接关系的各项收入的账户。（　　）
17. 为管理和组织本单位的生产经营活动所花费的支出、支付的广告费用等属于企业的管理费用。（　　）
18. 采购人员的差旅费计入材料采购成本。（　　）

19. 期间费用账户的借方发生额应于期末时采用一定的方法分配计入产品成本。

( )

20. 因为制造费用是产品成本的一个组成部分,所以属于直接费用。 ( )

五、业务题

某企业 2019 年 6 月发生以下经济业务,请按经济业务编制会计分录。

(一) 筹集资金业务

(1) 收到投资者投入企业的资金 200 000 元,存入银行。

(2) A 公司投入企业全新运输汽车一辆,双方确认的入账价值为 250 000 元。

(3) 由于季节性储备材料需要,企业临时向银行借入 50 000 元,存入银行,借款期限为 2 个月。

(4) 企业收到某单位投资设备一台,价值 100 000 元,不需要安装,已交付使用。

(5) 企业收到 B 公司投入专利技术一项,双方确认的入账价值为 500 000 元。

(二) 材料供应过程业务

(1) 企业购入甲材料 10 000 千克,单价 10 元/千克,增值税专用发票上注明的价款为 100 000 元,增值税税率 13%,款项暂未支付。

(2) 企业开出商业承兑汇票一张,用于抵付购买甲材料所欠货款。

(3) 企业购入乙材料 1 000 千克,单价 50 元/千克,增值税专用发票上注明的价款为 50 000 元,增值税税率 13%,开出转账支票进行支付。

(4) 用银行存款支付上述材料运输费,增值税专用发票上注明的价款为 2 000 元,增值税税率 9%。按照甲、乙材料的重量分配运输费。

(5) 上述购买的甲、乙材料已验收入库,结转其实际成本。

(6) 采购员张明出差回来,报销差旅费 1 000 元,交回现金 300 元。

(三) 生产过程业务

(1) 企业从仓库发出材料一批,材料出库单汇总见表 3-2。

表 3-2　材料出库单汇总表

单位:元

用途	甲材料	乙材料	金额
生产产品——A 产品领用	2 000	1 000	3 000
——B 产品领用	1 000	1 000	2 000
生产车间领用	800	500	1 300
行政管理部门领用	500	200	700
合计	4 300	2 700	7 000

(2) 企业从仓库发出低值易耗品一批,价值 10 000 元(采用一次摊销法),其中生产车间领用 5 000 元,行政管理部门领用 3 000 元,专设的销售机构领用 2 000 元。

(3) 生产车间购买办公用品 500 元,用现金支付。

(4) 企业用银行存款支付全年的房屋租金 12 000 元。

(5) 企业摊销本月应负担的房屋租金 1 000 元。其中,生产车间负担 600 元,行政管理部门负担 400 元。

（6）企业委托开户银行支付本月的水电费 6 000 元。其中，生产车间负担 4 000 元，行政管理部门负担 2 000 元。

（7）月末，企业计提本月固定资产折旧 6 800 元。其中，生产用固定资产计提折旧 6 000 元，企业行政管理部门用固定资产计提折旧 800 元。

（8）企业根据工资和考勤记录，计算出本月应付职工工资 20 000 元。其中，生产 A 产品生产工人工资 8 000 元，生产 B 产品生产工人工资 6 000 元，车间技术、管理人员工资 4 000 元，企业行政管理人员工资 2 000 元。

（9）企业开出现金支票，从银行提取现金 20 000 元，以备发放本月工资。

（10）企业用现金发放本月职工工资 20 000 元。

（11）月末，将本月的制造费用结转计入 A、B 产品成本（按 A、B 产品实际数量进行分配，其中 A 产品 1 000 件，B 产品 500 件。）

（12）假设本月 A 产品全部完工，按实际成本结转完工产品成本。

（四）销售过程业务

（1）企业出售 A 产品 200 件，每件售价 50 元，增值税税率 13%，货款收到并存入银行。

（2）企业出售 B 产品 100 件，每件售价 80 元，增值税税率 13%，货款尚未收到。

（3）按所出售产品的实际成本结转已销售产品成本，其中 A 产品单位成本 30 元，B 产品单位成本 60 元。

（4）月末，企业按规定计算本月应交城市维护建设税 500 元、教育费附加 50 元。

（5）收回上述销售 B 产品货款，存入银行。

（6）企业以银行存款支付本月广告费 5 000 元。

（五）利润形成及分配核算业务

（1）企业收到被投资单位转来应分得利润 50 000 元，存入银行。

（2）以银行存款 12 000 元捐赠给某灾区。

（3）企业用现金支付违约金 500 元。

（4）月末，企业将本月损益类（收入）账户发生额结转至"本年利润"账户。

（5）月末，企业将本月损益类（费用）账户发生额结转至"本年利润"账户。

（6）根据上述损益类账户计算出本月利润总额，并计算本月应交所得税费用，所得税税率为 25%。

（7）月末，企业将本月所得税费用结转至"本年利润"账户。

（8）年末，企业结转"本年利润"账户，假设该企业 12 月末"本年利润"账户为贷方余额 1 000 000 元。

（9）企业按净利润的 10% 提取法定盈余公积。

（10）企业计算出应向投资者分配的利润为 600 000 元。

（11）年终，结转本年已分配的利润 700 000 元。

项目四　开设和登记会计账簿

学习目标

1. 明确会计账簿的概念及种类，了解会计账簿的内容及登记规则。
2. 掌握日记账的设置和登记。
3. 掌握分类账的种类、适用范围及登记方法。
4. 了解对账，掌握结账的方法。
5. 掌握更正错账的方法。

情境导入

腾达公司成立于2019年12月，主要从事纺织品加工。公司成立之初，只有一位出纳人员负责货币资金的管理工作。

现假设腾达公司聘任李磊为公司的会计人员，那么李磊应该设置哪些会计账簿，并如何登记这些会计账簿？

任务一　认知会计账簿

一、会计账簿的概念

会计账簿简称账簿，是指由若干张具有一定格式而又相互联系的账页组成的，按照会计科目开设户头，以会计凭证为依据，用以分类、连续、系统、全面地记录和反映经济业务的会计簿籍。

二、会计账簿的作用

企业发生经济业务后，必然要取得和填制有关会计凭证，但是因为会计凭证数量多，格式不一，又很分散，不能全面、连续、系统地反映一个企业在某一时期内所发生的某类经济业务的增减变动情况，且不便于日后查阅，所以，为了给经济管理提供完整而系统的会计核算资料，每个单位必须设置和登记会计账簿。

会计账簿是连接会计凭证与会计报表的桥梁，是会计核算的中间环节，在会计核算中具有重要的地位，其作用具体表现在以下几个方面。

（一）会计账簿可以反映企业经济活动的全貌

会计账簿是会计信息的重要载体，通过账簿记录，可以将企业会计凭证上分散的经济业务数据进行整理、分类与汇总，并加工成有用的、系统的、全面的信息，进而反映企业经济活动的全貌。

（二）会计账簿是编制会计报表的主要依据

会计账簿提供了整个企业一定时期内的资产、负债与所有者权益的增减变动及期末结余情况，以及企业的收入与费用的发生、净利润的实现和分配情况，为编制会计报表提供了总体与明细的会计信息，是编制会计报表的主要依据。

（三）会计账簿是检查财产物资安全、完整的重要依据

会计账簿的设置和登记，反映了企业财产物资的增减变化及结存情况，将财产物资的账面结存数与实存数进行比较，可以检查账实是否相符，进而及时发现问题，解决问题，保证财产物资的安全、完整。

（四）会计账簿是重要的经济档案

会计账簿是汇集、加工会计信息的工具，也是积累、储存经济活动情况的数据库。会计账簿中积累的档案资料，也是日后会计检查的依据，因此会计账簿一般需要长期保存。

三、会计账簿的分类

会计账簿的种类有很多，通常依据用途、外在形式和账页格式进行分类。

（一）按用途分类

账簿按其用途不同，一般可分为日记账簿、分类账簿与备查账簿。

1. 日记账簿

日记账簿也称序时账簿，是按照经济业务发生的时间先后顺序，逐日逐笔地记录经济业务的会计账簿。日记账簿按其记录经济业务内容的不同，分为普通日记账和特种日记账。普通日记账又称分录账，是用来登记全部经济业务发生情况的日记账，通常是把每天所发生的经济业务，按照业务发生的先后顺序，直接以分录形式计入会计账簿中，由于其只有"借方""贷方"两个金额栏，故也称两栏式日记账，适合于经济业务较少的企业或者管理要求较特殊的企业。特种日记账是用来序时记录和反映某一类经济业务的发生和完成情况的会计账簿，在会计实务中，通常只设置库存现金日记账和银行存款日记账。

2. 分类账簿

分类账簿也称分类账，是对经济业务进行分类登记的会计账簿。分类账簿根据反映的经济业务详细程度的不同，分为总分类账与明细分类账两种。其中，总分类账又称总账，是根据企业账户中的一级账户设立的，提供各账户的总括信息，一般采用订本账形式。明细分类账又称明细账，是按照企业账户中的二级账户或明细分类账户设立的分类账户，多采用活页账形式。总账对其所属的明细账起统驭作用，明细账是总账的补充说明。根据总账和明细账之间的勾稽关系进行账账核对，可以增强账簿记录的正确性。

3. 备查账簿

备查账簿又称辅助账，是对日记账簿和分类账簿中不能记载或者记载不全的经济业务进行补充登记，提供备查资料的账簿。如固定资产登记簿、委托加工材料登记簿、代管商品物资登记簿等。备查账簿不是真正的账簿，它不受总账的控制，与其他账户之间也不存

在勾稽关系，因而在登记时不必遵循复式记账规则。另外，备查账簿没有规定格式，企业可以根据需要灵活设置。

（二）按外在形式分类

账簿按其外在形式可分为订本式账簿、活页式账簿、卡片式账簿。

1. 订本式账簿

订本式账簿简称订本账，是在账簿启用前，就把若干按顺序连续编号、格式相同的账页装订在一起的会计账簿。采用订本式账簿，可以避免账页散失或人为抽换账页，易于归档保管。但是由于账页的序号和总页次已经固定，所以在会计账簿中开设账户时必须为每一账户预留空白账页，若预留不足，就会影响会计账簿记录的连续性，预留过多，则会造成浪费。另外，采用订本式账簿，在同一时间内，一本会计账簿只能由一人登记，不便于分工记账。一般具有统驭和控制作用的会计账簿及重要的会计账簿采用订本账，如总账、现金日记账和银行存款日记账。

2. 活页式账簿

活页式账簿简称活页账，是将若干已使用的零散账页用账夹固定，年末再将本年所登记的账页连续编号并装订成册的会计账簿。此种会计账簿可根据需要增减账页，便于分工记账，节省账页，但易于散失或遭蓄意抽换。因此，在使用时应预先对账页连续编号，并由有关人员在账页上加盖印章。活页账一般适用于明细账。

3. 卡片式账簿

卡片式账簿又称卡片账，是将若干零散的、具有一定格式的账卡装在账卡箱中的会计账簿。这种会计账簿的优缺点与活页式账簿基本相同。在登记卡片式账簿时，必须将账卡顺序编号并保存在账卡箱里，由专人保管，以确保安全。卡片式账簿通常适用于固定资产、材料等资产的明细账。

（三）按账页格式分类

账簿按账页格式可分为三栏式账簿、多栏式账簿、数量金额式账簿和横线登记式账簿。

1. 三栏式账簿

三栏式账簿是指其账页金额栏设有"借方""贷方"和"余额"三栏的会计账簿。这种会计账簿一般适用于总账、现金日记账、银行存款日记账和往来账等只需要进行金额核算的明细账。

2. 多栏式账簿

多栏式账簿是指在其账页的"借方"和"贷方"的某一方或两方下面分设若干专栏，详细反映借、贷方组成情况的会计账簿。多栏式账簿只设"金额"栏，不设"数量"栏，适用于核算项目较多，且在管理上要求提供各核算项目详细信息的明细账，如收入、费用、成本类明细账等。

3. 数量金额式账簿

数量金额式账簿是指在其账页的"借方""贷方"和"余额"栏下分设数量、单价和金额三个小专栏的会计账簿。这种形式的会计账簿一般适用于既要进行金额核算又要进行实物数量核算的各项财产物资明细账，如原材料、库存商品等存货明细账。

4. 横线登记式账簿

横线登记式账簿也称平行式账簿，是将前后密切相关的业务在同一横行内详细登记的会计账簿。通过这种会计账簿可以检查每笔经济业务完成及变动情况，如材料采购和其他应收款明细账。

四、会计账簿设置的原则

设置会计账簿在于为一个会计主体建立一套会计账簿体系。一个会计主体应该设置哪些会计账簿，选用什么样的账页，首先要符合国家相关会计制度的规定，力求全面、系统、及时地反映企业经济活动情况，满足经营管理需要；其次，会计账簿的设置应考虑企业的经营规模和业务特点，各会计账簿之间应既分工明确，又联系紧密，在避免重复和遗漏的同时，考虑人力、物力的节约，并做到简便实用，便于查账。

五、会计账簿的内容

会计账簿通常由封面、扉页和账页组成。

（一）封面

封面一般写明记账单位名称和会计账簿名称。

（二）扉页

扉页主要包括两个内容：一是经管会计账簿人员一览表，如表 4-1 所示；二是账户目录，即科目索引，设置账户目录主要是便于使用人员查阅会计账簿中登记的内容。

表 4-1　　　　　　　　　经管会计账簿人员一览表

使用单位									单位签章
账簿名称									
账簿编号									
账簿页数			本账簿共计　　　页						
启用日期			年　　　月　　　日至			年　　　月　　　日			
经管人						盖章			
部门负责人						盖章			
交接记录	交接日期			移交人		接管人		监交人	
	年	月	日	姓名	盖章	姓名	盖章	姓名	盖章
备注									

（三）账页

账页是会计账簿构成的主体。账页的格式虽因记录的经济业务的内容不同而有所不同，但具备的基本要素是相同的，主要包括账户的名称、日期栏、凭证的种类和号数栏、摘要栏、金额栏、页次栏。

会计账簿启用时，应在会计账簿封面上写明单位名称和会计账簿名称，在会计账簿扉页上和经管人员一览表上填明启用日期、账簿页数、记账人员和会计主管人员姓名或签章、单位公章，并按税法规定贴足印花税票。

记账人员或会计主管人员调动工作时，应按规定办理交接及监交手续，在交接记录内填明移交日期、接管日期、移交人员、接管人员和监交人员姓名，并由移交、接管和监交人员签名或盖章。

六、会计账簿的登记规则

登记会计账簿时，一般应遵循以下规则：

（1）为了保证会计账簿记录的客观、正确，必须根据审核无误的会计凭证登记会计账簿。登记时应将会计凭证中的日期、凭证字号、摘要和金额逐项计入会计账簿中。

（2）必须用蓝黑墨水的钢笔书写，不得使用圆珠笔或铅笔书写。红墨水的使用仅限于以下情况：冲销错账记录；在不分设借贷等栏的多栏式账页下登记减少数；三栏式账页的余额前未注明余额方向的，在"余额"栏内登记负数余额；会计制度中规定需要用红字登记的其他情况。

（3）记账时应按账户页次顺序逐页登记，不得跳行、隔页。如果发生跳行、隔页，应在空行和空页处用红色墨水画对角线注销，并注明"此行空白"或"此页空白"字样，并由记账人员签章证明。

（4）登账后，应在记账凭证上"过账"栏内注明会计账簿的页数或画"√"，表示已经登计入账，避免重记和漏记。

（5）记账要保持清晰、整洁，记账文字和数字要端正、清楚，不得潦草。严禁刮擦、挖补、涂改或用药水消除字迹。文字和数字都应紧靠行格底线书写，只占格距的1/2，留有余地，以便更正错账。

（6）每账页记录完毕，应做转页处理。当账页登记到倒数第二行时，应留出末行，结出本账页的发生额合计和余额，在"摘要"栏内注明"过次页"字样，并将发生额合计和余额计入新账页的第一行有关栏内，在"摘要"栏注明"承前页"字样，以保证会计账簿记录的连续性。

（7）凡是需要结出余额的账户，在结出余额后，应在"借或贷"栏内写明"借"或"贷"字样，没有余额的账户，应在"借或贷"栏内写明"平"字，并在"余额"栏内用"0"表示。

七、会计账簿的保管要求

总账、日记账和多数明细账应每年更换一次，但有些财产物资的明细账和债权债务的明细账，以及各种备查账可以跨年度使用，不必每年更换。更换会计账簿时，每个账户的年末余额都要直接转入下一年度新账的"余额"栏内，不必编制记账凭证。在旧会计账簿的"摘要"栏内注明"结转下年"字样，同时在下年度新账页的第一行"摘要"栏内注明"上年结转"字样。

年度结账后,更换下来的会计账簿,可暂由会计部门保管1年,期满后原则上应移交档案部门保管。其中,总账、明细账、日记账和其他辅助账簿(不包括现金和银行存款日记账)最低保管期限为15年,现金和银行存款日记账最低保管期限为25年,固定资产卡片账于固定资产报废清理后最低保管期限为5年。

任务二 登记日记账

日记账是按照经济业务发生的时间先后顺序,逐日逐笔地记录经济业务的会计账簿。日记账按其记录经济业务内容的不同,分为普通日记账和特种日记账。

一、普通日记账

普通日记账是两栏式日记账,通常是把企业发生的经济业务,逐日逐笔地以分录形式计入会计账簿中。普通日记账的格式如表4-2所示。

表 4-2　　　　　　　　　　　普通日记账

2019 年		凭证		摘要	会计科目	借方金额	贷方金额	过账
月	日	字	号					
7	3	银收	1	收到投资款	银行存款 实收资本	1 000 000	1 000 000	√ √
	8	转	1	收到投入固定资产	固定资产 实收资本	800 000	800 000	√ √
	15	银付	1	支付材料款	材料采购 银行存款	200 000	200 000	√ √
	28	转	2	材料验收入库	原材料 材料采购	200 000	200 000	√ √

二、特种日记账

特种日记账一般设有现金日记账和银行存款日记账。

(一)现金日记账

现金日记账通常由出纳人员根据审核无误的库存现金收付款凭证,逐日逐笔进行顺序登记。现金日记账的基本结构分为"收入""支出"和"结余"三栏,出纳人员每日在业务终了后将现金收付款项逐笔登记,并结出余额,并同现金实存数相核对,确保账实相符。现金日记账的格式如表4-3所示。

表 4-3　　　　　　　　　　　　现金日记账

2019 年		凭证		摘要	对方科目	收入	支出	结余
月	日	字	号					
7	1			期初余额				1 000
	1	银付	1	从银行取现	银行存款	5 000		6 000
	1	现收	1	收回多余差旅费	其他应收款	1 000		7 000
	2	现付	1	购买办公用品	管理费用		700	6 300
	3	现付	2	报销招待费	管理费用		800	5 500

表 4-3 中所记 7 月 1 日从银行提现 5 000 元，为了防止重复，只填制银行存款付款凭证，不填制现金收款凭证，因而此笔业务是根据银行存款付款凭证登记的。

（二）银行存款日记账

银行存款日记账应根据不同开户银行分别设置。通常由出纳人员根据审核后的各种银行存款收付凭证，逐日逐笔进行登记。对于以现金存入银行的业务，由于只填现金付款凭证，故只根据现金付款凭证进行登记。每日逐笔登记完毕，应结出银行存款余额，月底与银行对账单进行核对，以检查各项收支的记载是否正确。银行存款日记账的格式如表4-4 所示。

表 4-4　　　　　　　　　　　　银行存款日记账

2019 年		凭证		摘要	对方科目	收入	支出	结余
月	日	字	号					
7	1			期初余额				80 000
	1	银付	1	从银行提现	库存现金		5 000	75 000
	1	银收	1	收到银行贷款	短期借款	1 000 000		1 075 000
	2	银付	1	支付水电费	管理费用		1 200	1 073 800
	3	银收	2	销售收款	主营业务收入	180 000		1 253 800

任务三　登记分类账

分类账是对全部经济业务按照总分类账户和明细分类账户进行分类登记的会计账簿。按照总分类账户登记的分类账称为总分类账，按照明细分类账户登记的分类账称为明细分类账。

一、总分类账的设置和登记

总分类账是按照总分类账户分类归集和登记全部经济业务的会计账簿。在总分类账中，通常应按会计科目的编号顺序分设账户，并为每一个账户预留若干账页。由于总分类账能够全面、总括地反映经济活动的情况，同时是编制会计报表的基础资料，因而所有的经济单位都应该设置总分类账。总分类账通常采用借方、贷方、余额三栏式的订本账簿，根据实际需要，在总分类账的借、贷两栏内，也可增设对方科目，以反映经济业务的来龙去脉。总分类账的登记一般可根据记账凭证逐笔登记（表 4-5），也可以将记账凭证汇总后登记（表 4-6）。具体的登记依据和方法，取决于所采用的会计核算组织程序。

表 4-5　　　　　　　　　　　　总分类账（逐笔登记）

会计科目：原材料　　　第　　页

2019 年		凭证		摘要	借方	贷方	借或贷	余额
月	日	字	号					
7	1			期初余额			借	80 000
	1	转	1	材料验收入库	50 000		借	130 000
	2	转	2	车间领用材料		100 000	借	30 000
	2	转	3	材料验收入库	100 000		借	130 000
	3	转	4	材料验收入库	100 000		借	230 000

表 4-6　　　　　　　　　　　　总分类账（汇总登记）

会计科目：原材料　　　第　　页

2019 年		凭证		摘要	借方	贷方	借或贷	余额
月	日	字	号					
7	1			期初余额			借	80 000
	5	转	1～10	1—5 日汇总	300 000	200 000	借	180 000
	10	转	11～22	6—10 日汇总	450 000	350 000	借	280 000

二、明细分类账的设置和登记

明细分类账根据明细分类账户设置，用以分类记录某类经济业务，为企业提供有关经济业务的详细资料，并对总分类账所提供的总括资料进行补充。明细分类账一般采用活页式账簿，也有的采用卡片式账簿（如固定资产明细账）。明细分类账的账页格式一般有三栏式、数量金额式、多栏式和横线登记式四种。

（一）三栏式明细分类账

三栏式明细分类账的格式与三栏式总分类账相同，即账页只设置借方、贷方、余额三栏，不设数量栏。这种格式适用于只需要进行金额核算而不需要进行数量核算的债权债务结算账户，如"应收账款""应付账款"等账户的明细分类账，以及用来记录各项所有者权益的实收资本明细分类账。三栏式明细分类账如表 4-7 所示。

表 4-7　　　　　　　　　　　　　应收账款明细分类账

会计科目：应收账款

2019 年		凭证		摘要	借方	贷方	借或贷	余额
月	日	字	号					
7	1			月初余额			借	350 000
	2	转	2	销售	200 000		借	550 000
	2	银收	3	收款		150 000	借	400 000
	3	转	5	销售	350 000		借	750 000
	4	银收	4	收款		200 000	借	550 000

（二）数量金额式明细分类账

数量金额式明细分类账的账页在收入、发出和结存栏内，分别设有数量、单价和金额三个栏次。这种账页格式适用于既要进行金额核算，又要进行实物数量核算的各种财产物资账户，如"原材料""库存商品"账户的明细分类账。数量金额式明细分类账如表 4-8 所示。

表 4-8　　　　　　　　　　　　　原材料明细分类账

类别：主要原材料　　　　计量单位：吨
品名及规格：甲材料　　　存放地点：原材料仓库　　　　　　　　　　金额单位：元

2019 年		凭证		摘要	收入			发出			结存		
月	日	字	号		数量	单价	金额	数量	单价	金额	数量	单价	金额
7	1			月初余额							300	1 000	300 000
	1	转	1	材料入库	1 000	1 000	1 000 000				1 300	1 000	1 300 000
	2	转	2	车间领用				500	1 000	500 000	800	1 000	800 000
	3	转	3	材料入库	600	1 000	600 000				1 400	1 000	1 400 000
	5	转	6	车间领用				700	1 000	700 000	700	1 000	700 000

（三）多栏式明细分类账

多栏式明细分类账是根据经营管理的需要，在同一账页内分设若干专栏，以集中反映有关明细项目的核算资料。这种账页格式适用于只记金额，不记数量，而且在管理上需要了解其构成内容的成本、费用、收入、利润等账户的登记。

成本、费用明细分类账一般按借方设多栏，这种明细分类账称为借方多栏式明细分类账，如表 4-9 所示。当这些账户出现贷方发生额时，可用红字金额在借方栏中冲转。

表 4-9　　　　　　　　　　制造费用明细分类账

车间：基本生产车间

2019 年		凭证		摘要	借方					贷方	余额
月	日	字	号		材料	职工薪酬	水电费	办公费	……	合计		
7	1	现付	1	购办公用品				600		600		600
	2	银付	1	付水电费			6 000			6 000		6 600
	5	转	5	分配工资		8 000				8 000		14 600
	6	转	9	转生产成本	5 000					5 000		19 600

收入明细分类账一般按贷方设多栏，这种明细分类账称为贷方多栏式明细分类账，如表 4-10 所示。当这些账户出现借方发生额时，可用红字金额在贷方栏内冲转。

表 4-10　　　　　　　　　　主营业务收入明细分类账

2019 年		凭证		摘要	借方	贷方				余额
月	日	字	号			产品销售	劳务收入	其他	合计	
7	1	银收	1	销售甲产品		400 000			400 000	400 000
	2	现收	1	零星销售				900	900	400 900
	5	银收	5	提供运输			20 000		20 000	420 900
	6	银付	9	退甲产品	50 000				50 000	370 900

（四）横线登记式明细分类账

横线登记式明细分类账是将前后密切相关的经济业务在同一横线内登记，以检查每笔经济业务的变动及完成情况。如"材料采购"账户，在采购时，计入该账户的借方，在验收入库时，在同一横线内计入该账户的贷方，由此就可以查明哪几笔材料已验收入库，哪几笔材料尚未入库。横线登记式明细分类账如表 4-11 所示。

表 4-11　　　　　　　　　　材料采购明细分类账

材料类别：甲材料

2019 年		凭证		摘要	借方			贷方			
月	日	字	号		买价	采购费用	合计	月	日	凭证号	金额
7	1			期初余额			0				
	2	银付	1	采购	50 000	5 000	55 000	2	4	转 2	55 000
	5	银付	5	采购	40 000	4 500	44 500				
	7	银付	8	采购	60 000	5 500	65 500		9	转 5	65 500
	8	银付	9	采购	80 000	6 400	86 400				

任务四　对账和结账

一、对账

（一）对账的含义

对账即核对账目，即把会计账簿上记录的资料进行账证核对、账账核对、账实核对，以保证账证相符、账账相符和账实相符，如实反映和监督经济活动。

（二）对账的内容

1. 账证核对

账证核对是指会计账簿记录与记账凭证及其所附原始凭证之间的核对。主要核对会计账簿记录与原始凭证、记账凭证的时间、凭证字号、记账内容、记账金额是否一致，以及记账方向是否相符等。

2. 账账核对

账账核对是指不同会计账簿记录之间的核对。主要核对以下内容：总分类账各账户本期借方发生额合计与本期贷方发生额合计是否相符；总分类账各账户期末借方余额合计与期末贷方余额合计是否相符；总分类账各账户期末余额与其所属明细分类账期末余额合计是否相符；现金日记账和银行存款日记账的余额与其总分类账余额是否相符；会计部门有关财产物资明细分类账余额与财产物资保管、使用部门的有关明细分类账余额是否相符；等等。

3. 账实核对

账实核对是指各项财产物资账面余额与实存数额之间的核对。主要核对以下内容：现金日记账账面余额与库存现金实存数额是否相符；银行存款日记账账面余额与银行对账单余额是否相符；各项财产物资明细分类账余额与财产物资实存数额是否相符；有关债权债务明细分类账账面余额与对方单位的账面记录是否相符；等等。在实际会计核算工作中，账实核对一般是通过财产清查进行的。

二、结账

（一）结账的含义

结账就是在把一定时期（月、季、半年、年）内发生的经济业务全部登计入账的基础上，结算出各个账户的本期发生额和期末余额，并将其余额结转至下期或者下年度账簿。结账一方面为编制会计报表提供资料，另一方面方便下期的账目继续记载。另外，企业因撤销、合并而办理交接时，也需要进行结账。结账前，要确保本期内发生的经济业务全部入账，并进行正确登记，既不能提前结账，也不得延后结账。

（二）结账的方法

结账时，根据不同的账户记录，应采用不同的方法。

（1）对不需要按月结计本月发生额的账户，如各项应收、应付款明细分类账和各项财产物资明细分类账，每次记账以后，都要结出余额，每月最后一笔余额即为月末余额。

月末结账时,只需要在最后一笔经济业务记录之下画通栏单红线,不需要再结计一次余额,如表 4-12 所示。

表 4-12　　　　　　　　　　　　原材料明细分类账

类别:主要原材料　　　计量单位:吨
品名及规格:乙材料　　存放地点:原材料仓库　　　　　　　　　金额单位:元

2019 年		凭证		摘要	收入			发出			结存		
月	日	字	号		数量	单价	金额	数量	单价	金额	数量	单价	金额
7	1			月初余额							1 970	20	39 400
	3	转	1	发出				135	20	2 700	1 835	20	36 700
	31	转	2	入库	900	20	18 000				2 735	20	54 700

(2)库存现金日记账、银行存款日记账和需要按月计算发生额的收入、费用等明细分类账,每月结账时,要在最后一笔经济业务记录下面画通栏单红线,并在其下一行的"摘要"栏内注明"本月合计"字样,结出本月发生额和余额,在下面通栏画一条单红线,如表 4-13 所示。本月发生额只有一笔的经济业务,该发生额即为本月发生额,只要在此行记录下画通栏单红线,表示与下月的发生额分开就可以了,无须另结"本月合计"数。

表 4-13　　　　　　　　　　　　现金日记账

2019 年		凭证		摘要	对方科目	收入	支出	结余
月	日	字	号					
7	1			期初余额				1 000
	1	银付	1	从银行取现	银行存款	5 000		6 000
	8	现收	1	收回多余差旅费	其他应收款	1 000		7 000
	14	现付	1	购买办公用品	管理费用		700	6 300
	28	现付	2	报销招待费	管理费用		800	5 500
	31			本月合计		6 000	1 500	5 500

(3)需要结计本年累计发生额的某些明细分类账户,如产品销售收入、成本明细分类账户等。每月结账时,应在"本月合计"行下结出自年初起至本月末止的累计发生额,登记在月份发生额下面,在"摘要"栏内注明"本年累计"字样,并在下面画通栏单红线。12 月末的"本年累计"就是全年累计发生额,在全年累计发生额下画通栏双红线,如表 4-14 所示。

表 4-14 产品销售收入明细分类账

产品名称：A 产品　　计量单位：件　　计量金额：元

2019 年		凭证		摘要	借方			贷方		
月	日	字	号		数量	单价	金额	数量	单价	金额
12	4			销售				500	1 000	500 000
	26			销售				30	1 000	30 000
	31			结转			530 000			
	31			本月合计			530 000	530	1 000	530 000
	31			本年合计			530 000	530	1 000	530 000

（4）总账账户平时只需结出月末余额。年终结账时，为了反映全年各项资产、负债和所有者权益增减变动的全貌，要将所有总账账户结出全年发生额和年末余额，在"摘要"栏内注明"本年合计"字样，并在合计数下通栏画双红线，如表 4-15 所示。

表 4-15 原材料总分类账

会计科目：原材料

2019 年		凭证		摘要	借方	贷方	借或贷	余额
月	日	字	号					
1	1			年初余额			借	30 000
	2			入库	20 000		借	50 000
	12			发出		24 000	借	26 000
	…			…	…	…		…
	31			本月合计	48 000	34 000	借	44 000
2	1			入库	5 000		借	49 000
	8			发出		29 000	借	20 000
	…			…	…	…		…
	28			本月合计	29 000	52 000	借	21 000
⋮	⋮			⋮	⋮	⋮		⋮
12	…			…	…	…		…
	31			本月合计	53 000	64 000	借	28 000
				本年合计	763 000	765 000	借	28 000
				结转下年	28 000		平	0

注：① 1 月末余额 = 上年结转借方余额 + 本月合计借方发生额 - 本月合计贷方发生额

② 2 月末余额 = 1 月末借方余额 + 本月合计借方发生额 - 本月合计贷方发生额

③ 12 月份本年合计余额 = 上年结转借方余额 + 12 月本年合计借方发生额 - 12 月本年合计贷方发生额

④ 账簿月结用单红线，年结用双红线。表中虚线表示单红线，双实线表示双红线。

（5）年度终了结账时，有余额的账户，都应在年末"本年合计"行下面画通栏双红线，把账户的余额结转到下一会计年度，不需要编制记账凭证；在下一会计年度新建的有关会计账簿的第一行"余额"栏内填写上年结转的余额，并在"摘要"栏内注明"上年结转"字样。

任务五　更正错账

会计人员在记账过程中，有时会出现记账差错。实际工作中导致错账的原因多种多样，归纳起来主要有以下两种：一是会计凭证填制错误，主要表现为记录内容有误、计算错误、会计科目错误、借贷方向错误、借贷金额错误等；二是记账错误，主要表现为会计账簿记录中出现重记、漏记、错记、混记等。在实际工作中，我们应区别不同的情况，用专门的错账更正方法予以更正。常用的错账更正方法有划线更正法、红字更正法和补充登记法三种。

一、划线更正法

在结账以前，如果发现会计账簿记录中有数字或文字错误，而记账凭证没有错误，应采用划线更正法进行更正。更正时，应先将错误的数字或文字画一条红线予以注销，然后在红线上面空白处用蓝字或黑字写上正确的数字或文字，并由更正人员在更正处盖章，以明确责任。

需要注意的是，采用划线更正法时，必须保证原有字迹仍可辨认，以备考查。对于数字出现的差错，要全部划掉，不能只划去其中一个或几个记错的数字。如登记账簿时，将数字"987"误记为"978"，不能只划去其中"78"后改为"87"，而是要把"978"全部用红线划去，并在其上方写上"987"。对于文字差错，只需划去错误的文字。

二、红字更正法

红字更正法又称红字冲销法，是指用红字冲销原有记录后再予以更正的方法。红字更正法一般适用于以下两种记账错误的更正：

（1）记账后，发现记账凭证中应借、应贷会计科目或记账方向有错误，而会计账簿记录中也出现相应差错，更正时应先用红字（只限金额用红字，其他项目用蓝字或黑字）填写一份与原记账凭证内容完全相同的记账凭证，在"摘要"栏注明"冲销某年某月某日某号凭证"，并用红字金额登计入账，以冲销原来的会计账簿记录；然后用蓝字或黑字重新填制一份正确的记账凭证，在"摘要"栏注明"更正某年某月某日某号凭证"并据以登计入账。冲销和更正的记账凭证后可不附原始凭证。

【例4-1】　东华公司借入期限为三个月的短期借款，会计人员错误地编制下列会计分录并已经登计入账。

借：短期借款　　　　　　　　　　　　　　　　　　　　　　500 000
　　贷：银行存款　　　　　　　　　　　　　　　　　　　　　　500 000

发现错误后，首先用红字填制一张内容完全一致的记账凭证，用以冲销原来的会计凭证。

借：短期借款　　　　　　　　　　　　　　　500 000
　　贷：银行存款　　　　　　　　　　　　　　500 000

然后用蓝字填制一张正确的记账凭证，并登计入账。

借：银行存款　　　　　　　　　　　　　　　500 000
　　贷：短期借款　　　　　　　　　　　　　　500 000

（2）记账后，发现记账凭证和会计账簿记录中应借、应贷会计科目或记账方向没有错误，但所记金额大于应记金额的，可用红字更正法，用红字填写一张会计科目、借贷方向与原记账凭证一致，但金额为多记金额的记账凭证，并在"摘要"栏注明"冲销某年某月某日某号凭证多记金额"，用以冲销多记金额，并据以入账。

【例4-2】 东华公司以银行存款归还前欠款5 000元，会计人员错误地编制下列会计分录并已经登计入账。

借：应付账款　　　　　　　　　　　　　　　8 000
　　贷：银行存款　　　　　　　　　　　　　　8 000

发现错误以后，应将多记的金额用红字进行冲销，其分录如下，并据以登计入账。

借：应付账款　　　　　　　　　　　　　　　3 000
　　贷：银行存款　　　　　　　　　　　　　　3 000

三、补充登记法

记账后，发现记账凭证上应借、应贷的会计科目和记账方向都正确，但所记金额小于应记金额，可采用补充登记法进行更正。更正时，用蓝字或黑字填制一张与原记账凭证应借、应贷科目名称和记账方向相同的记账凭证，补充少记金额，并在"摘要"栏注明"补充某年某月某日某号凭证少记金额"，并据以登计入账。

【例4-3】 东华公司收到前欠货款100 000元存入银行，会计人员错误地编制下列会计分录并已登计入账。

借：银行存款　　　　　　　　　　　　　　　10 000
　　贷：应收账款　　　　　　　　　　　　　　10 000

发现错误时，可将少记的金额90 000元，再编制一张记账凭证，会计分录如下：

借：银行存款　　　　　　　　　　　　　　　90 000
　　贷：应收账款　　　　　　　　　　　　　　90 000

项目小结

会计账簿是指由若干张具有一定格式而又相互联系的账页组成的，按照会计科目开设户头，以会计凭证为依据，用以分类、连续、系统、全面地记录和反映经济业务的会计簿籍。

企业应依法设置会计账簿。日记账簿分为普通日记账和特种日记账两种。普通日记账是两栏式日记账，是用来逐日逐笔登记全部经济业务发生情况的日记账。特种日记账一般设有库存现金日记账和银行存款日记账。总分类账是按照总分类账户分类归集和登记全部经济业务的会计账簿,通常采用借方、贷方、余额三栏式订本账簿。明细分类账按二级科目或明细科目设立,其格式一般有三栏式、数量金额式、多栏式和横线登记式四种。

会计期末,会计人员应该对账和结账。会计人员在记账过程中,有时会出现记账差错,对于不同的差错应该选用不同的错账更正方法。常用的错账更正方法有划线更正法、红字更正法和补充登记法三种。

巩固与提高

一、复习思考题

1. 什么是会计账簿?会计账簿应如何进行登记?
2. 会计账簿的种类有哪些?是如何分类的?
3. 特种日记账应该如何进行设置和登记?
4. 明细分类账的格式有哪些?分别适用哪些账户?
5. 简述更正错账的方法及其适用情况。

二、单项选择题

1. 登记会计账簿的依据是（　　）。
   A. 经济合同　　　B. 会计凭证　　　C. 会计分录　　　D. 原始凭证
2. "应收账款"明细分类账一般应采用（　　）账簿。
   A. 三栏式　　　B. 多栏式　　　C. 横线登记式　　　D. 数量金额式
3. 租入固定资产登记簿属于（　　）。
   A. 序时账　　　B. 明细分类账　　　C. 总分类账　　　D. 备查账
4. 活页式账簿和卡片式账簿可适用于（　　）。
   A. 日记账簿　　　B. 总分类账　　　C. 备查账簿　　　D. 明细分类账
5. 总分类账、库存现金日记账和银行存款日记账应采用（　　）。
   A. 活页账　　　B. 订本账　　　C. 卡片账　　　D. 以上均可
6. 库存现金日记账中,"凭证字号"栏不可能出现（　　）。
   A. 现收××　　　B. 现付××　　　C. 银收××　　　D. A、B、C 都不可能
7. 会计账簿按（　　）的不同,可以分为订本账、活页账和卡片账。
   A. 外在形式　　　B. 用途　　　C. 账页格式　　　D. 经济内容
8. 在结账前,若发现记账凭证中所记金额大于应记金额,而应借、应贷科目没有错误,并已过账,应采用（　　）更正。
   A. 补充登记法　　　B. 红字更正法　　　C. 划线更正法　　　D. 以上方法均可
9. 若记账凭证正确,记账时将 40 000 元误记为 4 000 元,更正时应采用（　　）。
   A. 红字更正法　　　B. 划线更正法　　　C. 蓝字更正法　　　D. 补充登记法
10. 新的会计年度开始,启用新账时,可以继续使用,不必更换新账的有（　　）。
    A. 总分类账　　　　　　　　　　B. 银行存款日记账
    C. 固定资产卡片　　　　　　　　D. 管理费用明细分类账

三、多项选择题

1. 会计账簿按用途可分为（　　）。
   A. 订本账　　　　B. 序时账簿　　　C. 备查账簿　　　D. 分类账

2. 在会计账簿记录中，红笔只能用于（　　）。
   A. 采用红字更正，冲销错误记录
   B. 在不设借方或贷方专栏的多栏式账页中，登记减少金额
   C. 期末结账时，画通栏红线
   D. 三栏式账户的"余额"栏前，如果未说明余额方向，在"余额"栏内登记负数余额

3. 更正错账的方法有（　　）。
   A. 划线更正法　　B. 补充登记法　　C. 增减登记法　　D. 红字更正法

4. 下列账户的明细分类账应采用多栏式的有（　　）。
   A. 管理费用　　　B. 制造费用　　　C. 主营业务收入　　D. 应收账款

5. 总分类账户与其所属的明细分类账户平行登记的结果，必然是（　　）。
   A. 总分类账期初余额＝所属明细分类账期初余额之和
   B. 总分类账期末余额＝所属明细分类账期末余额之和
   C. 总分类账本期借方发生额＝所属明细分类账本期借方发生额之和
   D. 总分类账本期贷方发生额＝所属明细分类账本期贷方发生额之和

6. 库存现金日记账和银行存款日记账（　　）。
   A. 一般采用订本式账簿和三栏式账簿
   B. 由出纳人员登记
   C. 根据审核后的收付款记账凭证登记
   D. 逐日逐笔序时登记

7. 明细分类账的账页格式主要有（　　）。
   A. 三栏式　　　　B. 多栏式　　　　C. 数量金额式　　　D. 卡片式

8. 用划线更正法更正错误时，（　　）。
   A. 应用红笔画线，并将错误数字全部划销
   B. 用蓝笔在错误数字上方写上正确数字
   C. 用红笔在错误数字上方写上正确数字
   D. 由更正人员在更正处盖章以示负责

9. 对账包括（　　）。
   A. 账证核对　　　B. 账账核对　　　C. 账实核对　　　D. 账表核对

10. 登记会计账簿时，（　　）。
    A. 书写的文字、数字上面要留适当的空距，一般应占格距的1/2
    B. 可用圆珠笔、蓝黑钢笔
    C. 不得用铅笔
    D. 要按页码顺序登记，不得跳行、隔页

四、判断题

1. 结账就是登记每个账户期末余额的工作。　　　　　　　　　　　　　　　　　　　（　　）

2. 总分类账户与其所属明细分类账户进行平行登记时，可以不在同一天登记，但应该在同一会计期间内登记。（   ）

3. 平行登记的结果，使总账与其所属明细账之间形成相互核对的数量关系。（   ）

4. 更正错账时编制的记账凭证，可以不附原始凭证。（   ）

5. 订本式账簿可以根据需要随时增减账页，并可以由多人分工同时记账。（   ）

6. 每日经济业务登记完毕，应结出库存现金日记账的余额，并以账面余额同库存现金的实存数进行核对，检查账实是否相符。（   ）

7. 多栏式明细账适用于明细项目较多且要求分别列示的成本、费用、收入、利润及利润分配明细账。（   ）

8. 如果会计账簿记录发生错误，应根据错误的具体情况，采用规定的方法予以更正，不得涂改、挖补、刮擦或用退色药水更改字迹。（   ）

9. 为了实行钱账分管原则，通常由出纳人员填制收款凭证和付款凭证，由会计人员登记库存现金日记账和银行存款日记账。（   ）

10. 年终更换新账时，新旧会计账簿有关账户之间的转记金额，应该编制记账凭证。（   ）

五、业务题

1. 某企业 2019 年 7 月 31 日库存现金日记账余额为 4 000 元、银行存款日记账余额为 10 000 元。该企业 8 月份发生下列业务：

（1）3 日，投资者投入资金 25 000 元，款项已存入银行。

（2）8 日，将现金 1 000 元存入银行。

（3）12 日，收到某公司前欠销货款 50 000 元，款项已存入银行。

（4）18 日，购买材料 40 000 元，增值税税额 6 800 元，以银行存款支付。

（5）21 日，管理部门职工李军报销差旅费 1 800 元，交回剩余现金 200 元。

（6）30 日，从银行提现 20 000 元。

（7）31 日，用现金 18 000 元发放职工工资。

要求：根据上述资料，编制相关会计分录，并登记库存现金日记账和银行存款日记账。

2. 某公司本月发生下列三笔错账：

（1）用银行存款偿还 A 公司款项 5 000 元，编制如下会计凭证并登计入账：

借：应收账款　　　　　　　　　　　　　　　　　　　　　　　5 000
　　贷：银行存款　　　　　　　　　　　　　　　　　　　　　　5 000

（2）以银行存款购买材料 6 900 元，材料已入库，编制如下会计凭证并登计入账：

借：原材料　　　　　　　　　　　　　　　　　　　　　　　　9 600
　　贷：银行存款　　　　　　　　　　　　　　　　　　　　　　9 600

（3）车间领用材料 8 000 元作为一般耗用，编制如下会计凭证并登计入账：

借：制造费用　　　　　　　　　　　　　　　　　　　　　　　　800
　　贷：原材料　　　　　　　　　　　　　　　　　　　　　　　　800

要求：说明上述错账应分别采取哪种更正方法，并予以更正。

项目五 开展财产清查

 学习目标

1. 熟悉财产清查的概念、意义及种类。
2. 掌握银行存款余额调节表的编制原理。
3. 掌握财产清查工作的主要内容和主要方法。
4. 掌握财产清查结果的账务处理。

情境导入

星海公司出纳员小王由于刚参加工作，对货币资金业务管理和核算的相关规定不甚了解，所以出现了一些不应有的错误。其中有两件事情让他印象深刻，记忆犹新。

第一件事：在 2019 年 6 月 8 日和 10 日两天的现金业务结束后例行的库存现金清查中，分别发现现金短缺 50 元和现金溢余 20 元的情况，对此，他反复思考也弄不明白原因。为了保全自己的面子和息事宁人，同时考虑到两次账实不符的金额很小，他决定采取下列办法进行处理：现金短缺 50 元，自掏腰包补齐；现金溢余 20 元，暂时收起。

第二件事：星海公司经常对其银行存款的实有金额弄不清楚，公司经理因此指派有关人员检查小王的工作。结果发现，每次编制银行存款余额调节表时，小王只根据公司银行存款日记账余额加减对账单中企业未入账项来确定公司银行存款实有数，而且每次做完此项工作以后，他就立即将这些未入账的款项登计入账。

你认为小王的处理正确吗？如不正确，应该如何进行处理？

从上述案例可见，对货币资金清查并进行正确的账务处理是保证货币资金安全及"账实相符"的有效途径。除了货币资金，存货、固定资产和往来款项均应定期进行清查，以确定账面记录与实际情况是否相符。

任务一　认知财产清查

一、财产清查的概念和意义

（一）财产清查的概念

财产清查是指通过对库存现金、银行存款等货币资金，存货、固定资产等实物资产，以及应收账款等往来款项的盘点或核对，确定其实有数，核对账存数与实有数是否相符的一种会计专门方法。

（二）财产清查的原因

财产的管理要通过账簿记录来反映其增减变动及结存情况。理论上讲，账簿记录的各项财产的结存数与实有数应当一致。但账簿记录并不能完全反映客观实际，存在某些因素导致账簿记录的结存数与实有数不一致的情况。为保证账簿记录的正确性，需要对各种财产进行定期或不定期的清查盘点工作，并与相关账簿进行核对。

造成账簿记录的结存数与实有数不一致的原因主要有以下几点：

（1）在收发物资中，由于计量、检验不准确而造成的品种、数量或质量上的差异。
（2）财产物资在运输、保管、收发过程中，在数量上发生自然增减变动。
（3）在财产物资增减变动中，由于手续不齐或计算、登记上发生错误。
（4）由于管理不善或工作人员失职造成财产损失、变质或短缺等。
（5）贪污盗窃、营私舞弊造成的损失。
（6）自然灾害造成的非常损失。
（7）未达账项引起的账账不符、账实不符等。

（三）财产清查的意义

1. 保证账簿记录的真实、可靠，提高会计信息的质量

通过财产清查，可以确定各项财产物资的实有数，将实有数与账存数进行对比，确定各项财产的盘盈、盘亏，并及时调整账簿记录，做到账实相符，以保证账簿记录的真实、可靠，提高会计信息的质量。

2. 提高财产物资的使用效率

通过财产清查，可以查明各项财产物资盘盈、盘亏的原因和责任，从而找出财产物资管理中存在的问题，掌握财产物资的实际结存数额，促使管理层充分挖掘财产物资潜力，加速资金周转，提高财产物资的使用效率。

3. 确保财经制度和结算纪律的贯彻执行

通过财产清查，可以查明各项财产物资的储备和保管情况及各项责任制度的建立和执行情况，揭示各项财经制度和结算纪律的遵守情况，促使财产物资保管人员强化责任意识，保证各项财产物资的安全、完整，促使经办人员自觉遵守财经制度和结算纪律，及时结清债权、债务，避免发生坏账损失。

4. 建立健全有关规章制度

通过财产清查，可以及时发现各项财产物资在收入、发出、保管、报废等环节存在的

薄弱之处，有针对性地改进管理办法，完善管理制度，进一步提高管理水平。

二、财产清查的分类

财产清查是内部牵制制度的一个部分，其目的在于定期确定内部牵制制度执行是否有效。在企业日常工作中，可按照财产清查实施的范围、时间间隔等把财产清查适当地进行分类。

（一）按清查对象和范围划分

按清查对象和范围的不同，财产清查可分为全面清查和局部清查。

1. 全面清查

全面清查是指对所有财产物资进行全面盘点和核对。全面清查的对象一般包括：

（1）现金、银行存款和其他货币资金等货币性资产；

（2）所有的固定资产、存货等实物资产；

（3）各项债权、债务及预算拨缴款项；

（4）各项其他单位加工或保管的材料、商品及物资等。

因全面清查的范围广、内容多、工作量大，一般只在以下几种情况下才需要进行：

（1）年终决算前，为了确保年终决算会计资料真实、准确，要进行一次全面清查。

（2）单位撤销、合并或改变隶属关系，要进行一次全面清查，以明确经济责任。

（3）开展资产评估、清产核资等活动，需要进行全面清查，以摸清家底，便于按需要组织资金的供应。

（4）单位主要负责人调离工作，需要进行全面清查。

（5）中外合资、国内联营，需要进行全面清查。

2. 局部清查

局部清查是指根据需要对一部分财产物资，主要是对流动性较大的财产，如现金、银行存款、材料、在产品和库存商品等进行清查。局部清查范围小、内容少，涉及的人员也较少，但专业性较强，一般有：

（1）库存现金应由出纳员在每日业务终了时清点，做到日清月结；

（2）银行存款由出纳员每月同银行核对一次；

（3）对材料、在产品和库存商品除年度清查外，应有计划地每月轮番清点抽查，对贵重的财产物资，应每月清查盘点一次；

（4）对于债权、债务，应在年内至少核对一至两次，有问题应及时核对，及时解决。

（二）按清查时间划分

按清查时间的不同，财产清查可分为定期清查和不定期清查。

1. 定期清查

定期清查是指按照预先计划安排的时间对财产物资所进行的清查，其目的在于保证会计核算资料的真实、准确，一般在年末、季末或月末进行。定期清查可以是全面清查，也可以是局部清查。

2. 不定期清查

不定期清查是指根据特殊或实际需要而进行的临时性财产清查。例如，更换出纳员时对现金、银行存款所进行的清查；更换仓库保管员时对其保管的财产物资所进行的清查，目的在于分清责任，查明情况；发生自然灾害和意外损失时，要对受灾损失的有关财产物资进行清查，以查明损失情况；主管部门对本单位进行检查时，应该按照检查要求和范围对财产物资进行清查，以验证会计资料的可靠性；清产核资、单位撤销、合并、分立或改变隶属关系时，要对本单位财产物资进行清查。

（三）按清查的执行单位划分

按清查的执行单位的不同，财产清查可分为内部清查和外部清查。

1. 内部清查

内部清查是指企业组织内部有关人员对本企业财产进行的清查。企业进行的财产清查大多数属于内部清查。内部清查可以是全面清查，也可以是局部清查；可以是定期清查，也可以是不定期清查，根据实际情况和具体要求来确定。

2. 外部清查

外部清查是指由企业外部的有关部门如审计机关等根据国家有关规定对本企业财产进行的清查。例如，企业清产核资、重组等过程中的资产评估、企业的上级管理部门和保险公司等由于某些方面的需要而对企业资产进行的清查，都属于外部清查。外部清查可以是定期清查，也可以是不定期清查；可以是全面清查，也可以是局部清查。

任务二　财产清查的内容与方法

财产清查是一项工作量大、涉及面广、复杂而又细致的工作，为了让财产清查工作能够顺利开展，保证清查工作的质量，达到财产清查的目的，有必要了解财产清查的程序，掌握财产清查的方法。

一、财产清查的组织程序

（一）成立财产清查小组

财产清查小组由单位领导、财会人员、相关技术人员、物资保管人员和职工代表组成，具体负责财产清查的组织和管理工作。其主要任务是：

（1）在财产清查工作开始前，根据管理制度或有关部门的要求拟定清查工作的详细步骤，确定清查的对象和范围，安排清查工作的时间进度，配备适当的清查人员。

（2）在财产清查过程中，检查和督促有关工作，研究和解决清查工作中出现的问题。

（3）在财产清查工作结束后，写出清查工作的书面报告，对发生的盘盈、盘亏提出处理意见。

（二）制订清查工作计划

根据财产清查的性质、种类、范围、要求与任务，拟订出一个详细的财产清查工作计划。财产清查工作计划的内容包括财产清查的内容、方法、时间进度安排、具体工作人员职责与分工等。

（三）做好财产清查前的业务准备工作

为做好财产清查工作，会计部门及相关业务部门应在清查小组的指导下，做好各项相关的业务准备工作，重点是做好以下三方面工作：

（1）会计部门将所有的经济业务登计入账并结出余额，做到账账相符、账证相符，为账实核对提供正确、可靠的账簿资料。

（2）物资保管部门将各项物资的增减变动办好凭证手续，全部登计入账，结出各账户余额，并与会计部门核对相符，同时将财产物资归位整理好，贴上标签，标明品种、规格及结存数量，以便盘点核对。

（3）清查人员要准备好有关计量器具，以及清查登记用的清单、表格等。

（四）实施盘点清查工作

在财产清查的实施阶段，应该根据清查对象的不同而采用不同的清查方法。在清查过程中，企业所有的实物保管人员、出纳人员、往来账户的会计人员均应在现场配合参与盘点工作，清查人员或经管人员均应认真清点、正确记录，以保证财产清查工作的顺利完成。

二、财产清查常用方法

（一）库存现金的清查

库存现金是指企业存放在财务部门，可随时用于日常开支的货币资金。库存现金的基本清查方法是实地盘点法，首先确定库存现金的实有数，然后与库存现金日记账的账面余额核对，以确定账实是否相符。库存现金清查由会计人员和出纳员共同清点，并填写库存现金盘点表。对库存资金进行盘点前，出纳员必须将有关业务在库存现金日记账中全部登记完毕。盘点时，一方面要注意账实是否相符，另一方面还要检查现金管理制度的遵守情况，如有无超过现金库存限额、"白条抵库"、挪用等情况。盘点结束后，编制"库存现金盘点表"。该表具有实存账存对比表的作用，是重要的原始凭证。"库存现金盘点表"的格式见表5-1。

表 5-1　　　　　　　　　　　库存现金盘点表

单位名称：　　　　　　　　　　年　　月　　日

实存金额	账存金额	对比结果		备注
		盘盈	盘亏	

盘点人（签章）：　　　　　　　　　出纳员（相关负责人签章）：

（二）银行存款的清查

银行存款的清查方法与实物和库存现金的清查方法不同，它是采取与单位开户银行核对账目的方法进行的。核对前应把截止到清查日所有银行存款的收付业务登计入账，然后与银行转来的记录本单位银行存款收入、支出、结余情况的对账单逐笔核对，如发生错账、漏账，应查清原因并及时更正。但即使在双方记账均无差错的情况下，也往往会出现双方的余额不一致的情况。这是由于银行存款日常的支付业务频繁，开户银行和本单位办理结算手续和凭证传递、入账的时间不一致造成的，即本单位"银行存款日记账"或开户银行的"对账单"存在"未达账项"。

未达账项是指企业与银行之间，由于凭证传递上的时间差，一方收到结算凭证并已登

计入账,另一方尚未收到结算凭证因而尚未登计入账的款项。未达账项具体有以下四种情况:

(1)企业已收、银行未收的款项。如企业销售产品收到支票,送存银行后即可根据银行盖章退回的"进账单"回单联登记银行存款的增加,而银行则要等款项收妥后才能登记银行存款的增加,如果此时对账,就形成了企业已收款入账、银行尚未收款入账的款项。

(2)企业已付、银行未付的款项。如企业开出一张支票支付购料款,企业可根据支票存根、发票及收料单等登记银行存款的减少,而这时银行由于未接到支付款项的凭证尚未登记银行存款的减少,如果此时对账,就形成了企业已付款入账、银行尚未付款入账的款项。

(3)银行已收、企业未收的款项。如外地某单位给企业汇来货款,银行收到汇款单后,登记企业银行存款的增加,而企业由于未收到汇款凭证尚未登记银行存款的增加,如果此时对账,就形成了银行已收款入账、企业尚未收款入账的款项。

(4)银行已付、企业未付的款项。如银行代企业支付款项,银行已取得支付款项的凭证,登记银行存款的减少,而企业由于未收到凭证尚未登记银行存款的减少,如果此时对账,就形成了银行已付款入账、企业尚未付款入账的款项。

上述任何一种情况的出现,都会造成企业"银行存款日记账"的账面余额与开户银行"对账单"上的余额不相符。因此,在核查时若双方账上没有错记、漏记的业务,应注意有无未达账项。若发现存在未达账项,必须根据未达账项及有关数据编制"银行存款余额调节表",再通过此表检验双方结余数是否一致。银行存款余额调节表的编制方法一般是在企业与银行双方的账面余额的基础上,各自加上对方已收而本单位未收的款项,再减去对方已付而本单位未付的款项。经过调节后双方的余额应当一致。

"银行存款余额调节表"的计算公式如下:

企业银行存款日记账余额+银行已收、企业未收款项-银行已付、企业未付款项=
银行对账单余额+企业已收、银行未收款项-企业已付、银行未付款项

现举例说明"银行存款余额调节表"的具体编制方法。

【例 5-1】 某公司 2019 年 8 月 31 日核对银行存款日记账。8 月 31 日,银行存款日记账余额为 78 160 元,同日银行开出的对账单余额为 68 160 元。经核对,发现不符原因如下:

(1)公司于 8 月 21 日开出支票购买办公用品 5 000 元,公司已记账,但收款人尚未到银行办理转账。

(2)8 月 24 日,公司的开户银行代公司收进一笔托收的货款 6 000 元,银行已收款入账,但企业未接到收款通知未登计入账。

(3)8 月 28 日,开户银行代公司支付当月的水电费 4 000 元,银行已记账,但付款通知单尚未送达公司,因而公司未记账。

(4)公司于 8 月 30 日收到客户交来的购货支票 17 000 元,当即存入银行,并已记账,但因跨行结算,所以银行未记账。

根据调节前的余额和查出的未达账项等内容,编制 8 月 31 日的银行存款余额调节表,如表 5-2 所示。

表 5-2 　　　　　　　　　　　银行存款余额调节表

2019 年 8 月 31 日　　　　　　　　　　　　　　　　　　　　　　单位：元

项目	金额	项目	金额
企业银行存款日记账余额	78 160	银行对账单余额	68 160
加：银行已收、企业未收款	6 000	加：企业已收、银行未收款	17 000
减：银行已付、企业未付款	4 000	减：企业已付、银行未付款	5 000
调节后的存款余额	80 160	调节后的存款余额	80 160

关于"银行存款余额调节表"，需要注意以下两点：（1）"银行存款余额调节表"不能作为调整账户记录的原始凭证。它只能起到对账的作用，不能根据该表调整企业银行存款日记账的账面记录。对于未达账项，应在以后实际收到有关结算凭证时，再登记银行存款日记账。（2）调节后的存款余额是企业可以使用银行存款的最高额度，也是企业可以实际动用的存款数额。

（三）实物财产的清查

实物财产的清查主要包括存货（如原材料、在产品、库存商品、半成品、周转材料等）和固定资产的清查。

1. 确定实物财产账面结存的盘存制度

财产清查的重要环节是盘点财产的实存数量，为使盘点工作顺利进行，应建立一定的盘存制度。财产物资的盘存制度一般有两种：永续盘存制和实地盘存制。

（1）永续盘存制。

永续盘存制又称账面盘存制，是指在日常经济活动中，必须根据会计凭证对各项财产物资的增加数和减少数在有关账簿中逐日逐笔连续记录，并随时结算出账面结存数额的一种盘存制度。

期末结存存货数量 = 期初结存存货数量 + 本期购入存货数量 − 本期发出存货数量

期末结存存货成本 = 期初结存存货成本 + 本期购入存货成本 − 本期发出存货成本

【例 5-2】 海天公司 2019 年对库存原材料采用永续盘存制，其中甲材料 5 月初结存 800 千克，单价 5 元，结存成本为 4 000 元。本月甲材料收发情况如下：

（1）5 日，购入 4 000 千克，单价 5 元，计价 20 000 元。

（2）10 日，发出 2 000 千克，单价 5 元，计价 10 000 元。

（3）15 日，购入 3 000 千克，单价 5 元，计价 15 000 元。

（4）20 日，发出 5 000 千克，单价 5 元，计价 25 000 元。

（5）25 日，购入 1 000 千克，单价 5 元，计价 5 000 元。

月末实地盘点结果为：甲材料实存 1 800 千克，结存余额为 9 000 元。

按永续盘存制的要求，甲材料在明细账上的记录如表 5-3 所示。

表 5-3　　　　　　　　　　材料明细账（永续盘存制）

材料名称：甲材料　　　　　　　　　　　　　　　　　　　　金额单位：元

年		凭证	摘要	收入			发出			结存		
月	日	字号		数量	单价	金额	数量	单价	金额	数量	单价	金额
5	1		上期结存							800	5	4 000
	5		购入	4 000	5	20 000				4 800	5	24 000
	10		发出				2 000	5	10 000	2 800	5	14 000
	15		购入	3 000	5	15 000				5 800	5	29 000
	20		发出				5 000	5	25 000	800	5	4 000
	25		购入	1 000	5	5 000				1 800	5	9 000
	31		本月合计	8 000	5	40 000	7 000	5	35 000	1 800	5	9 000

永续盘存制的优点是对财产物资的收入和发出进行连续登记，可以随时了解各种财产物资的收入、发出和结存情况，便于从数量和金额两方面进行控制，有利于加强对财产物资的管理。其缺点是核算工作量较大，需要投入较多的人力、物力和财力。因此，采用永续盘存制，需要对各项财产物资定期进行实物盘点，以查明账实是否相符及账实不符的原因。一般的企业都应根据本企业实际情况，对财产物资的核算采用永续盘存制。

（2）实地盘存制。

实地盘存制又称以存计耗制，是指对于各实物财产的增减变动，平时在账簿上只登记其增加数，而不计其减少数，期末通过实地盘点确定财产物资的结存数，倒挤出本期减少数并登计入账的一种方法。

采用实地盘存制倒挤出本期减少数的核算方法是：

本期发出存货成本 = 期初结存存货成本 + 本期购入存货成本 − 期末结存存货成本

【例 5-3】　承【例 5-2】，如果海天公司对库存原材料采用实地盘存制进行收入、发出与结存的核算，则甲材料在明细账上的记录如表 5-4 所示。

表 5-4　　　　　　　　　　材料明细账（实地盘存制）

材料名称：甲材料　　　　　　　　　　　　　　　　　　　　金额单位：元

年		凭证	摘要	收入			发出			结存		
月	日	字号		数量	单价	金额	数量	单价	金额	数量	单价	金额
5	1		上期结存							800	5	4 000
	5		购入	4 000	5	20 000				4 800	5	24 000
	15		购入	3 000	5	15 000				7 800	5	39 000
	25		购入	1 000	5	5 000				8 800	5	44 000
	31		本月发出				7 000	5	35 000	1 800	5	9 000
	31		本月合计	8 000	5	40 000	7 000	5	35 000	1 800	5	9 000

实地盘存制的优点在于平时对财产物资的收发业务只记增加，不记减少，可以简化日

常核算工作,平时工作程序也比较简单。其缺点是:各项财产物资的减少数没有严格的手续,不便于实行会计监督;不能随时反映财产物资的收发结存动态情况,难以利用账簿记录来加强财产物资管理工作;倒挤出的各项财产物资的减少数中成分复杂,除了正常耗用外,可能还有毁损和丢失的。实地盘存制虽然有工作量少、方法简便的优点,但是在实际运用中其适用范围受到严格的限制,一般情况下不宜采用。

2. 实物财产清查的常用方法

不同品种的实物财产,由于其实物形态、体积重量、堆放方式等不同,因而所采用的清查方法也有所不同。常用的实物财产的清查方法包括以下几种:

(1) 实地盘点法。实地盘点法是指通过点数、过磅、量尺等方法来确定财产的实有数额。这种方法一般适用于机器设备、包装好的原材料、产成品和库存商品等的清查。

(2) 技术推算法。技术推算法是指利用技术方法对财产的实存数进行推算的一种方法。这种方法一般适用于散装的、大量成堆且难以清点的煤炭、砂石等物资的清查。

(3) 抽样盘存法。抽样盘存法是指对于数量多、重量和体积比较均衡的财产,可以采用抽样盘点的方法,确定财产的实有数额。

(4) 函证核对法。函证核对法是指对于委托外单位加工或保管的物资,可以采用向对方单位发函调查,并与本单位的账存数相核对的方法。

对于财产清查的结果,应及时记录在有关单据中,作为调整账簿记录的重要原始凭证,也可以用来分析差异产生的原因,明确经济责任。根据需要,一般填制以下几种单据:

(1) 盘存单。盘存单是记录各项财产物资实存数的书面证明,是反映实物资产实存数的原始凭证。其一般格式如表5-5所示。

表5-5 盘存单

单位名称:　　　　　　　　　盘点时间:　　　　　　　　编号:
财产名称:　　　　　　　　　存放地点:　　　　　　　　金额单位:元

编号	名称	计量单位	盘点数量	单价	金额	备注

单位负责人(印)　　　会计主管(印)　　　盘点人(印)　　　保管人(印)

(2) 实存账存对比表。为了进一步查明盘点结果与账面记录是否一致,还应根据盘存单和有关财产物资明细账,编制实存账存对比表,确定实物财产的**盘盈**或**盘亏**情况。为了简化编表工作,实存账存对比表一般只填列账实不符的各项财产物资,不填列账实相符的各项财产物资。实存账存对比表的一般格式如表5-6所示。

项目五 开展财产清查

表 5-6 实存账存对比表

单位名称: 　　　　　　　　　　　年　月　日　　　　　　　金额单位：元

编号	类别及名称	计量单位	单价	实存		账存		对比结果				备注
								盘盈		盘亏		
				数量	金额	数量	金额	数量	金额	数量	金额	

盘点人（签章）： 　　　　　　　　　　　　　　　　　　　　保管人（签章）：

（四）往来款项的清查

往来款项是指各种债权债务结算款项，主要包括应收款项、应付款项和预收款项、预付款项等。对往来款项进行清查的目的主要是保证各种往来款项的实际金额与其账面记录完全相符。往来款项的清查一般采用发函询证的方法进行核对。函证信的格式一般如下所示。

函证信

××公司：

本公司与贵单位的业务往来款项有下列项目，为了清对账目，特函请查证是否相符，请在回执联中注明后盖章寄回。此致敬礼。

往来结算款项对账单

单位：	地址：	编号	
会计科目名称	截止日期	经济事项摘要	账面余额

　　　　　　　　　　　　　　　　　　　　　　　　　　　　　××公司（公章）
　　　　　　　　　　　　　　　　　　　　　　　　　　　　　　　年　月　日

对于各种款项，在清查完毕后，一般应汇总编制清查表，往来款项清查表的格式如表 5-7 所示。

表 5-7 往来款项清查表

年　月　日

总分类账户		明细分类账户		清查结果		核对不符原因分析				备注
科目	账面余额	科目	账面余额	核对相符金额	核对不符金额	未达账项金额	争议金额	无法收回	其他	

清查人员（签章）： 　　　　　　　　　　　　　　　　　　　记账人员（签章）：

任务三　财产清查结果的会计处理

一、财产清查结果处理的要求

对于财产清查中发现的问题，如财产物资的盘盈、盘亏、毁坏或其他各种损失，应核实情况，调查分析产生问题的原因，按照国家有关政策法规进行相应处理，具体要求如下：

（1）分析差异的性质和形成的原因，按规定程序报批。
（2）积极处理多余积压财产和长期不清的债权债务。
（3）总结经验教训，建立健全各项管理制度。
（4）及时调整账簿记录，保证账实相符。

二、财产清查结果处理的步骤

对于财产清查中发现的盘盈和盘亏，应按以下步骤进行处理。

（一）核准盈亏金额，提出处理意见

财产清查结束以后，清查人员要核准盈亏金额，查明盈亏的性质和原因，提出处理意见，并报告给单位负责人或有关部门。

（二）调整账簿记录，做到账实相符

根据"清查结果报告表""盘点报告表"等已经查实的数据资料，填制记账凭证，计入有关账簿，使账簿记录与实际盘存数相符，同时根据权限，将处理建议报股东大会或董事会，或经理（厂长）会议或类似机构批准。

（三）报批后，核销盘盈、盘亏

企业清查的各种财产的损溢，应于期末前查明原因，并根据企业的管理权限，经股东大会或董事会，或经理（厂长）会议或类似机构批准后，在期末结账前处理完毕。

三、财产清查结果的账务处理

（一）账户设置

企业应当设置"待处理财产损溢"账户用于核算在财产清查过程中查明的各种财产盘盈、盘亏的价值及其处理情况。该账户属于资产类账户，在该账户下应设置"待处理固定资产损溢"和"待处理流动资产损溢"两个明细分类账户，进行明细分类核算。该账户的借方登记各种财产盘亏、毁损数及按规定程序批准的盘盈转销数，贷方登记除固定资产外各种财产的盘盈数及按规定程序批准的盘亏、毁损转销数（注：固定资产盘盈的核算不再通过该账户，而是在报批前先通过"以前年度损益调整"账户核算）。对于企业的财产损溢应及时查明原因，在期末结账前处理完毕，处理后该账户应无余额。"待处理财产损溢"账户的结构如图 5-1 所示。

借方	"待处理财产损溢"账户	贷方
待处理财产盘亏或毁损数额、盘盈财产报经批准后的转销数		待处理财产盘盈数额、盘亏或毁损财产报经批准后的转销数
余额：未核销的财产物资盘亏数		余额：未核销的财产物资盘盈数

图 5-1　"待处理财产损溢"账户的结构

（二）财产清查结果的账务处理

1. 库存现金清查的账务处理

（1）库存现金盘盈的账务处理。

首先，依据库存现金盘点报告表中所列的现金溢余款，按照实际溢余的金额借记"库存现金"科目，贷记"待处理财产损溢——待处理流动资产损溢"科目。待查明原因并且按照规定程序报经上级有关部门审批后做如下处理：属于应支付给有关单位或人员的，借记"待处理财产损溢——待处理流动资产损溢"科目，贷记"其他应付款——应付库存现金溢余（×××单位或个人）"科目；属于无法查明原因的现金溢余，经批准处理后，借记"待处理财产损溢——待处理流动资产损溢"科目，贷记"营业外收入——现金溢余"科目。

【例 5-4】　海天公司 2019 年 9 月 30 日在清点库存现金时，发现库存现金溢余 201.8 元，后经查实，其中 200 元为出纳李明的个人款项，另外 1.8 元无法查明原因。编制如下会计分录：

① 报经批准前：

借：库存现金　　　　　　　　　　　　　　　　　　　　　　　201.8
　　贷：待处理财产损溢——待处理流动资产损溢　　　　　　　　　　201.8

② 报经批准后：

借：待处理财产损溢——待处理流动资产损溢　　　　　　　　　　201.8
　　贷：其他应付款——应付库存现金溢余（李明）　　　　　　　　　200
　　　　营业外收入　　　　　　　　　　　　　　　　　　　　　　1.8

（2）库存现金盘亏的账务处理。

首先，依据库存现金盘点表中所列的现金短缺，按照实际短缺的金额借记"待处理财产损溢——待处理流动资产损溢"科目，贷记"库存现金"科目。待查明原因并按照规定程序报经上级有关部门审批后做如下处理：属于应由责任人赔偿的部分，借记"其他应收款——（×××单位或个人）"科目，贷记"待处理财产损溢——待处理流动资产损溢"科目；属于无法查明原因的现金短缺，根据管理权限，经批准处理后，借记"管理费用"科目，贷记"待处理财产损溢——待处理流动资产损溢"科目。

【例 5-5】　海天公司 2019 年 9 月 30 日在清点库存现金时，发现库存现金短缺 300 元，其中 200 元应由出纳李明承担责任，另外 100 元无法查明原因。编制如下会计分录：

① 报经批准前：

借：待处理财产损溢——待处理流动资产损溢　　　　　　　　　　300
　　贷：库存现金　　　　　　　　　　　　　　　　　　　　　　　300

② 报经批准后：

借：其他应收款——李明　　　　　　　　　　　　　　　200
　　管理费用　　　　　　　　　　　　　　　　　　　　100
　　贷：待处理财产损溢——待处理流动资产损溢　　　　　　300

2. 存货清查结果的账务处理

（1）存货盘盈的账务处理。

当存货盘盈时，应根据实存账存对比表，按照同类或者类似存货的市场价格，将盘盈存货的金额借记"原材料""库存商品""生产成本"等科目，贷记"待处理财产损溢"科目。经批准处理后，借记"待处理财产损溢"科目，贷记"管理费用"科目。

【例5-6】　海天公司在财产清查中发现库存甲材料因计量器具不准确盘盈120千克，单价8元。编制如下会计分录：

① 报经批准前：

借：原材料——甲材料　　　　　　　　　　　　　　　960
　　贷：待处理财产损溢——待处理流动资产损溢　　　　　　960

② 报经批准后，做冲减管理费用处理：

借：待处理财产损溢——待处理流动资产损溢　　　　　960
　　贷：管理费用　　　　　　　　　　　　　　　　　　　960

（2）存货盘亏和毁损的账务处理。

存货发生盘亏和毁损时，经批准前，按照其实际成本或计划成本，借记"待处理财产损溢"科目，贷记"原材料""库存商品""生产成本"等科目。经批准处理后，借方应根据不同的原因做出不同的处理：对于入库的残料价值，计入"原材料"等科目；由事故责任人或保险公司赔偿的损失，计入"其他应收款"科目；若属于一般经营性损失或自然损耗产生的定额内合理损失，计入"管理费用"科目；若属非常损失，如自然灾害造成的损失，则计入"营业外支出"科目。最后，按盘亏和毁损的总金额贷记"待处理财产损溢"科目。

【例5-7】　海天公司在财产清查中，发现库存乙材料因计量器具不准确短缺120千克，定额内自然消耗20千克，材料保管员李丽过失造成20千克材料丢失，火灾造成损失120千克。乙材料每千克5元，保险公司同意赔偿600元。编制如下会计分录：

① 报经批准前：

借：待处理财产损溢——待处理流动资产损溢　　　　1 400
　　贷：原材料——乙材料　　　　　　　　　　　　　　1 400

② 经批准做如下处理：

借：其他应收款——保险公司　　　　　　　　　　　　600
　　　　　　　　——李丽　　　　　　　　　　　　　　100
　　管理费用　　　　　　　　　　　　　　　　　　　100
　　营业外支出　　　　　　　　　　　　　　　　　　600
　　贷：待处理财产损溢——待处理流动资产损溢　　　　1 400

3. 固定资产清查结果的账务处理

(1) 固定资产盘盈的账务处理。

固定资产盘盈大多是企业物资设备交付使用后未及时入账造成的。盘盈的固定资产，应查明原因，填制固定资产盘盈盘亏报告表并写出书面报告，根据《企业会计准则》规定，固定资产的盘盈作为前期差错处理，应通过"以前年度损益调整"科目核算。

【例5-8】 海天公司2019年9月30日对企业全部固定资产进行盘点，盘盈一台七成新的机器设备，该设备同类产品市场价格为8万元。编制如下会计分录（不考虑税金及利润分配）：

① 报经批准前：

借：固定资产	80 000
贷：累计折旧	24 000
以前年度损益调整	56 000

② 报经批准后：

| 借：以前年度损益调整 | 56 000 |
| 贷：利润分配——未分配利润 | 56 000 |

(2) 固定资产盘亏的账务处理。

固定资产发生盘亏的原因主要是自然灾害、责任事故和丢失等。发生固定资产盘亏和毁损，按账面已计提折旧借记"累计折旧"科目，按固定资产的账面原始价值贷记"固定资产"科目，按二者的差额借记"待处理财产损溢"科目。报经批准处理后，损失数额借记"营业外支出"科目，贷记"待处理财产损溢"科目。若由于自然灾害造成固定资产盘亏和毁损，应向保险公司收取保险赔偿款，借记"其他应收款"科目；所收回的残料入库或变卖收入，借记"原材料""银行存款"等科目，净损失计入"营业外支出"科目。

【例5-9】 海天公司在财产清查中，盘亏机器设备一台，账面原值6 000元，已计提折旧2 000元。已填制实存账存对比表，编制如下会计分录：

① 报经批准前：

借：待处理财产损溢——待处理固定资产损溢	4 000
累计折旧	2 000
贷：固定资产	6 000

② 假定经查明上述机器设备是由于火灾造成了毁损，保险公司应赔偿2 500元，残值变卖取得现金500元。经批准，其损失作为营业外支出处理。编制如下会计分录：

借：其他应收款——保险公司	2 500
库存现金	500
营业外支出	1 000
贷：待处理财产损溢——待处理固定资产损溢	4 000

4. 债权、债务等往来款项清查结果的账务处理

(1) 无法收回的应收款项的账务处理。

在财产清查中，如发现坏账损失，经批准，应直接核销应收账款并冲减坏账准备。在实际发生坏账时，借记"坏账准备"科目，贷记"应收账款"科目。

【例 5-10】 海天公司在财产清查中,查明并证实应收新兴公司的销货款 20 000 元已无法收回,经批准,作为坏账损失予以核销。编制如下会计分录:

借:坏账准备　　　　　　　　　　　　　　　　　　　　　　　　20 000
　　贷:应收账款——新兴公司　　　　　　　　　　　　　　　　　　　　20 000

(2) 无法支付的应付款项的账务处理。

在财产清查中,对于经查明确认无法支付的应付账款,应予以核销。核销时,按规定的程序报经批准后,直接核销应付账款并转作营业外收入处理。

【例 5-11】 海天公司在财产清查中,查明欠某公司的采购款 3 000 元,因对方单位撤销而无法清偿。经批准核销,编制如下会计分录:

借:应付账款　　　　　　　　　　　　　　　　　　　　　　　　3 000
　　贷:营业外收入　　　　　　　　　　　　　　　　　　　　　　　　3 000

 项目小结

财产清查是指通过对库存现金、银行存款等货币资金,存货、固定资产等实物资产,以及应收账款等往来款项的盘点或核对,确定其实有数,核对账存数与实有数是否相符的一种会计专门方法。

财产清查的意义在于保证账簿记录的真实、可靠,提高会计信息的质量;提高财产物资的使用效率,确保财经制度和结算纪律的贯彻执行;建立健全有关规章制度。

财产清查按清查对象和范围可分为全面清查和局部清查;按清查时间可分为定期清查和不定期清查;按清查的执行单位可分为内部清查和外部清查。

财产清查的一般程序为:成立财产清查小组;制订清查工作计划;做好财产清查前的业务准备工作;实施盘点清查工作。

财产清查的方法视清查对象而异:库存现金的基本清查方法是实地盘点法;银行存款的清查是采取与单位开户银行核对账目的方法;实物财产的清查,通常采取实地盘点法、技术推算法、抽样盘存法和函证核对法;往来款项的清查一般采取发函询证的方法进行核对。

财产清查结果的处理一般分为以下步骤:核准盈亏金额;提出处理意见;调整账簿记录,做到账实相符;报批后,核销盘盈、盘亏。

 巩固与提高

一、复习思考题

1. 什么是财产清查?它有何重要作用?
2. 引起财产物资账实不符的原因有哪些?
3. 永续盘存制与实地盘存制的主要区别是什么?各有什么优缺点?
4. 何谓未达账项?为什么会产生未达账项?
5. 如何编制银行存款余额调节表?
6. 财产清查结果的核算需要设置什么账户?该账户的结构是怎样的?

7. 如何进行库存现金、存货盘盈的账务处理？
8. 如何进行库存现金、存货、固定资产盘亏的账务处理？

二、单项选择题

1. 企业在遭受自然灾害后，对其受损的财产物资进行的清查，属于（　　）。
   A. 局部清查和定期清查　　　　　　B. 全面清查和定期清查
   C. 局部清查和不定期清查　　　　　D. 全面清查和不定期清查
2. 现金清查中，属于由责任人赔偿的部分，应计入（　　）账户核算。
   A. "其他应付款"　B. "其他应收款"　C. "管理费用"　D. "营业外收入"
3. 企业在进行财产清查时，发现存货盘亏，经批准核销，正确的账务处理方法为（　　）。
   A. 借：库存商品　　　　　　　　　B. 借：待处理财产损溢
   　　　贷：待处理财产损溢　　　　　　　贷：管理费用
   C. 借：管理费用　　　　　　　　　D. 借：待处理财产损溢
   　　　贷：待处理财产损溢　　　　　　　贷：库存商品
4. 采用实地盘存制时，平时对财产物资的记录（　　）。
   A. 只登记收入数，不登记发出数　　B. 只登记发出数，不登记收入数
   C. 先登记发出数，后登记收入数　　D. 先登记收入数，后登记发出数
5. 对应收账款进行清查时，应采用的方法是（　　）。
   A. 与记账凭证核对　　　　　　　　B. 函证核对法
   C. 实地盘点法　　　　　　　　　　D. 技术推算法
6. 对库存现金的清查应采用的方法有（　　）。
   A. 实地盘点法　　　　　　　　　　B. 检查现金日记账
   C. 倒挤法　　　　　　　　　　　　D. 抽查现金
7. 对发生自然灾害或贪污盗窃受损的财产物资进行清查，通常采用（　　）。
   A. 定期清查　　B. 分期清查　　C. 不定期清查　　D. 集中清查
8. 能够及时反映各种存货的收入、发出和结存的情况，便于及时查明存货盘亏原因的制度是（　　）。
   A. 收付实现制　B. 权责发生制　C. 永续盘存制　　D. 实地盘存制
9. 对于大量成堆难以逐一清点的财产物资的清查，一般采用（　　）方法。
   A. 实地盘点　　B. 抽查检验　　C. 技术推算　　　D. 查询核对
10. 在记账无误的情况下，造成银行对账单和银行存款日记账余额不一致的原因是（　　）。
    A. 应收账款　　B. 应付账款　　C. 未达账项　　　D. 外埠存款

三、多项选择题

1. 下列各项适宜采用实地盘点法的有（　　）。
   A. 现金的清查　　　　　　　　　　B. 银行存款的清查
   C. 实物资产的清查　　　　　　　　D. 往来款项的清查
2. 按财产清查的时间可将财产清查方法分为（　　）。
   A. 定期清查　　B. 不定期清查　C. 局部清查　　　D. 全面清查

3. 企业在（　　）情况下要进行全面清查。
   A. 单位撤销、合并　　　　　　　B. 年终决算
   C. 清产核资　　　　　　　　　　D. 编制会计报表

4. 下列资产中，需要从数量和质量两个方面进行清查的有（　　）。
   A. 货币资金　　B. 原材料　　C. 产成品　　D. 应收账款

5. "待处理财产损溢"科目借方核算的内容有（　　）。
   A. 待处理财产盘亏金额
   B. 待处理财产盘盈金额
   C. 根据批准的处理意见结转待处理财产盘亏数
   D. 根据批准的处理意见结转待处理财产盘盈数

6. 实物财产的清查方法主要有（　　）。
   A. 实地盘点法　　B. 技术推算法　　C. 函证核对法　　D. 编制报表法

7. 需要进行不定期清查的情况有（　　）。
   A. 更换财产和现金保管人员时
   B. 发生自然灾害和意外损失时
   C. 会计主体发生改变时
   D. 企业关停并转、清产核资、破产清算时

8. 对于盘亏的财产物资，经批准后进行账务处理，可能涉及的借方账户有（　　）。
   A. "管理费用"　　　　　　　　B. "营业外支出"
   C. "营业外收入"　　　　　　　D. "待处理财产损溢"

9. 企业银行存款日记账账面余额大于银行对账单余额的原因有（　　）。
   A. 企业账簿记录有差错　　　　B. 银行账簿记录有差错
   C. 企业已做收入入账，银行未达　　D. 银行已做支出入账，企业未达

10. 财产清查中遇到有账实不符时，用以调整账簿记录的原始凭证有（　　）。
    A. 实存账存对比表　　　　　　B. 现金盘点报告表
    C. 银行对账单　　　　　　　　D. 银行存款余额调节表

四、判断题

1. 财产清查是指通过对货币资金的盘点，确定其实存数，以查明账存数与实存数是否相符的一种专门方法。（　　）

2. 局部清查的范围包括：现金应每周清点一次；银行存款每月至少同银行核对一次；贵重物品每天应盘点一次，其他实物资产应有计划、有重点地抽查；债权、债务每年至少核对一两次。（　　）

3. 在进行现金和存货清查时，出纳人员和实物保管人员不得在场。（　　）

4. 财产清查按时间的不同，可分为定期清查和局部清查。（　　）

5. 对因债权人特殊原因确定无法支付的应付账款，应计入"营业外收入"账户。（　　）

6. 盘盈存货应冲减管理费用。（　　）

7. 无法查明原因的现金短款应计入"营业外支出"账户。（　　）

8. 未达账项是指企业与银行之间由于记账时间的不一致而发生的一方已登记入账、

另一方漏记的项目。   (   )
9. 银行存款的清查应通过与开户银行核对账目的方法进行。   (   )
10. 财会部门对财产清查中所发现的差异，应及时进行账簿记录的调整。   (   )

五、业务题

1. 海天公司 2019 年 9 月 30 日银行存款日记账余额为 80 000 元，银行对账单余额为 82 425 元，经逐笔核对，发现有下列未达账项：

（1）企业 9 月 30 日存入从其他单位收到的转账支票一张，计 7 000 元，银行尚未入账。

（2）企业 9 月 30 日开出转账支票一张，计 6 500 元，持票人尚未到银行办理转账手续，银行尚未入账。

（3）委托银行代收外埠货款 3 000 元，银行已经收到入账，但收款通知尚未到达企业。

（4）银行受运输机构委托代收运费，已经从企业存款中支付 150 元，但企业尚未接到转账付款通知。

（5）银行计算企业的存款利息 75 元，已经计入企业存款户，但企业尚未入账。

要求：根据以上资料，编制"银行存款余额调节表"。

2. 海天公司年终进行财产清查，在清查中发现下列事项：

（1）盘亏机器设备一台，原价 6 200 元，账面已提折旧 3 800 元，经批准转作营业外支出。

（2）发现账外机器一台，重置价值为 9 000 元，净值为 5 000 元。

（3）甲材料账面余额 475 千克，价值 19 950 元，盘存实际存量 465 千克，经查明，其中 7 千克为定额损耗，3 千克为日常收发计量差错。

（4）乙材料账面余额为 136 千克，价值 4 352 元，盘存实际存量为 131 千克，缺少数为保管人员失职造成的损失。

（5）丙材料盘盈 40 千克，每千克 20 元，经查明，其中 35 千克为代其他工厂加工剩余材料，该工厂未及时提回，其余属于日常收发计量差错。

（6）在检查其他应收款时发现，尚有某运输公司欠款 300 元，属于委托该公司运输材料，由于装卸工疏忽造成的损失，已确定由该公司赔偿，但该公司已撤销，无法收回。

要求：根据上述资料，编制相关会计分录。

项目六　认知账务处理程序

学习目标

1. 了解账务处理程序的意义和种类。
2. 掌握记账凭证账务处理程序的核算步骤。
3. 掌握科目汇总表的编制方法和科目汇总表账务处理程序的核算步骤。
4. 了解汇总记账凭证的编制方法和汇总记账凭证账务处理程序的核算步骤。
5. 了解电算化账务处理程序的总体流程。
6. 掌握不同账务处理程序的异同、优缺点和适用范围。

情境导入

A 公司会计部门原来一直采用科目汇总表手工账务处理程序。因公司业务较杂，会计基础工作不够规范，会计工作效率低下。经向公司董事会申请，会计部门现打算推广电算化账务处理程序，引进用友财务软件。

思考：

1. 什么是科目汇总表账务处理程序？它的主要工作流程是什么？
2. 手工账务处理程序与电算化账务处理程序相比，两者有什么不同？

账务处理程序又称会计核算组织程序或会计核算形式，是指会计人员采用的会计凭证、会计账簿的种类、格式与记账程序有机结合的方法和步骤。不同单位由于规模大小、经济业务和管理要求的不同，决定其适用的账务处理程序也不同。为此，科学地组织账务处理程序，对提高会计核算质量和会计工作效率，充分发挥会计的核算和监督职能，具有重要意义。

在会计工作的长期实践中，根据具体登记会计总分类账的依据和方式的不同，主要形成了记账凭证账务处理程序、科目汇总表账务处理程序和汇总记账凭证账务处理程序等手工账务处理程序。随着计算机的普及和各种财务软件的开发，电算化账务处理程序也在很多企业被推广运用。

简单来说，账务处理程序的一般流程如图 6-1 所示。

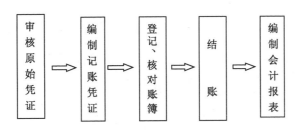

图 6-1 账务处理程序的一般流程

任务一 手工账务处理程序的认知

一、记账凭证账务处理程序

（一）记账凭证账务处理程序的概念

记账凭证账务处理程序是直接根据记账凭证逐笔登记总分类账，并定期编制会计报表的一种账务处理程序。记账凭证账务处理程序是最基本的账务处理程序，其他账务处理程序都是在此基础上发展演变而形成的。在记账凭证账务处理程序下，应当设置库存现金日记账、银行存款日记账、明细分类账和总分类账。日记账和总分类账可以采用三栏式；明细分类账可根据需要采用三栏式、数量金额式和多栏式；记账凭证一般采用收款凭证、付款凭证和转账凭证三种格式，也可采用通用记账凭证。

（二）记账凭证账务处理程序的一般步骤

记账凭证账务处理程序的一般步骤如下：

（1）根据原始凭证编制原始凭证汇总表。

（2）根据原始凭证或原始凭证汇总表编制收款凭证、付款凭证和转账凭证，或编制通用记账凭证。

（3）根据收款凭证、付款凭证登记库存现金日记账和银行存款日记账。

（4）根据原始凭证、原始凭证汇总表和各种记账凭证，登记相关明细分类账。

（5）根据记账凭证逐笔登记总分类账。

（6）期末，将库存现金日记账、银行存款日记账和各明细分类账的余额与有关总分类账的余额核对。

（7）期末，根据总分类账和明细分类账的记录，编制会计报表。

记账凭证账务处理程序如图 6-2 所示。

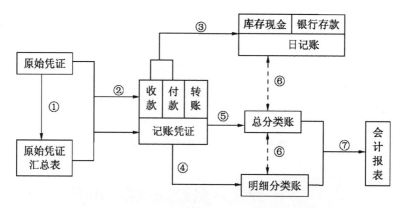

图 6-2　记账凭证账务处理程序

【例 6-1】　大山公司为增值税一般纳税人,适用的增值税税率为 17%。该公司采用记账凭证账务处理程序,记账凭证采用专用格式。该公司 2019 年 10 月 1 日的总分类账户和有关明细分类账户的余额如表 6-1 所示。

表 6-1　　　　　　　大山公司 2019 年 10 月 1 日账户余额　　　　　　单位:元

序号	账户名称	借方余额	贷方余额
1	库存现金	2 000	
2	银行存款	158 000	
3	应收账款		
	——甲公司	80 000	
	——乙公司	50 000	
4	原材料		
	——A 材料	30 000	
	——B 材料	12 000	
5	生产成本		
	——101#产品	10 000	
	——102#产品	6 000	
6	应付账款		
	——丙公司		40 000
	——丁公司		25 000
7	库存商品		
	——101#产品	11 000	
	——102#产品	5 000	
8	固定资产	200 000	

续表

序号	账户名称	借方余额	贷方余额
9	累计折旧		84 000
10	应交税费		22 000
11	实收资本		285 000
12	本年利润		67 000
13	利润分配		
14	——未分配利润		41 000

注：A 材料月初结存 600 千克，每千克 50 元；B 材料月初结存 400 千克，每千克 30 元；101#产品月初结存 100 件，每件 110 元；102#产品月初结存 50 件，每件 100 元。

大山公司 10 月份发生如下经济业务：

（1）2 日，从丙公司购进 A 材料 200 千克，每千克 50 元，共计货款 10 000 元，增值税税额 1 700 元。材料已验收入库，款项未付。

（2）4 日，从银行提现 1 000 元作为备用金。

（3）10 日，从丁公司购进 B 材料 300 千克，每千克 30 元，共计货款 9 000 元，增值税税额 1 530 元。材料已验收入库，款项未付。

（4）12 日，向甲公司销售 101#产品 300 件，计 45 000 元，增值税税额 7 650 元，产品已经发出，已向银行办妥委托收款手续。

（5）15 日，生产车间为生产 101#产品，领用 A 材料 700 千克，每千克 50 元。

（6）16 日，生产车间为生产 102#产品，领用 B 材料 600 千克，每千克 30 元。

（7）17 日，收到甲公司支付的购买 101#产品的货款 52 650 元。

（8）25 日，向乙公司销售 102#产品 150 件，计 19 500 元，增值税税额 3 315 元，产品已经发出，并向银行办妥委托收款手续。

（9）27 日，以现金支付采购办公用品费用 1 800 元。

（10）28 日，以银行存款支付从丙公司购进 A 材料的总价款 11 700 元。

（11）31 日，计提生产车间用固定资产折旧 2 400 元。

（12）31 日，101#产品完工入库 350 件，其单位成本 110 元；102#产品完工入库 160 件，其单位成本 100 元。结转本月完工产品成本。

（13）31 日，结转本月销售 101#产品的成本，单位销售成本为 110 元；结转本月销售 102#产品的成本，单位销售成本为 100 元。

（14）31 日，结转本月各项损益。

（15）31 日，预缴本月所得税 3 000 元。

1. 根据上述业务编制记账凭证

记账凭证如表 6-2 所示。

表6-2　　　　　　　　　　　　　记账凭证（简化式）

2019年		业务序号	凭证字号	摘要	会计科目		借方金额	贷方金额	记账
月	日				一级科目	二级或明细科目			
10	2	1	转1	购进A材料款未付	原材料	A材料	10 000		√
					应交税费	应交增值税（进项税额）	1 700		√
					应付账款	丙公司		11 700	√
	4	2	银付1	提现	库存现金		1 000		√
					银行存款			1 000	√
10		3	转2	购进B材料款未付	原材料	B材料	9 000		√
					应交税费	应交增值税（进项税额）	1 530		√
					应付账款	丁公司		10 530	√
	12	4	转3	销售101#产品	应收账款	甲公司	52 650		√
					主营业务收入			45 000	√
					应交税费	应交增值税（销项税额）		7 650	√
	15	5	转4	生产101#产品领用A材料	生产成本	101#产品	35 000		√
					原材料	A材料		35 000	√
	16	6	转5	生产102#产品领用B材料	生产成本	102#产品	18 000		√
					原材料	B材料		18 000	√
	17	7	银收1	收到甲公司货款	银行存款		52 650		√
					应收账款	甲公司		52 650	√
	25	8	转6	销售102#产品	应收账款	乙公司	22 815		√
					主营业务收入			19 500	√
					应交税费	应交增值税（销项税额）		3 315	√
	27	9	现付1	现金支付购买办公用品费	管理费用		1 800		√
					库存现金			1 800	√
	28	10	银付2	支付从丙公司购进材料款	应付账款	丙公司	11 700		√
					银行存款			11 700	√
	31	11	转7	计提生产用固定资产折旧	制造费用		2 400		√
					累计折旧			2 400	√

续表

2019年		业务序号	凭证字号	摘要	会计科目		借方金额	贷方金额	记账
月	日				一级科目	二级或明细科目			
	31	12	转8	产品完工结转成本	库存商品	101#产品	38 500		√
						102#产品	16 000		√
					生产成本	101#产品		38 500	√
						102#产品		16 000	√
	31	13	转9	结转销售产品成本	主营业务成本		48 000		√
					库存商品	101#产品		33 000	√
						102#产品		15 000	√
	31	14	转10	结转成本和费用	本年利润		49 800		√
					管理费用			1 800	√
					主营业务成本			48 000	√
		14	转11	结转收入	主营业务收入		64 500		√
					本年利润			64 500	√
	31	15	银付3	预缴本月所得税	应交税费	应交所得税	3 000		√
					银行存款			3 000	√

2. 根据相应的记账凭证登记会计账簿

相关的会计账簿如表6-3至表6-15所示（仅列示一部分）。

表6-3　　库存现金日记账

2019年		凭证字号	摘要	对方科目	收入	支出	结余
月	日						
10	1		期初余额				2 000
	4	银付1	提现	银行存款	1 000		3 000
	27	现付1	支付购买办公用品费	管理费用		1 800	1 200
	31		本月合计		1 000	1 800	1 200

表6-4　　银行存款额日记账

2019年		凭证字号	摘要	对方科目	收入	支出	结余
月	日						
10	1		期初余额				158 000
	4	银付1	提现	库存现金		1 000	157 000
	17	银收1	收到甲公司货款	应收账款	52 650		209 650

续表

2019年		凭证字号	摘要	对方科目	收入	支出	结余
月	日						
	28	银付2	支付购买材料款	应付账款		11 700	197 950
	31	银付3	预缴本月所得税	应交税费		3 000	194 950
	31		本月合计		52 650	15 700	194 950

表 6-5　　　　　　　　　　　原材料明细账（1）

原材料名称：A 材料　　　　　计量单位：千克　　　　　　　　　　第 × 页

2019年		凭证字号	摘要	收入			发出			结余		
月	日			数量	单价	金额	数量	单价	金额	数量	单价	金额
10	1		期初余额							600	50	30 000
	2	转1	购进A材料	200	50	10 000				800	50	40 000
	15	转4	生产产品领A材料				700	50	35 000	100	50	5 000
	31		本月合计	200	50	10 000	700	50	35 000	100	50	5 000

表 6-6　　　　　　　　　　　原材料明细账（2）

原材料名称：B 材料　　　　　计量单位：千克　　　　　　　　　　第 × 页

2019年		凭证字号	摘要	收入			发出			结余		
月	日			数量	单价	金额	数量	单价	金额	数量	单价	金额
10	1		期初余额							400	30	12 000
	10	转2	购进B材料	300	30	9 000				700	30	21 000
	16	转5	生产产品领B材料				600	30	18 000	100	30	3 000
	31		本月合计	300	30	9 000	600	30	18 000	100	30	3 000

表 6-7　　　　　　　　　　　应收账款明细账（1）

单位名称：甲公司　　　　　　　　　　　　　　　　　　　　　　　第 × 页

2019年		凭证字号	摘要	借方	贷方	借或贷	余额
月	日						
10	1		期初余额			借	8 0000
	12	转3	销售101#产品	52 650		借	132 650
	17	银收1	收到甲公司货款		52 650	借	80 000
	31		本月合计	52 650	52 650	借	80 000

项目六 认知账务处理程序

表 6-8　　　　　　　　　　　应收账款明细账（2）

单位名称：乙公司　　　　　　　　　　　　　　　　　　　　　　　　　　　　第×页

2019 年		凭证字号	摘要	借方	贷方	借或贷	余额
月	日						
10	1		期初余额			借	50 000
	25	转 6	销售 102#产品	22 815		借	72 815
	31		本月合计	22 815		借	72 815

表 6-9　　　　　　　　　　　应付账款明细账（1）

单位名称：丙公司　　　　　　　　　　　　　　　　　　　　　　　　　　　　第×页

2019 年		凭证字号	摘要	借方	贷方	借或贷	余额
月	日						
10	1		期初余额			贷	40 000
	2	转 1	购进 A 材料		11 700	贷	51 700
	28	银付 2	支付购买材料款	11 700		贷	40 000
	31		本月合计	11 700	11 700	贷	40 000

表 6-10　　　　　　　　　　　应付账款明细账（2）

单位名称：丁公司　　　　　　　　　　　　　　　　　　　　　　　　　　　　第×页

2019 年		凭证字号	摘要	借方	贷方	借或贷	余额
月	日						
10	1		期初余额			贷	25 000
	10	转 2	购进 B 材料		10 530	贷	35 530
	31		本月合计		10 530	贷	35 530

表 6-11　　　　　　　　　　　总分类账（1）

总账科目：库存现金　　　　　　　　　　　　　　　　　　　　　　　　　　　第×页

2019 年		凭证字号	摘要	借方	贷方	借或贷	余额
月	日						
10	1		期初余额			借	2 000
	4	银付 1	提现	1 000		借	3 000
	27	现付 1	支付购买办公用品费		1 800	借	1 200
	31		本月合计	1 000	1 800	借	1 200

表 6-12 总分类账（2）

总账科目：银行存款 第×页

2019 年		凭证字号	摘要	借方	贷方	借或贷	余额
月	日						
10	1		期初余额			借	158 000
	4	银付1	提现		1 000	借	157 000
	17	银收1	收到甲公司货款	52 650		借	209 650
	28	银付2	支付购买材料款		11 700	借	197 950
	31	银付3	预交本月所得税		3 000	借	194 950
	31		本月合计	52 650	15 700	借	194 950

表 6-13 总分类账（3）

总账科目：原材料 第×页

2019 年		凭证字号	摘要	借方	贷方	借或贷	余额
月	日						
10	1		期初余额			借	42 000
	2	转1	购进A材料	10 000		借	52 000
	10	转2	购进B材料	9 000		借	61 000
	15	转4	生产产品领A料		35 000	借	26 000
	16	转5	生产产品领B料		18 000	借	8 000
	31		本月合计	19 000	53 000	借	8 000

表 6-14 总分类账（4）

总账科目：应收账款 第×页

2019 年		凭证字号	摘要	借方	贷方	借或贷	余额
月	日						
10	1		期初余额			借	130 000
	12	转3	销售101#产品	52 650		借	182 650
	17	银收1	收到甲公司货款		52 650	借	130 000
	25	转6	销售102#产品	22 815		借	152 815
	31		本月合计	75 465	52 650	借	152 815

表 6-15　　　　　　　　　　总分类账（5）

总账科目：应付账款　　　　　　　　　　　　　　　　　　　　　　　　　第×页

2019 年		凭证字号	摘要	借方	贷方	借或贷	余额
月	日						
10	1		期初余额			贷	65 000
	2	转 1	购进 A 材料		11 700	贷	76 700
	10	转 2	购进 B 材料		10 530	贷	87 230
	28	银付 2	支付购买材料款	11 700		贷	75 530
	31		本月合计	11 700	22 230	贷	75 530

（三）记账凭证账务处理程序的优缺点及适用范围

记账凭证账务处理程序的优点是简单明了，易于理解，总分类账可以比较详细地反映经济业务的发生情况，来龙去脉清楚，便于了解经济业务动态与账目核查；缺点是由于总分类账是直接根据记账凭证登记，登记总分类账的工作量很大，不便于分工协作，也不利于提高会计工作效率。因此，记账凭证账务处理程序一般适用于规模较小、经济业务量较少、记账凭证不多的单位。

二、科目汇总表账务处理程序

（一）科目汇总表账务处理程序的概念

科目汇总表账务处理程序又称记账凭证汇总表账务处理程序，它是根据记账凭证定期编制科目汇总表，再根据科目汇总表登记总分类账的一种账务处理程序。与记账凭证账务处理程序相同的是，在科目汇总表账务处理程序下，应当设置现金日记账、银行存款日记账、明细分类账和总分类账。日记账和总分类账可以采用三栏式；明细分类账可根据需要采用三栏式、数量金额式和多栏式；记账凭证一般采用收款凭证、付款凭证和转账凭证三种格式，也可采用通用记账凭证。不同的是，科目汇总表财务处理程序下应增设科目汇总表，以作为登记总分类账的依据。

（二）科目汇总表的编制方法

科目汇总表是根据一定时期内的全部记账凭证，按会计科目进行归类编制的。首先将汇总期内根据各项经济业务编制好的记账凭证按时间顺序收齐，并按记账凭证列示出的所涉及的会计科目填列在科目汇总表的"会计科目"栏内，填列的顺序最好与总分类账上会计科目的顺序相同，以便于登记总分类账；然后依据汇总期内所有的记账凭证，按照相同的会计科目归类，分别计算出各会计科目的借方发生额合计数和贷方发生额合计数，并将其填入科目汇总表的相应栏内；最后进行本期发生额试算平衡。由于借贷记账法的记账规则是"有借必有贷，借贷必相等"，所以在编制的科目汇总表中，全部总账科目的借方发生额的合计数必定等于其贷方发生额的合计数。试算平衡无误后，据以登记总分类账。科目汇总表的编制频率根据企业经济业务量的多少来确定，可以每月汇总一次，也可以每旬汇总一次。科目汇总表可以每汇总一次编制一张，也可以每月编制一张。其常用的格式如表 6-16、表 6-17 所示。

表6-16　　　　　　　　　　　科目汇总表（格式一）
　　　　　　　　　　　　　　　　年　　月　　日至　　日　　　　　　　　　第　　号

会计科目	总账页数	借方金额	贷方金额	记账凭证起讫号数
合　计				

会计主管：　　　　　　记账：　　　　　　审核：　　　　　　制表：

表6-17　　　　　　　　　　　科目汇总表（格式二）
　　　　　　　　　　　　　　　　　年　　月　　　　　　　　　　　　　　第　　号

会计科目	账页	自1—10日		自11—20日		自21—30日		本月合计	
		借方	贷方	借方	贷方	借方	贷方	借方	贷方
合　计									

会计主管：　　　　　　记账：　　　　　　审核：　　　　　　制表：

（三）科目汇总表账务处理程序的一般步骤

科目汇总表账务处理程序的一般步骤如下：

（1）根据原始凭证编制原始凭证汇总表。

（2）根据原始凭证或原始凭证汇总表编制收款凭证、付款凭证和转账凭证，或编制通用记账凭证。

（3）根据收、付款凭证登记库存现金日记账和银行存款日记账。

（4）根据原始凭证、原始凭证汇总表和各种记账凭证登记各种明细分类账。

（5）根据记账凭证编制科目汇总表。

（6）根据科目汇总表登记总分类账。

（7）期末，将库存现金日记账、银行存款日记账和各明细分类账的余额与相关总分类账的余额核对相符。

（8）期末，根据总分类账和明细分类账资料编制会计报表。

科目汇总表账务处理程序如图6-3所示。

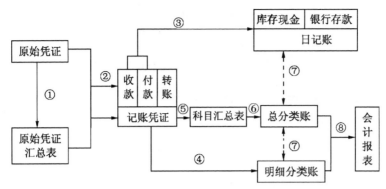

图 6-3 科目汇总表账务处理程序

【例 6-2】 承接【例 6-1】,假设大山公司采用科目汇总表账务处理程序,则应编制科目汇总表作为登记总分类账的依据。记账凭证、日记账、明细分类账和会计报表的编制方法与记账凭证账务处理程序相同。

1. 编制科目汇总表

相关科目汇总表如表 6-18 至表 6-20 所示。

表 6-18   科目汇总表(1)

2019 年 10 月 1—10 日   第 1 号

会计科目	总账页数	借方金额	贷方金额	记账凭证起讫号数
库存现金	略	1 000		略
银行存款	略		1 000	略
原材料	略	19 000		略
应交税费	略	3 230		略
应付账款	略		22 230	略
合计		23 230	23 230	

会计主管: 记账: 审核: 制表:

表 6-19   科目汇总表(2)

2019 年 10 月 11—20 日   第 2 号

会计科目	总账页数	借方金额	贷方金额	记账凭证起讫号数
银行存款	略	52 650		略
应收账款	略	52 650	52 650	略
原材料	略		53 000	略
应交税费	略		7 650	略
生产成本	略	53 000		略
主营业务收入	略		45 000	略
合计		158 300	158 300	

会计主管: 记账: 审核: 制表:

表 6-20   科目汇总表（3）

2019 年 10 月 21—31 日   第 3 号

会计科目	总账页数	借方金额	贷方金额	记账凭证起讫号数
库存现金	略		1 800	略
银行存款	略		14 700	略
应收账款	略	22 815		略
库存商品	略	54 500	48 000	略
应付账款	略	11 700		略
应交税费	略	3 000	3 315	略
生产成本	略		54 500	略
制造费用	略	2 400		略
累计折旧	略		2 400	略
主营业务收入	略	64 500	19 500	略
主营业务成本	略	48 000	48 000	略
管理费用	略	1 800	1 800	略
本年利润	略	49 800	64 500	略
合计		258 515	258 515	

会计主管：　　　　　　记账：　　　　　　审核：　　　　　　制表：

2. 根据科目汇总表登记总分类账

相关总分类账如表 6-21 至表 6-25 所示（仅列示一部分）。

表 6-21   总分类账（1）

总账科目：银行存款   第 × 页

2019 年		凭证字号	摘要	借方	贷方	借或贷	余额
月	日						
10	1		期初余额			借	158 000
	10	科汇 1	1—10 日发生额		1 000	借	157 000
	20	科汇 2	11—20 日发生额	52 650		借	209 650
	31	科汇 3	21—31 日发生额		14 700	借	194 950
	31		本月合计	52 650	15 700	借	194 950

表 6-22　　　　　　　　　　　　　　总分类账（2）

总账科目：库存现金　　　　　　　　　　　　　　　　　　　　　　　　　　第 × 页

2019 年		凭证字号	摘要	借方	贷方	借或贷	余额
月	日						
10	1		期初余额			借	2 000
	10	科汇 1	1—10 日发生额	1 000		借	3 000
	31	科汇 3	21—31 日发生额		1 800	借	1 200
	31		本月合计	1 000	1 800	借	1 200

表 6-23　　　　　　　　　　　　　　总分类账（3）

总账科目：原材料　　　　　　　　　　　　　　　　　　　　　　　　　　　第 × 页

2019 年		凭证字号	摘要	借方	贷方	借或贷	余额
月	日						
10	1		期初余额			借	42 000
	10	科汇 1	1—10 日发生额	19 000		借	61 000
	20	科汇 2	11—20 日发生额		53 000	借	8 000
	31		本月合计	19 000	53 000	借	8 000

表 6-24　　　　　　　　　　　　　　总分类账（4）

总账科目：应收账款　　　　　　　　　　　　　　　　　　　　　　　　　　第 × 页

2019 年		凭证字号	摘要	借方	贷方	借或贷	余额
月	日						
10	1		期初余额			借	130 000
	20	科汇 2	11—20 日发生额	52 650	52 650	借	130 000
	31	科汇 3	21—31 日发生额	22 815		借	152 815
	31		本月合计	75 465	52 650	借	152 815

表 6-25 　　　　　　　　　　总分类账（5）

总账科目：应付账款　　　　　　　　　　　　　　　　　　　　　　　　　　　　第 × 页

2019 年		凭证字号	摘要	借方	贷方	借或贷	余额
月	日						
10	1		期初余额			贷	65 000
	10	科汇 1	1—10 日发生额		22 230	贷	87 230
	31	科汇 3	21—31 日发生额	11 700		贷	75 530
	31		本月合计	11 700	22 230	贷	75 530

（四）科目汇总表账务处理程序的优缺点及适用范围

科目汇总表账务处理程序的优点是：由于总分类账的登记日期是根据科目汇总表的编制时间而定的，因采用了汇总登记总分类账的方法，故大大减少了登记总分类账的工作量；编制科目汇总表的方法简便易学，还能起到试算平衡及查错的作用。其缺点是：由于科目汇总表是定期汇总计算每一账户的借方、贷方发生额的合计数，并据之登记总分类账，并不考虑账户间的对应关系，因而在科目汇总表和总分类账户中，不能反映各科目之间的对应关系，不便于分析和检查经济业务的来龙去脉和核对账目。因此，科目汇总表账务处理程序一般适用于经济业务量大、记账凭证较多的单位。

三、汇总记账凭证账务处理程序

（一）汇总记账凭证账务处理程序的概念

汇总记账凭证账务处理程序是指对所发生的经济业务先依据原始凭证或原始凭证汇总表填制记账凭证，定期根据记账凭证分类编制汇总记账凭证，再根据汇总记账凭证登记总分类账的一种账务处理程序。与记账凭证账务处理程序相同的是，在汇总记账凭证账务处理程序下，应当设置库存现金日记账、银行存款日记账、明细分类账和总分类账。日记账和总分类账可以采用三栏式，而且为了反映账户的对应关系，还可设置"对方科目"专栏；明细分类账可根据需要采用三栏式、数量金额式和多栏式；记账凭证必须采用收款凭证、付款凭证和转账凭证三种格式，不可采用通用记账凭证。需特别说明的是，应分类增设汇总收款凭证、汇总付款凭证和汇总转账凭证，作为登记总分类账的依据。

（二）汇总记账凭证的编制方法

1. 汇总收款凭证的编制

汇总收款凭证是指按"库存现金"和"银行存款"账户的借方分别设置的一种汇总记账凭证。其格式如表 6-26 所示。

表 6-26　　　　　　　　　　　　　汇总收款凭证

借方科目：　　　　　　　　　　　年　　月　　日　　　　　　　　　汇收字第　号

贷方科目	金额				总账页数
	日至　日 收款凭证 号至　号	日至　日 收款凭证 号至　号	日至　日 收款凭证 号至　号	合计	
合计					

汇总收款凭证的编制方法是：将需要进行汇总的收款凭证，按其对应的贷方账户进行归类，计算出每个贷方账户的发生额合计数，填入汇总收款凭证中。一般可以 5 天、10 天汇总一次，每月月末编制一次。月终，根据计算出的每个贷方账户发生额合计数的小计数，分别计入"库存现金""银行存款"总分类账户的借方，并将汇总收款凭证上各账户贷方发生额的合计数分别计入有关总分类账户的贷方。

2. 汇总付款凭证的编制

汇总付款凭证是指按"库存现金"和"银行存款"账户的贷方分别设置的一种汇总记账凭证。其格式如表 6-27 所示。

表 6-27　　　　　　　　　　　　　汇总付款凭证

贷方科目：　　　　　　　　　　　年　　月　　日　　　　　　　　　汇付字第　号

借方科目	金额				总账页数
	日至　日 付款凭证 号至　号	日至　日 付款凭证 号至　号	日至　日 付款凭证 号至　号	合计	
合计					

汇总付款凭证的编制方法是：将需要进行汇总的付款凭证，按其对应的借方账户进行归类，计算出每个借方账户的发生额合计数，填入汇总付款凭证中。一般可以 5 天、10 天汇总一次，每月月末编制一次。月终，根据计算出的每个借方账户发生额合计数的小计数，分别计入"库存现金""银行存款"总分类账户的贷方，并将汇总付款凭证上各账户借方发生额的合计数分别计入有关总分类账户的借方。

3. 汇总转账凭证的编制

汇总转账凭证是指按转账凭证中每一贷方账户分别设置的，用来汇总一定时期内转账业务的一种汇总记账凭证。其格式如表 6-28 所示。

表 6-28　　　　　　　　　　　　　　汇总转账凭证

贷方科目：　　　　　　　　　　　　年　　月　　日　　　　　　　　　　汇转字第　　号

借方科目	金额				总账页数
	日至　日 转账凭证 号至　号	日至　日 转账凭证 号至　号	日至　日 转账凭证 号至　号	合计	
合计					

汇总转账凭证的编制方法是：将需要进行汇总的转账凭证，按其对应的借方账户进行归类，计算出每个借方账户的发生额合计数，填入汇总转账凭证中。一般可以 5 天、10 天汇总一次，每月月末编制一次。月终，根据计算出的每个借方账户发生额合计数，登记总分类账户。

由于汇总转账凭证的账户对应关系是一个贷方账户与一个或几个借方账户对应，为了便于编制汇总转账凭证，所有转账凭证只能按一个贷方账户与一个或几个借方账户相对应来填制，不能填制一个借方账户与几个贷方账户相对应的转账凭证。也就是说，可以填制一借一贷和一贷多借的转账凭证，而不能填制一借多贷和多借多贷的转账凭证。

总分类账根据各汇总转账凭证的合计数进行登记，分别计入对应账户的总分类账户的贷方，并将汇总转账凭证上各账户借方的合计数分别计入有关总分类账户的借方。如果在一个月内某一贷方账户的转账凭证不多，可不编制汇总转账凭证，直接根据单个的转账凭证登记总分类账。

（三）汇总记账凭证账务处理程序的一般步骤

汇总记账凭证账务处理程序的一般步骤如下：

（1）根据原始凭证编制原始凭证汇总表。
（2）根据原始凭证或原始凭证汇总表编制收款凭证、付款凭证和转账凭证。
（3）根据收、付款凭证登记库存现金日记账和银行存款日记账。
（4）根据原始凭证、原始凭证汇总表和各种记账凭证登记各种明细分类账。
（5）根据记账凭证分类编制汇总记账凭证。
（6）根据汇总记账凭证登记总分类账。
（7）期末，将库存现金日记账、银行存款日记账和各明细分类账的余额与相关总账的余额核对相符。
（8）期末，根据总分类账和明细分类账资料编制会计报表。

汇总记账凭证账务处理程序，如图 6-4 所示。

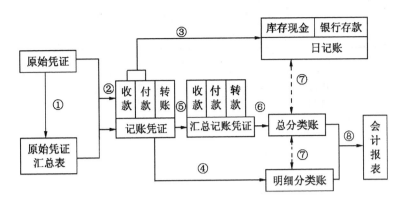

图 6-4　汇总记账凭证账务处理程序

【例 6-3】　承接【例 6-1】,假设大山公司采用汇总记账凭证账务处理程序,则应编制科目汇总表作为登记总分类账的依据。记账凭证、日记账、明细分类账和会计报表的编制方法与记账凭证账务处理程序相同。

1. 编制汇总记账凭证

相关汇总记账凭证如表 6-29 至表 6-41 所示。

表 6-29　　　　　　　　　　　　汇总收款凭证

借方科目:银行存款　　　　　　　2019 年 10 月 31 日　　　　　　　汇收字第 1 号

贷方科目	金额			合计	总账页数
	1—10 日 收款凭证 号至　号	11—20 日 收款凭证 银收 1 号	21—31 日 收款凭证 号至　号		
应收账款		52 650		52 650	略
合计		52 650		52 650	

表 6-30　　　　　　　　　　　　汇总付款凭证(1)

贷方科目:银行存款　　　　　　　2019 年 10 月 31 日　　　　　　　汇付字第 1 号

借方科目	金额			合计	总账页数
	1—10 日 付款凭证 银付 1 号	11—20 日 付款凭证 号至　号	21—31 日 付款凭证 银付 2 号至 3 号		
库存现金	1 000			1 000	略
应付账款			11 700	11 700	略
应交税费			3 000	3 000	略
合计	1 000		14 700	15 700	

表 6-31　　　　　　　　　　　　汇总付款凭证（2）

贷方科目：库存现金　　　　　　　2019 年 10 月 31 日　　　　　　　　　汇付字第 2 号

借方科目	金额				总账页数
	1—10 日付款凭证号至　号	11—20 日付款凭证号至　号	21—31 日付款凭证现付 1 号	合计	
管理费用			1 800	1 800	略
合计			1 800	1 800	

表 6-32　　　　　　　　　　　　汇总转账凭证（1）

贷方科目：应付账款　　　　　　　2019 年 10 月 31 日　　　　　　　　　汇转字第 1 号

借方科目	金额				总账页数
	1—10 日转账凭证转 1 号至转 2 号	11—20 日转账凭证号至　号	21—31 日转账凭证号至　号	合计	
原材料	19 000			19 000	略
应交税费	3 230			3 230	略
合计	22 230			22 230	

表 6-33　　　　　　　　　　　　汇总转账凭证（2）

贷方科目：主营业务收入　　　　　2019 年 10 月 31 日　　　　　　　　　汇转字第 2 号

借方科目	金额				总账页数
	1—10 日转账凭证号至　号	11—20 日转账凭证转 3 号	21—31 日转账凭证转 6 号	合计	
应收账款		45 000	19 500	64 500	略
合计		45 000	19 500	64 500	

表 6-34　　　　　　　　　　　　汇总转账凭证（3）
贷方科目：应交税费　　　　　　2019 年 10 月 31 日　　　　　　汇转字第 3 号

借方科目	金额				总账页数
	1—10 日 转账凭证 号至　号	11—20 日 转账凭证 转 3 号	21—31 日 转账凭证 转 6 号	合计	
应收账款		7 650	3 315	10 965	略
合计		7 650	3 315	10 965	

表 6-35　　　　　　　　　　　　汇总转账凭证（4）
贷方科目：原材料　　　　　　　2019 年 10 月 31 日　　　　　　汇转字第 4 号

借方科目	金额				总账页数
	1—10 日 转账凭证 号至　号	11—20 日 转账凭证 转 4 号至转 5 号	21—31 日 转账凭证 号至　号	合计	
生产成本		53 000		53 000	略
合计		53 000		53 000	

表 6-36　　　　　　　　　　　　汇总转账凭证（5）
贷方科目：累计折旧　　　　　　2019 年 10 月 31 日　　　　　　汇转字第 5 号

借方科目	金额				总账页数
	1—10 日 转账凭证 号至　号	11—20 日 转账凭证 号至　号	21—31 日 转账凭证 转 7 号	合计	
制造费用			2 400	2 400	略
合计			2 400	2 400	

表 6-37　　　　　　　　　　　　汇总转账凭证（6）
贷方科目：生产成本　　　　　　2019 年 10 月 31 日　　　　　　　　汇转字第 6 号

借方科目	金额				总账页数
	1—10 日 转账凭证 号至　号	11—20 日 转账凭证 号至　号	21—31 日 转账凭证 转 8 号	合计	
库存商品			54 500	54 500	略
合计			54 500	54 500	

表 6-38　　　　　　　　　　　　汇总转账凭证（7）
贷方科目：库存商品　　　　　　2019 年 10 月 31 日　　　　　　　　汇转字第 7 号

借方科目	金额				总账页数
	1—10 日 转账凭证 号至　号	11—20 日 转账凭证 号至　号	21—31 日 转账凭证 转 9 号	合计	
主营业务成本			48 000	48 000	略
合计			48 000	48 000	

表 6-39　　　　　　　　　　　　汇总转账凭证（8）
贷方科目：管理费用　　　　　　2019 年 10 月 31 日　　　　　　　　汇转字第 8 号

借方科目	金额				总账页数
	1—10 日 转账凭证 号至　号	11—20 日 转账凭证 号至　号	21—31 日 转账凭证 转 10 号	合计	
本年利润			1 800	1 800	略
合计			1 800	1 800	

表 6-40　　　　　　　　　　汇总转账凭证（9）
贷方科目：主营业务成本　　　　2019 年 10 月 31 日　　　　　　　　汇转字第 9 号

借方科目	金额				总账页数
	1—10 日 转账凭证 号至　号	11—20 日 转账凭证 号至　号	21—31 日 转账凭证 转 10 号	合计	
本年利润			48 000	48 000	略
合计			48 000	48 000	

表 6-41　　　　　　　　　　汇总转账凭证（10）
贷方科目：本年利润　　　　　　2019 年 10 月 31 日　　　　　　　　汇转字第 10 号

借方科目	金额				总账页数
	1—10 日 转账凭证 号至　号	11—20 日 转账凭证 号至　号	21—31 日 转账凭证 转 11 号	合计	
主营业务收入			64 500	64 500	略
合计			64 500	64 500	

2. 根据汇总记账凭证登记总分类账

相关总分类账如表 6-42 至表 6-46 所示（仅列示其中一部分）。

表 6-42　　　　　　　　　　总分类账（1）
总账科目：银行存款　　　　　　　　　　　　　　　　　　　　　　　第 × 页

2019 年		凭证字号	摘要	借方	贷方	借或贷	余额
月	日						
10	1		期初余额			借	158 000
	31	汇收 1	本月收款	52 650		借	210 650
	31	汇付 1	本月付款		15 700	借	194 950
	31		本月合计	52 650	15 700	借	194 950

表6-43　　　　　　　　　　　　　　总分类账（2）

总账科目：库存现金　　　　　　　　　　　　　　　　　　　　　　　　　　　第×页

2019年		凭证字号	摘要	借方	贷方	借或贷	余额
月	日						
10	1		期初余额			借	2 000
	31	汇付1	本月收款	1 000		借	3 000
	31	汇付2	本月付款		1 800	借	1 200
	31		本月合计	1 000	1 800	借	1 200

表6-44　　　　　　　　　　　　　　总分类账（3）

总账科目：原材料　　　　　　　　　　　　　　　　　　　　　　　　　　　第×页

2019年		凭证字号	摘要	借方	贷方	借或贷	余额
月	日						
10	1		期初余额			借	42 000
	31	汇转1	购进材料	19 000		借	61 000
	31	汇转4	生产产品领料		53 000	借	8 000
	31		本月合计	19 000	53 000	借	8 000

表6-45　　总分类账（4）

总账科目：应收账款　　　　　　　　　　　　　　　　　　　　　　　　　　　第×页

2019年		凭证字号	摘要	借方	贷方	借或贷	余额
月	日						
10	1		期初余额			借	130 000
	31	汇收1	收到货款		52 650	借	77 350
	31	汇转2	销售产品	64 500		借	141 850
	31	汇转3	销售产品	10 965		借	152 815
	31		本月合计	75 465	52 650	借	152 815

表6-46　　总分类账（5）

总账科目：应付账款　　　　　　　　　　　　　　　　　　　　　　　　　　　第×页

2019年		凭证字号	摘要	借方	贷方	借或贷	余额
月	日						
10	1		期初余额			贷	65 000
	31	汇付1	付购进材料款	11 700		贷	53 300
	31	汇转1	购进材料		22 230	贷	75 530
	31		本月合计	11 700	22 230	贷	75 530

(四) 汇总记账凭证账务处理程序的优缺点及适用范围

汇总记账凭证账务处理程序的优点是：由于汇总记账凭证是将一定时期内的全部记账凭证，按科目对应关系进行归类、汇总之后编制的，因此便于通过科目之间的对应关系，了解经济业务的来龙去脉；又由于总分类账是根据汇总记账凭证在月末一次登记，因而减轻了登记总分类账的工作量。其缺点是：由于汇总转账凭证是按每一贷方科目而不是按经济业务性质归类汇总，所以不利于会计核算的日常分工；当转账凭证较多时，编制汇总转账凭证的工作量较大。汇总记账凭证账务处理程序适用于规模较大、经济业务较多的单位。

任务二　认知会计电算化账务处理程序

一、会计电算化概述

会计电算化是会计工作中应用计算机技术、信息技术、网络和通信技术的简称，它是运用计算机硬件和财务软件代替手工制单、记账、过账、编制会计报表及对会计信息进行整理、分析和利用的过程。建立会计电算化信息系统是实现会计电算化的前提。

会计电算化信息系统是一个以计算机及财务软件为主要工具，运用会计账务处理的流程及方法，通过对各类会计数据进行收集、录入，借助电子媒介对会计信息进行采集、处理、传输、存储、输出，并以此对企业经营活动进行核算、反映、监督、控制和管理的信息系统。会计电算化信息系统通常由多个子系统构成，每个子系统各自处理特定部分的会计信息，同时各子系统之间通过会计信息的传递、互通和共享，形成一个完整的会计信息系统。

在会计电算化信息系统中，其子系统的构成会因会计主体所处行业性质和其业务类型及规模的不同存在一定差异。通常情况下，会计电算化信息系统主要包括总账系统、薪资管理系统、固定资产核算系统、报表处理系统等子系统，如图6-5所示。

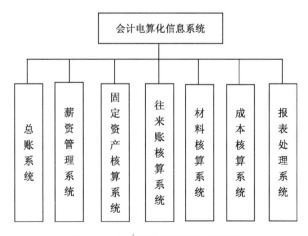

图6-5　会计电算化信息系统结构

总账系统又称账务处理系统，是会计电算化信息系统中最核心、最基础的子系统，其功能涵盖系统初始化、凭证处理、记账、账表输出、期末处理、系统维护等，以会计凭证为系统起始数据，通过凭证输入和处理，完成记账和结账、银行对账、账簿查询及打印输出等工作。

二、会计电算化账务处理程序

在会计电算化信息系统中，账务处理的完整流程可分为会计数据的输入、会计信息的处理、会计信息的输出和会计资料的存储四个环节。会计电算化信息系统的账务处理程序相对于手工会计的账务处理程序，更加高效、精准和统一。

在手工会计中，为提高会计核算工作的效率和质量，节省人力和物力，各企事业单位根据经济活动的特点、规模大小和业务繁简等实际情况选择合适的账务处理形式，不同账务处理程序的差别主要体现在记账环节，即登记总账的依据不同。而在会计电算化中，记账工作都由计算机按照会计软件的自设程序自动完成，不受人工干预。由于计算机具有高速、准确处理数据的能力，整个账务处理流程具有高度的连续性、严密性，呈现出一体化趋势。在手工会计中非常费时、费力和烦琐的工作，变成了会计电算化信息系统中一个简单的指令或动作，过去需要众多会计人员从事填制凭证、记账、编表等工作，现在只需少量的录入人员进行操作就可以完成。因此，手工会计中区分记账程序和方法失去了本来的意义，在会计电算化中不同账务处理程序的划分已经没有必要。任何会计主体不必考虑选用何种账务处理程序和方法，只要财务软件提供的记账程序准确无误，会计人员只需在总账操作系统中选择和操作记账功能，计算机就可以高速、准确、及时地完成记账工作。

会计电算化信息系统的账务处理工作主要在总账系统中完成，总账系统的主要构成如图6-6所示。

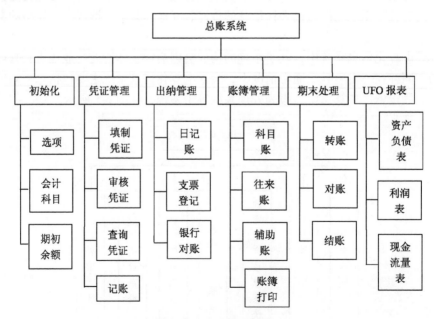

图6-6 总账系统结构

会计电算化在一定程度上是用计算机代替手工操作，因此其账务处理流程与手工账务处理流程基本相同，但因为会计信息处理工具的改变，使得在会计电算化流程中各环节的具体工作内容和方式有较大差别。

会计电算化账务处理程序如图6-7所示。

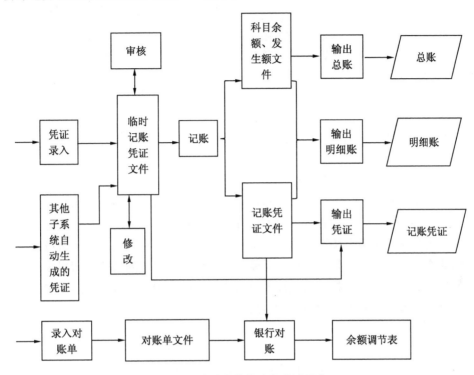

图6-7 会计电算化账务处理程序

1. 编制和录入记账凭证

录入记账凭证是会计电算化账务处理程序在计算机上处理经济业务的初始步骤，可以采用以下几种方式：

（1）手工编制完成记账凭证后录入计算机。

（2）根据原始凭证直接在计算机上录入记账凭证。

（3）由账务处理模块以外的其他业务子系统自动生成的记账凭证，如固定资产核算系统生成的计提折旧记账凭证等。

同时在录入过程中要注意正确性的检查：凭证号检查、凭证日期检查、会计科目检查（存在性检查、是否是明细记账科目的检查、与凭证类型是否相符的检查）、借贷金额平衡的检查。

2. 凭证审核

（1）凭证审核的功能：完成对录入凭证的正确性、合法性、有效性的审核。

（2）凭证审核的目的：一是发现凭证输入过程中未检测到的错误；二是为记账提供依据，只有审核过的凭证才能记账。

（3）凭证审核方式：由凭证审核人员查阅总账系统中显示的待审核凭证，并对每一张凭证记载的经济业务内容进行全面审核，包括凭证所附的原始单据是否齐全，凭证号是否连续，所使用的的会计科目、金额数量是否正确，相应科目的辅助明细、现金流项目是否录入等，以确保对会计主体经济业务核算的准确性。

3. 记账

记账是由总账系统根据已审核的凭证，自动、准确、高速完成对各类账簿的登记过账工作，得到报表取数所需的汇总信息和明细信息的过程。记账工作可以在编制一张凭证后进行，也可以编制一天的凭证后记一次账，即可一天记数次账，也可多天记一次账，按需进行，但每月至少进行一次记账工作。总账系统的记账处理过程包括三个步骤：记账凭证的检验、保护记账前状态、开始记账。

会计电算化核算流程中的记账有以下特点：记账是一个功能选项，由记账人员操作，发出记账指令，计算机自动完成相关账簿登记；同时登记总账、明细账、日记账和辅助账目；各种会计账簿的数据均来源于记账凭证数据，记账工作只是会计数据的传递和汇总。

4. 账表输出

输出的账表主要包括日记账、明细账、总账、综合查询结果及报表。

输出方式主要有：磁盘输出、屏幕显示输出和打印输出等。磁盘输出是将账簿和报表以标准数据文件的形式输出到磁盘，以便保存、传递和查询有关的信息；屏幕显示输出是将用户需要的信息在屏幕上按用户检索要求显示出来，用户利用显示输出可以进行各种信息和数据的查询；打印输出是指将用户需要的输出信息按规定的格式打印出来。所有账簿数据的形成均是由系统自动将记账凭证汇总过账产生的。用户对账簿的操作主要就是对各类账簿的查询、输出以获得有用的会计信息。

5. 结账

结账是会计账务处理流程的重要环节之一，是某一会计期间核算数据的汇总。手工会计核算流程中，结账的工作量较大且复杂。而在会计电算化核算中，通过总账系统预先定义的账户结转关系，结账作为一个步骤由计算机在较短时间内自动完成。结账包括期末转账业务处理、月结和年结。结账是一种批处理，只允许每月结账日使用。在会计电算化核算条件下，允许在上月未结账的情况下，输入下一个月的凭证，在上年12月份的账未结的情况下输入当年的凭证，这是采用会计电算化核算后特有的跨月制单。

结账处理步骤如下：

（1）结账前进行必要的检查工作，以确保具备结账条件：上月未结账，则本月不能结账；本月还有未记账凭证时，本月不能结账。

（2）把本期账户数据转为历史数据。

（3）将本期期末余额转入下期期初余额。

（4）结账后，做结账标志，不允许再输入和修改该期凭证。

（5）开始下个会计期账务处理的准备工作。

6. 编制会计报表

会计电算化账务处理流程中，会计报表由报表子系统生成。报表子系统的主要功能是：依据会计准则和有关法规，定期编制企业的资产负债表、利润表、现金流量表等会计报表，并利用会计报表数据，对经济活动与财务收支情况进行全面、系统地分析。

手工会计核算流程中，编制会计报表的工作量大且编制过程较为复杂。而会计电算化账务处理中，会计人员可以充分利用报表子系统中预设的行业适用报表模板，在模板的基础上根据会计主体的特点和需求，结合报表数据形成的原理，进行报表取数公式的补充及报表关键字等信息的设置，使会计报表的编制变得相对简单，更易操作。

编制会计报表的基本操作流程如下：
（1）报表设置，即确定表名、报表编号等。
（2）报表格式定义，即按照规定进行格式标准样本的设计。
（3）报表数据来源定义，即根据报表的编制方法，定义数据的选取方式。
（4）报表生成，即根据用户定义的报表格式、数据来源和关键字生成报表。
（5）报表审核，即对已经生成的报表数据是否正确进行查询审核。
（6）报表汇总与合并，即集团企业的报表合并。
（7）报表输出，即显示查询、报表打印、报表传输。
（8）报表维护，即对已经定义的报表格式进行增加、删除和修改。
（9）报表备份，即完成从计算机硬盘向软盘的复制。
（10）报表恢复，即从软盘到机内硬盘的恢复备份。

项目小结

账务处理程序是指从原始凭证的整理与汇总、记账凭证的填制与审核、日记账与分类账的登记到会计报表编制的方法、步骤和流程。常用的手工账务处理程序有记账凭证账务处理程序、科目汇总表账务处理程序和汇总记账凭证账务处理程序。随着财务软件的普及，会计电算化账务处理程序目前被广泛运用。

记账凭证账务处理程序的特点是直接根据记账凭证逐笔登记总分类账，它是最基本的账务处理程序，其他账务处理程序基本上是在记账凭证账务处理程序的基础上发展和演变而来的。

科目汇总表账务处理程序的特点是先定期编制科目汇总表，然后根据科目汇总表登记总分类账。

汇总记账凭证账务处理程序的特点是先定期编制汇总记账凭证，再根据汇总记账凭证登记总分类账。

会计电算化账务处理程序是用计算机代替手工记账、过账、编制会计报表及对会计信息进行分析和利用的过程。建立会计电算化信息系统是实现会计电算化的前提。

巩固与提高

一、复习思考题

1. 记账凭证账务处理程序的基本步骤有哪些？
2. 简述记账凭证账务处理程序的特点、优缺点和适用范围。
3. 科目汇总表账务处理程序的基本步骤有哪些？
4. 简述科目汇总表账务处理程序的特点、优缺点和适用范围。
5. 简述会计电算化账务处理程序的特点、优缺点和适用范围。

二、单项选择题

1. 账务处理程序中最基本、最简单的会计核算形式是（　　）。
   A. 记账凭证核算程序　　　　　　　　B. 科目汇总表核算程序

C. 汇总记账凭证核算程序　　　　　　D. 日记总账核算程序
2. 记账凭证账务处理程序的优点是（　　）。
   A. 登记总账工作量大　　　　　　　B. 便于会计分工
   C. 适用于规模较大的企业　　　　　D. 简单明了
3. 以下属于科目汇总表账务处理程序的是（　　）。
   A. 根据记账凭证登记总账　　　　　B. 根据汇总记账凭证登记总账
   C. 根据原始凭证汇总表登记总账　　D. 根据科目汇总表登记总账
4. 汇总记账凭证账务处理程序的适用范围是（　　）。
   A. 规模大、经济业务较少的单位　　B. 规模小、经济业务较多的单位
   C. 规模大、经济业务较多的单位　　D. 规模小、经济业务较少的单位
5. 各种账务处理程序的区别在于（　　）。
   A. 编制记账凭证的程序不一样　　　B. 登记明细账的依据不一样
   C. 登记明细账和总账的依据不一样　D. 登记总账的依据不一样
6. 各种账务处理程序的相同点是（　　）。
   A. 登记总账的依据　　　　　　　　B. 登记明细账的依据
   C. 账务处理的程序　　　　　　　　D. 优缺点及适应范围
7. 在各种账务处理程序中，不能作为登记总账依据的是（　　）。
   A. 记账凭证　　　　　　　　　　　B. 汇总记账凭证
   C. 汇总原始凭证　　　　　　　　　D. 优缺点及适应范围
8. 在会计电算化信息系统中，会计报表的编制在（　　）子系统完成。
   A. 总账系统　　B. 薪资核算系统　　C. 报表处理系统　　D. 成本核算系统
9. 在会计电算化信息系统中，账务核算流程在（　　）子系统操作。
   A. 报表处理系统　　B. 薪资核算系统　　C. 总账系统　　D. 会计系统
10. 在会计电算化信息系统中，总账系统又称（　　）。
    A. 账务处理系统　　B. 报表处理系统　　C. 汇总处理系统　　D. 主体系统

三、多项选择题

1. 以下属于常用的账务处理程序的是（　　）。
   A. 原始凭证汇总表账务处理程序　　B. 银行存款余额调节表账务处理程序
   C. 科目汇总表账务处理程序　　　　D. 记账凭证账务处理程序
2. 以下属于记账凭证账务处理程序范围的是（　　）。
   A. 规模较小的企业　　　　　　　　B. 经济业务较少的企业
   C. 规模大、业务量多的企业　　　　D. 任何企业
3. 以下属于记账凭证账务处理程序优点的是（　　）。
   A. 简单明了
   B. 对经济业务较少的科目，总账可以代替明细账
   C. 总账登记工作量大
   D. 不便于会计分工
4. 以下属于科目汇总表账务处理程序范围的是（　　）。
   A. 经济业务量频繁的企业　　　　　B. 经济业务量多、规模较大的企业

C. 规模小的企业　　　　　　　　D. 经济业务量较少的企业

5. 下列各项中，属于会计电算化核算系统基本流程的是（　　）。
　A. 结账和编制会计报表　　　　　B. 凭证审核
　C. 编制记账凭证　　　　　　　　D. 取得原始凭证

6. 下列关于会计电算化环境中记账环节特点的表述，正确的有（　　）。
　A. 记账就是对凭证做记账标记　　B. 记账由计算机自动完成
　C. 凭证同时过入总账、明细账和日记账　　D. 记账产生了新核算数据

7. 会计电算化信息系统的子系统主要包括（　　）。
　A. 账务处理系统　　　　　　　　B. 报表系统
　C. 工资核算系统　　　　　　　　D. 固定资产系统

四、判断题

1. 记账凭证账务处理程序的特点是根据原始凭证登记收、付、转三种记账凭证。（　　）

2. 各种账务处理程序的主要区别表现为登记总账的依据和方法的不同。（　　）

3. 科目汇总表可以每汇总一次编制一张，也可按旬汇总一次，每月编制一张。（　　）

4. 各个企业在业务性质、组织规模和管理上的要求各不相同，因而企业应根据自身的特点，制定出适合、恰当的会计账务处理程序。（　　）

5. 会计电算化账务处理程序与手工账务处理程序有很大的差别。（　　）

6. 在会计电算化信息系统中，整个账务处理流程可分为会计数据的输入、会计信息的处理、会计信息的输出和会计资料的存储四个环节。（　　）

7. 在会计电算化核算条件下，允许在上月未结账的情况下，输入下一个月的凭证。（　　）

项目七　编制会计报表

 学习目标

1. 了解会计报表的作用和种类，熟悉会计报表的编制要求。
2. 掌握会计报表的概念和内容组成。
3. 掌握资产负债表、利润表的概念、理论依据和编制方法。
4. 掌握现金流量表、所有者权益变动表的概念和内容。

情境导入

小李是某公司财务核算中心报表编制与分析岗位的财务人员，2019年年度终了，小李需要编制该公司的会计报表，以向利益相关者提供和反映该公司2019年年末的财务状况和2019年的经营成果、现金流状况。

思考：（1）小李应该编制哪些会计报表？
（2）会计报表的数据源自哪里？如何进行编制？
（3）编制会计报表的要求是什么？

在日常的会计核算中，企业所发生的各项经济业务都已按照一定的会计程序，在有关的账簿中进行全面、连续、分类、汇总地记录和计算。但是，这些日常核算资料数量太多而且比较分散，不能集中、概括地反映企业的财务状况和经营成果。企业的管理者、投资者、债权人和财政、税务等部门，以及其他与企业有利害关系的单位和个人，不能直接使用这些比较分散的会计记录来分析和评价企业的财务状况和经营成果，据以做出正确的决策。为此，企业有必要定期将日常会计核算的资料加以分类、汇总，按照一定的形式编制财务会计报告，总括、综合地反映企业的经济活动过程和结果，为有关方面进行管理和决策提供所需的会计信息。

任务一　认知会计报表

一、会计报表的含义与作用

（一）会计报表的含义

会计报表是按照一定的格式在整理、汇总日常会计核算资料的基础上定期编制的，用来反映企业在某一特定日期的财务状况及某一特定时期的经营成果和现金流量的报告文件。

（二）会计报表的作用

企业编制的会计报表，对于改善企业外部有关方面的经济决策环境和加强企业内部经营管理具有重要作用。具体来说，会计报表的作用主要表现在以下三个方面。

1. 有利于投资决策和信贷决策

企业的投资者（包括潜在的投资者）和债权人（包括潜在的债权人）为了进行正确的投资和信贷决策，需要利用会计报表了解有关企业的经营成果、财务状况及现金流量情况的会计信息。

2. 有利于考核和衡量企业管理者的经营业绩

企业管理者为了考核和分析财务成本计划或预算的完成情况，总结经济工作的成绩和存在的问题，评价经济效益，需要利用会计报表掌握本企业有关的财务状况、经营成果和现金流量情况的会计信息。

3. 有利于政府部门进行管理和宏观调控

国家有关部门为了加强宏观经济管理，需要各单位提供会计报表资料，以便了解和掌握各部门、各地区经济计划（预算）的完成情况，各种财经法律制度的执行情况，并针对存在的问题及时运用经济杠杆和其他手段调控经济活动，优化资源配置。

二、会计报表的种类

为了便于编制和使用会计报表，应对会计报表进行分类，从而了解各种会计报表的不同作用。企业的会计报表主要有以下几种分类方法。

（一）按照反映的经济内容分类

会计报表按照反映的经济内容的不同，分为资产负债表、利润表、现金流量表和所有者权益（或股东权益）变动表。

（二）按照编制的时间分类

会计报表按照编制时间的不同，分为年度会计报表和中期会计报表。

年度会计报表是指在年度终了时编制的，反映企业在某一年度经营成果、财务状况变动、所有者权益（或股东权益）变动及年末财务状况的会计报表。

中期会计报表是指编报时间少于一个完整会计年度的报表，包括月度会计报表、季度会计报表和半年度会计报表。

（三）按照使用对象分类

会计报表按照使用对象的不同，分为对外会计报表和对内会计报表。

对外会计报表是指根据《企业会计准则》和《中华人民共和国公司法》的规定，企业定期向投资者、债权人、财政部门、税务部门、银行、证券交易监管机构等企业以外的报表使用者报送的会计报表，如资产负债表、利润表、现金流量表等。

对内会计报表是指根据企业内部经营管理需要，向企业内部各职能部门和管理层提供的会计报表，如成本报表。

（四）按照编制主体分类

会计报表按照编制主体的不同，分为个别会计报表和合并会计报表。

个别会计报表是指企业自身对日常会计核算资料加以分类、汇总，按照一定形式编制的会计报表。

合并会计报表是指反映母公司及其全部子公司共同组成的企业集团的整体财务状况、经营成果和现金流量的会计报表。

三、会计报表的内容

企业财务会计报告是企业对外提供的反映企业某一特定日期的财务状况和某一会计期间的经营成果、现金流量等会计信息的文件。企业财务会计报告主要包括会计报表及其附注。

会计报表主要包括资产负债表、利润表、现金流量表和所有者权益变动表。会计报表附注是对在资产负债表、利润表、现金流量表、所有者权益变动表等报表中列示项目的文字描述或明细资料，以及对未能在这些报表中列示的项目的说明等。

四、会计报表的编制要求

会计报表编制和报送是一项严肃的工作，应在规定时间内按照会计制度的规定编制月度、季度、半年度、年度会计报表，并必须达到以下要求。

（一）真实可靠

真实性是对会计核算工作和会计信息的基本质量要求。只有真实的会计信息才能在国家宏观经济管理、投资者决策和企业内部管理中发挥作用。会计核算应当根据实际发生的经济业务及证明经济业务发生的合法凭证，如实反映企业财务状况和经营成果。会计核算只有在保证账证相符、账实相符、账账相符的基础上，才能据此编制真实可靠的会计报表。这就要求企业按期结账，不得为赶制会计报表而提前结账；以核对无误的账簿记录为依据，不得以估计数或预计数代替实际数，更不得弄虚作假伪造数据。会计报表所列数字应该是客观有根据的，没有任何偏见，不受任何外界影响。

（二）内容完整

会计报表只有通过内容完整的会计资料全面反映企业生产经营状况，才能满足不同使用者的需要。编制会计报表应按统一的种类、格式、内容进行，不得少报、漏报，对于应当填列的项目，都应填报齐全；对于一些重要信息，应以适当形式予以披露。

（三）编报及时

会计报表必须按照国家和有关部门规定的期限和程序及时编制，因而会计信息的特征是具有时效性。会计报表只有及时编制和报送才能有利于会计报表的使用者使用，否则，即使最真实可靠、完整的会计报表，由于编制、报送不及时，对于报表的使用者来说，也是没有任何价值的。一般情况下，月度会计报表应于月度终了后 6 日内（节假日顺延）对外提供，季度会计报表应于季度终了后 15 日内对外提供，半年度会计报表应于年度中期结束后 60 日内（相当于两个连续的月份）对外提供，年度会计报表应于年度终了后 4 个月内对外提供。

（四）便于理解

企业对外提供的会计报表是供广大阅读者使用的，是提供企业过去、现在和未来的财务信息资料，为投资者、债权人及潜在的投资者和债权人提供决策所需的经济信息。因此，企业编制的会计报表应清晰易懂。如果提供的会计报表晦涩难懂，难以理解，使用者就不能对企业提供的会计信息进行可靠的判断，那么所提供的会计报表也毫无用处。当然，对会计报表的这一要求，是建立在会计报表使用者具有一定阅读会计报表能力的基础上的。

任务二　编制资产负债表

一、资产负债表的概念和作用

（一）资产负债表的概念

资产负债表是指总括反映企业某一特定日期（年末、季末、月末）财务状况的会计报表。所谓财务状况，是指企业在某一特定日期资产、负债和所有者权益的余额情况及其相互的关系。资产负债表是静态报表，它根据"资产 = 负债 + 所有者权益"这一基本会计等式将某一会计期末全部资产、负债和所有者权益科目余额按照一定的分类标准和顺序编制而成。

（二）资产负债表的作用

资产负债表的作用主要体现在以下几个方面：

（1）资产负债表从整体上反映企业所拥有的资产及其分布与构成情况，以便报表使用者了解企业的经营规模。通过分析资产负债表，投资者和债权人可以了解企业的资金来源和资金构成，即负债总额、所有者权益总额及其结构，据此分析企业所面临的财务风险，以监督企业合理使用资金。

（2）投资者、债权人及其他相关人员通过对资产负债表所提供的财务资料进行偿债能力、盈利能力及周转能力的分析，从而做出投资和借款的正确决策。

（3）通过对前后连续的各期期末资产负债表进行比较分析，可以反映企业财务状况的变动情况和发展趋势。

二、资产负债表的内容、结构和格式

（一）资产负债表的内容

1. 资产要素项目

资产要素项目应当按照流动资产和非流动资产两大类别在资产负债表中列示，然后在流动资产和非流动资产类别下进一步按性质分项列示。

资产负债表中列示的流动资产项目通常包括货币资金、交易性金融资产、应收账款、应收票据、预付账款、其他应收款、存货、一年内到期的非流动资产、其他流动资产等。

非流动资产是指流动资产以外的资产。资产负债表中列示的非流动资产项目通常包括可供出售金融资产、持有至到期投资、长期应收款、长期股权投资、固定资产、在建工程、无形资产、长期待摊费用及其他非流动资产等。

2. 负债要素项目

负债要素项目应当按照流动负债和非流动负债两大类别在资产负债表中列示，然后在流动负债和非流动负债类别下进一步按性质分项列示。

资产负债表中列示的流动负债项目通常包括短期借款、交易性金融负债、应付账款、应付票据、预收账款、应付职工薪酬、应交税费、其他应付款、一年内到期的非流动负债和其他流动负债等。

非流动负债是指流动负债以外的负债。资产负债表中列示的非流动负债项目通常包括长期借款、应付债券、长期应付款和其他非流动负债等。

3. 所有者权益要素项目

所有者权益要素项目是企业资产扣除负债后的剩余权益，反映企业在某一特定日期投资者（股东）拥有的净资产的总额，在资产负债表中，所有者权益要素项目按照实收资本（或股本）、资本公积、盈余公积和未分配利润分项列示。

（二）资产负债表的结构

资产负债表由表首、正表和附注三部分组成。表首部分列示报表的名称、编制单位、编制日期和货币计量单位等内容。正表部分是报表的主体，列示报表的具体内容，包括资产、负债和所有者权益各项目和金额。附注部分反映重大财务事项及对正表中的某些项目的补充说明。

（三）资产负债表的格式

资产负债表主要有账户式和报告式两种基本格式。我国《企业会计准则》规定，企业的资产负债表采用账户式。

账户式资产负债表是左右结构。左方列示资产各项目，它是按照流动性大小排列的。右方列示负债和所有者权益各项目，其中，负债项目列示在报表右方上半部分，按偿还时间由短到长依次排列；所有者权益项目列示在报表右方下半部分，它是按形成来源分类后，按其留在企业的永久程度排列的。根据"资产＝负债＋所有者权益"的会计等式，要求左方资产各项目合计数必须等于右方负债和所有者权益各项目的合计数。

资产负债表的左右两方存在着对应关系：左方反映企业在某一特定日期持有的不同形态的资产价值；右方反映企业对不同的债权人所承担的偿付责任和属于投资人的净资产价值。

从形式上看,这种排列方式与会计上常用的 T 形账户相似,故称为账户式资产负债表。账户式资产负债表的格式如表 7-1 所示。

表 7-1　　　　　　　　　　　　　资产负债表(账户式)

资产	金额	负债和所有者权益	金额
流动资产		流动负债	
非流动资产		非流动负债	
		所有者权益	
资产总计		负债和所有者权益总计	

报告式资产负债表是上下结构,上半部列示资产,下半部列示负债和所有者权益,是按"资产 – 负债 = 所有者权益"或"资产 = 负债 + 所有者权益"的原理排列的。从形式上看,报告式资产负债表是依据书面报告的常规采用上下呼应的形式编制而成。我国上市公司的财务报告常用此格式。报告式资产负债表的格式如表 7-2、表 7-3 所示。

表 7-2　　　　　　　　　　　　　资产负债表(报告式 1)

项目	金额
资产 　　流动资产 　　非流动资产 资产合计	
负债 　　流动负债 　　非流动负债 负债合计	
净资产总计	
所有者权益 　　实收资本 　　资本公积 　　盈余公积 　　未分配利润 所有者权益总计	

表 7-3　　　　　　　　　　　　　资产负债表(报告式 2)

项目	金额
资产 　　流动资产 　　非流动资产 资产总计	

续表

项目	金额

负债和所有者权益
负债
  流动负债
  非流动负债
负债合计	

所有者权益
  实收资本
  资本公积
  盈余公积
  未分配利润
所有者权益合计	

负债和所有者权益总计	

三、资产负债表的编制方法

(一) 资产负债表的资料来源

资产负债表各项目分为"年初余额"和"期末余额"两栏分别填列。

1. 年初余额

资产负债表中各项目的年初余额可根据上年年末企业资产负债表"期末余额"栏内所列数字填列。若本年年末资产负债表各项目的名称和内容同上年年末资产负债表各项目的名称和内容不一致，应对上年年末资产负债表相关项目的名称和数字按照本年度的规定进行调整。

2. 期末余额

资产负债表的期末余额一般根据资产、负债和所有者权益类科目的余额填列。各项目的填列方法大致分为以下几种情况：

(1) 根据总账科目余额直接填列，如"交易性金融资产""工程物资""短期借款""应付票据""应付职工薪酬""应交税费""应付利息""应付股利""实收资本（或股本）""资本公积""盈余公积"等项目。有些项目需要根据几个总账科目的期末余额计算填列，如"货币资金"项目，需要根据"库存现金""银行存款""其他货币资金"三个总账科目的期末余额合计数填列。

(2) 根据明细账科目余额计算填列。如"应付账款"项目，需要根据"应付账款"和"预付款项"两个总账科目所属明细账科目的期末贷方余额计算填列；"应收账款"项目，则需要根据"应收账款"和"预收款项"两个总账科目所属明细账科目的期末借方余额减去"坏账准备"科目余额后的净额填列；"开发支出"项目需要根据"研发支出"科目中所属"资本化支出"明细账科目的余额填列。

(3) 根据总账科目和明细账科目余额分析计算填列。如"长期借款"项目，需要根据"长期借款"总账科目余额扣除"长期借款"所属明细账科目中自资产负债表日起将在一年内到期且企业不能自主地将清偿义务展期的长期借款后的金额计算填列。

(4) 根据有关科目余额扣减其备抵科目余额后的净额填列。如"固定资产"项目，需要根据"固定资产"科目的期末余额扣减"累计折旧""固定资产减值准备"等备抵科目期末余额后的净额填列。

（5）综合运用上述填列方法分析填列。如资产负债表中的"存货"项目，需要根据"原材料""库存商品""周转材料""委托加工物资""材料采购""在途物资""发出商品""材料成本差异"等总账科目期末余额的分析汇总数再减去"存货跌价准备"科目余额后的净额填列。

（二）资产负债表各项目的具体填列方法

资产负债表各主要项目期末余额的具体填列方法如下。

1. 资产项目的填列

（1）"货币资金"项目，反映企业库存现金、银行存款、外埠存款、银行汇票存款、信用卡存款、信用证保证金存款等合计数。该项目应根据"库存现金""银行存款""其他货币资金"三个科目的期末余额合计填列。

（2）"交易性金融资产"项目，反映企业持有的以交易为目的的各项股票投资、债券投资和基金投资，以及直接指定为以公允价值计量且其变动计入当期损益的金融资产的公允价值。该项目应根据"交易性金融资产"科目的期末余额填列。

（3）"应收票据"项目，反映企业因销售商品、提供劳务等经营活动而收到的商业汇票，包括银行承兑汇票和商业承兑汇票。该项目应根据"应收票据"科目的期末余额，减去"坏账准备"科目中有关应收票据计提的坏账准备期末余额后的净额填列。

（4）"应收账款"项目，反映企业因销售商品、提供劳务等应向购买单位收取的各种款项减去已计提的坏账准备后的净额。该项目应根据"应收账款"科目所属各明细科目的期末借方余额和"预收账款"科目所属各明细科目的期末借方余额合计，减去"坏账准备"科目中为应收账款计提的相关坏账准备余额后的净额填列。如"应收账款"科目所属各明细科目期末有贷方余额，应在本表"预收款项"项目内填列。

（5）"预付款项"项目，反映企业预付给供应单位的款项。该项目应根据"预付账款"科目所属各明细科目期末借方余额和"应付账款"科目所属各明细科目期末借方余额的合计数填列。如"预付账款"科目所属有关明细科目期末有贷方余额，应在本表"应付账款"项目内填列。

（6）"其他应收款"项目，反映企业应收取的利息、股利及经营活动以外的其他单位和个人的应收及暂付的款项，减去已计提的坏账准备后的净额。本项目应根据"应收利息""应收股利"和"其他应收款"科目的期末余额合计数，减去"坏账准备"科目中相关坏账准备期末余额后的金额填列。

（7）"存货"项目，反映企业期末在库、在途、使用和加工中各项存货的可变现净值，包括各种材料、商品、在产品、半成品、包装物、低值易耗品等。该项目应根据"材料采购""原材料""生产成本""库存商品""发出商品""周转材料""委托加工物资"等科目的期末余额合计数，减去"存货跌价准备"科目的期末余额后的净额填列。

原材料、库存商品采用计划成本核算的企业，"存货"项目还应按照加上（或减去）"材料成本差异""商品进销差价"后的净额填列。

（8）"一年内到期的非流动资产"项目，反映企业非流动资产中将于一年内到期的部分。该项目可根据"持有至到期投资""可供出售金融资产"等科目所属明细科目的余额分析填列。

　　(9)"其他流动资产"项目，反映企业除以上流动资产以外的其他流动资产。该项目应根据与其有关的科目的期末余额填列。如其他流动资产价值较大的，应在会计报表附注中披露其内容和金额。

　　(10)"可供出售金融资产"项目，反映企业持有的以公允价值计量的可供出售的股票投资、债券投资等金融资产。该项目应根据"可供出售金融资产"科目的期末余额，减去"可供出售金融资产减值准备"科目期末余额后的净额填列。

　　(11)"持有至到期投资"项目，反映企业准备持有至到期的债券投资。该项目应根据"持有至到期投资"科目的期末余额，减去"持有至到期投资减值准备"科目期末余额后的净额填列。

　　(12)"长期应收款"项目，反映企业融资租赁产生的应收款项，以及采用递延方式具有融资性质的销售商品和提供劳务等产生的长期应收款等。该项目应根据"长期应收款"科目的期末余额，减去相应的"未实现融资收益"科目和"坏账准备"科目所属相关明细科目期末余额后的净额填列。

　　(13)"长期股权投资"项目，反映企业期末持有的采用成本法和权益法核算的长期股权投资的实际价值。该项目应根据"长期股权投资"科目的期末余额，减去"长期股权投资减值准备"科目余额后的净额填列。

　　(14)"投资性房地产"项目，反映企业持有的、为赚取租金或资本增值，或者两者兼有的房地产。采用成本模式计量投资性房地产的，该项目应根据"投资性房地产"科目的期末余额，减去"投资性房地产累计折旧"或"投资性房地产累计摊销"及"投资性房地产减值准备"科目期末余额后的净额填列；采用公允价值模式计量投资性房地产的，该项目应根据"投资性房地产"科目的期末余额直接填列。

　　(15)"固定资产"项目，反映资产负债表日企业固定资产的期末账面价值和企业尚未清理完毕的固定资产清理净损益。本项目应根据"固定资产"科目的期末余额，减去"累计折旧"和"固定资产减值准备"科目的期末余额后的金额，以及"固定资产清理"科目的期末余额填列。

　　(16)"在建工程"项目，反映资产负债表日企业尚未达到预定可使用状态的在建工程的期末账面价值，和企业为在建工程准备的各种物资的期末账面价值。本项目应根据"在建工程"科目的期末余额，减去"在建工程减值准备"科目的期末余额后的金额，以及"工程物资"科目的期末余额，减去"工程物资减值准备"科目的期末余额后的金额填列。

　　(17)"无形资产"项目，反映企业各项无形资产的期末实际价值。该项目应根据"无形资产"科目的期末余额，减去"累计摊销"科目期末余额及"无形资产减值准备"科目期末余额后的净额填列。

　　(18)"开发支出"项目，反映企业进行研究与开发无形资产过程中发生的各项可予资本化的支出。该项目应根据"研发支出"科目所属明细科目"资本化支出"的余额填列。

　　(19)"商誉"项目，反映企业合并中形成的商誉的价值。该项目应根据"商誉"科目的期末余额，减去相应的减值准备后的净额填列。

(20)"长期待摊费用"项目,反映企业已发生、尚未摊销的,摊销期限在一年以上(不含一年)的各种待摊费用,如经营性租赁方式租入固定资产的改良支出,以及摊销期在一年以上(不含一年)的其他待摊费用。该项目应根据"长期待摊费用"科目的期末余额,减去将于一年内摊销的部分后的金额填列。其中,将于一年内摊销的部分应计入"一年内到期的非流动资产"项目。

(21)"递延所得税资产"项目,反映企业确认的可抵扣暂时性差异产生的递延所得税资产的账面价值。该项目应根据"递延所得税资产"科目的期末余额填列。

(22)"其他非流动资产"项目,反映企业除以上资产以外的其他非流动资产。该项目应根据与其有关科目的期末余额填列。如其他非流动资产价值较大的,应在会计报表附注中披露其内容和金额。

2. 负债项目填列

(1)"短期借款"项目,反映企业借入尚未归还的期限在一年以内(含一年)的借款。该项目应根据"短期借款"科目的期末余额填列。

(2)"交易性金融负债"项目,反映企业承担的,为交易目的所持有的,以公允价值计量且其变动计入当期损益的金融负债。该项目应根据"交易性金融负债"科目的期末余额填列。

(3)"应付票据"项目,反映企业为了购买材料、商品和接受劳务,以及为抵付货款等而开出、承兑的尚未到期付款的应付票据,包括银行承兑汇票和商业承兑汇票。该项目应根据"应付票据"科目的期末余额填列。

(4)"应付账款"项目,反映企业因购买材料、商品和接受劳务供应等而应付给供应单位的款项。该项目应根据"应付账款"科目所属各有关明细科目的期末贷方余额和"预付账款"科目所属各有关明细科目的期末贷方余额合计填列。如"应付账款"科目所属各明细科目期末有借方余额,应在本表"预付款项"项目内填列。

(5)"预收款项"项目,反映企业预收购买单位的款项。该项目应根据"预收账款"科目所属各有关明细科目的期末贷方余额和"应收账款"科目所属各有关明细科目的期末贷方余额合计填列。如"预收账款"科目所属有关明细科目有借方余额,应在本表"应收账款"项目内填列。

(6)"应付职工薪酬"项目,反映企业应付而未付给职工的各种薪酬。外商投资企业按规定从净利润中提取的职工奖励及福利基金,也包括在该项目之中。该项目应根据"应付职工薪酬"科目的期末贷方余额填列。如"应付职工薪酬"科目期末为借方余额,则以"-"号表示。

(7)"应交税费"项目,反映企业按照税法等规定计算应缴纳的各种税费,包括增值税、消费税、所得税、资源税、土地使用税、土地增值税、城市维护建设税、房产税、车船税、教育费附加等。企业代扣代缴的个人所得税等也通过"应交税费"科目核算。企业所缴纳的税金不需要预计应交数的,如印花税、耕地占用税等,不在"应交税费"项目列示。该项目应根据"应交税费"科目的期末贷方余额填列。如"应交税费"科目期末为借方余额,则以"-"号填列。

(8)"其他应付款"项目,反映企业应支付的利息、股利及所有应付和暂收其他单位和个人的款项。本项目应根据"应付利息""应付股利"和"其他应付款"科目的期末余额合计数填列。

(9)"一年内到期的非流动负债"项目，反映企业非流动负债中将于一年内到期的部分。该项目应根据"长期借款""应付债券""长期应付款"等项目所属明细科目的期末余额填列。

(10)"其他流动负债"项目，反映企业除以上流动负债以外的其他流动负债。该项目应根据有关科目的期末余额填列。如其他流动负债价值比较大的，应在会计报表附注中披露其内容和金额。

(11)"长期借款"项目，反映企业借入尚未归还的期限在一年期以上（不含一年）的借款本息。该项目应根据"长期借款"科目的期末余额分析填列，其中将于一年内到期的长期借款应在本表"一年内到期的非流动负债"项目中填列。

(12)"应付债券"项目，反映企业发行的尚未偿还的债券的本金和利息。该项目应根据"应付债券"科目的期末余额填列，其中将于一年内到期的部分应在本表"一年内到期的非流动负债"项目中填列。

(13)"长期应付款"项目，反映企业除长期借款和应付债券以外的其他各种长期应付款项。该项目应根据"长期应付款"科目的期末余额，减去"未确认融资费用"科目的期末余额后的净额填列，其中将于一年内到期的部分应在本表"一年内到期的非流动负债"项目中填列。

(14)"预计负债"项目，反映企业确认的对外提供担保、未决诉讼、产品质量保证等预计负债的期末余额。该项目应根据"预计负债"科目的期末余额填列。

(15)"递延收益"项目，反映企业根据政府补助准则确认的应在以后期间计入当期损益的政府补助金额的期末余额。本项目应根据"递延收益"科目的期末余额填列。

(16)"递延所得税负债"项目，反映企业确认的应纳税暂时性差异产生的递延所得税负债的账面价值。该项目应根据"递延所得税负债"科目的期末余额填列。

(17)"其他非流动负债"项目，反映企业除以上非流动负债项目以外的其他非流动负债。该项目应根据与其他非流动负债有关科目的期末余额填列。如其他非流动负债价值比较大的，应在会计报表附注中披露其内容和金额。

3. 所有者权益项目的填列

(1)"实收资本（或股本）"项目，反映企业各投资者实际投入的资本（或股本）总额。该项目应根据"实收资本（或股本）"科目的期末余额填列。

(2)"资本公积"项目，反映企业资本公积的期末余额。该项目应根据"资本公积"科目的期末余额填列。

(3)"库存股"项目，反映企业收购、转让或注销的本公司股份。该项目应根据"库存股"科目的期末余额填列。

(4)"盈余公积"项目，反映企业盈余公积的期末余额。该项目应根据"盈余公积"科目的期末余额填列。

(5)"未分配利润"项目，反映企业尚未分配的利润。该项目在年度中间应根据"本年利润"和"利润分配"科目的余额计算填列；年度终了，应根据"利润分配——未分配利润"明细科目的贷方余额填列。如为借方余额，即为未弥补的亏损，在该项目内以"－"号填列。

四、资产负债表编制举例

下面举例说明资产负债表的编制。

【例 7-1】 H 公司 2019 年年末有关账户期末余额如表 7-4 与表 7-5 所示。

表 7-4 　　　　　　　　　　　科目余额表

编制单位：H 公司　　　　　　　　2019 年 12 月 31 日　　　　　　　　　　　　单位：元

科目名称	借方余额	科目名称	贷方余额
库存现金	3 000	短期借款	50 000
银行存款	675 000	应付票据	27 000
应收票据	125 000	应付账款	62 000
应收账款	52 000	预收账款	6 000
预付账款	5 000	应付职工薪酬	12 000
其他应收款	2 000	应付股利	44 200
在途物资	26 000	应交税费	4 700
原材料	52 000	长期借款	450 000
库存商品	120 000	实收资本	1 280 000
生产成本	42 000	资本公积	126 000
在建工程	70 000	盈余公积	165 100
固定资产	626 000	利润分配	165 000
无形资产	620 000	累计折旧	26 000
合计	2 418 000	合计	2 418 000

表 7-5 　　　　　　　　　　　有关明细分类账户期末余额

编制单位：H 公司　　　　　　　　2019 年 12 月 31 日　　　　　　　　　　　　单位：元

总账名称	明细账名称	借方余额	贷方余额
应收账款		52 000	
	甲公司	82 000	
	乙公司		30 000
预付账款		5 000	
	A 公司	8 000	
	B 公司		3 000
应付账款			62 000
	丙公司		82 000
	丁公司	20 000	
预收账款			6 000
	C 公司		6 000

根据以上资料编制的 H 公司 2019 年 12 月 31 日的资产负债表如表 7-6 所示。

表 7-6　　　　　　　　　　　　　　资产负债表

编制单位：H 公司　　　　　　　　　2019 年 12 月 31 日　　　　　　　　　　　　单位：元

资产	年初余额	期末余额	负债和所有者权益（或股东权益）	年初余额	期末余额
流动资产：			流动负债：		
货币资金		678 000	短期借款		50 000
交易性金融资产			交易性金融负债		
应收票据		125 000	应付票据		27 000
应收账款		82 000	应付账款		85 000
预付款项		28 000	预收款项		36 000
其他应收款		2 000	应付职工薪酬		12 000
存货		240 000	应交税费		4 700
一年内到期的非流动资产			其他应付款		44 200
其他流动资产			一年内到期的非流动负债		
流动资产合计		1 155 000	其他流动负债		
非流动资产：			流动负债合计		258 900
可供出售金融资产			非流动负债：		
持有至到期投资			长期借款		450 000
长期应收款			应付债券		
长期股权投资			长期应付款		
投资性房地产			预计负债		
固定资产		600 000	递延所得税负债		
在建工程		70 000	其他非流动负债		
生产性生物资产			非流动负债合计		450 000
油气资产			负债合计		708 900
无形资产		620 000	所有者权益（或股东权益）：		
开发支出			实收资本（或股本）		1 280 000
商誉			资本公积		126 000
长期待摊费用			减：库存股		
递延所得税资产			盈余公积		165 100

续表

资产	年初余额	期末余额	负债和所有者权益（或股东权益）	年初余额	期末余额
其他非流动资产			未分配利润		165 000
非流动资产合计		1 290 000	所有者权益（或股东权益）合计		1 736 100
资产总计		2 445 000	负债和所有者权益（或股东权益）总计		2 445 000

表 7-6 中有关项目的计算如下：

货币资金 = 3 000 + 675 000 = 678 000（元）

存货 = 26 000 + 52 000 + 120 000 + 42 000 = 240 000（元）

应收账款 = 82 000（元）

预付款项 = 8 000 + 20 000 = 28 000（元）

固定资产 = 626 000 − 26 000 = 600 000（元）

应付账款 = 82 000 + 3 000 = 85 000（元）

预收款项 = 6 000 + 30 000 = 36 000（元）

其他应付款 = 44 200 + 0 + 0 = 44 200（元）

以上项目在编制资产负债表时是需要计算填列的，而资产负债表其他项目的数额可根据总分类账户的期末余额直接填列。

任务三　编制利润表

一、利润表的概念和作用

（一）利润表的概念

利润表是指反映企业一定时期（年末、季末、月末）内经营成果的财务报表。利润表是动态报表，它是根据"收入 − 费用 = 利润"这一会计等式，将企业一定时期的营业收入与同一会计期间相关的营业费用进行配比，计算出企业该时期的利润。

（二）利润表的作用

利润表的作用主要体现在以下几个方面。

1. 用来分析、评价、预测企业经营成果或获利能力

经营成果是指企业在其所控制的资源上取得的报酬，体现为一定期间的利润。获利能力是指企业运用一定经济资源获取经营成果的能力，它可以通过各种相对指标予以体现。通过当期利润表数据可反映一个企业当期的经营成果和获利能力。通过比较和分析同一企业不同时期、不同企业同一时期的收益情况，可以评价企业经营成果的好坏和获利能力的高低，预测企业未来的发展趋势。

2. 用来分析、评价、预测企业未来的现金流动状况

利润表揭示了企业过去的经营业绩及利润的来源、获利水平,同时也充分反映了利润表各部分之间的关系及利润的形成原因,可据以评价一个企业的收入、费用变化对现金流量的影响。

3. 用来分析、评价、预测企业的偿债能力

通过比较分析利润表获利能力的有关信息,可以间接地评价、预测企业的偿债能力,并揭示偿债能力的变化趋势,进而做出各种信贷决策和改进企业管理工作的决策。

4. 用来评价、考核管理人员的绩效

通过比较前后期利润表中各种收入、费用、成本及收益的增减变动情况,并分析发生差异的原因,可据以评价各职能部门和人员的绩效。

5. 用来反映企业的经营成果

利润表直接反映企业的经营成果。在一定的经济政策、法律规定和企业分配制度的前提下,利润额的多少决定了各利害关系人的分享额,如国家税收收入、股东的股利、员工和管理人员的奖金等。

二、利润表的内容、结构和格式

(一)利润表的主要内容

1. 营业利润

营业利润的相关计算公式为:

$$营业利润 = 营业收入 - 营业成本 - 税金及附加 - 销售费用 - \\ 管理费用 - 财务费用 - 资产减值损失 + 公允价值变动收益 \\ (-公允价值变动损失) + 投资收益(-投资损失)$$

$$营业收入 = 主营业务收入 + 其他业务收入$$

$$营业成本 = 主营业务成本 + 其他业务成本$$

2. 利润总额

利润总额的计算公式为:

$$利润总额 = 营业利润 + 营业外收入 - 营业外支出$$

3. 净利润

净利润的计算公式为:

$$净利润 = 利润总额 - 所得税费用$$

(二)利润表的结构

利润表一般分为表首和正表两部分。利润表的表首应标明报表名称、编制单位、报表编号和计量单位。正表是利润表的主题,具体说明利润表的各项内容,反映企业形成经营成果的各项目和计算过程。

(三)利润表的格式

目前,通行于世界各国的利润表格式有单步式和多步式两种。我国采用多步式格式。

多步式利润表是通过多步计算来求得当期净利润的格式,即通过对当期的收入、费用、支出项目按性质加以归类,按利润形成的主要环节列示一些中间性利润指标,分步计算当期净损益。

《企业会计准则第 30 号——财务报表列报》规定，企业应当采用多步式利润表，将不同性质的收入和费用类别进行对比，从而得出一些中间性的利润数据，便于使用者理解企业经营成果的不同来源。此外，为了使报表使用者通过比较不同期间利润的实现情况判断企业经营成果的未来发展趋势，企业需要提供比较利润表。

普通股或潜在普通股已公开交易的企业，以及正处于公开发行普通股或潜在普通股过程中的企业，还应当在利润表中列示每股收益信息。利润表的格式如表 7-7 所示。

表 7-7　　　　　　　　　　　　　　利润表

编制单位：　　　　　　　　　　　年　　月　　　　　　　　　　　　　单位：元

项目	本年金额	上年金额
一、营业收入		
减：营业成本		
税金及附加		
销售费用		
管理费用		
研发费用		
财务费用		
其中：利息费用		
利息收入		
加：其他收益		
投资收益（损失以"－"号填列）		
其中：对联营企业和合营企业的投资收益		
以摊余成本计量的金融资产终止确认收益（损失以"－"号填列）		
净敞口套期收益（损失以"－"号填列）		
公允价值变动收益（损失以"－"号填列）		
信用减值损失		
资产减值损失		
资产处置收益（损失以"－"号填列）		
二、营业利润（亏损以"－"号填列）		
加：营业外收入		
减：营业外支出		
三、利润总额（亏损总额以"－"号填列）		
减：所得税费用		
四、净利润（净亏损以"－"号填列）		

续表

项　目	本年金额	上年金额
（一）持续经营净利润（净亏损以"-"号填列）		
（二）终止经营净利润（净亏损以"-"号填列）		
五、其他综合收益的税后净额		
（一）不能重分类进损益的其他综合收益		
1. 重新计量设定受益计划变动额		
2. 权益法下不能转损益的其他综合收益		
3. 其他权益工具投资公允价值变动		
4. 企业自身信用风险公允价值变动		
……		
（二）将重分类进损益的其他综合收益		
1. 权益法下可转损益的其他综合收益		
2. 其他债权投资公允价值变动		
3. 金融资产重分类计入其他综合收益的金额		
4. 其他债权投资信用减值准备		
5. 现金流量套期储备		
6. 外币财务报表折算差额		
……		
六、综合收益总额		
七、每股收益		
（一）基本每股收益		
（二）稀释每股收益		

多步式利润表的优点如下：（1）通过列示中间性利润数据分步反映净利润的计算过程，可以准确地揭示净利润各构成要素之间的内在联系，提供比单步式利润表更为丰富的财务信息；（2）便于报表使用者进行盈利分析，满足决策时所需财务信息的需求；（3）便于同类型企业之间的比较；（4）便于前后各期利润表中相应项目之间的比较；（5）有利于预测企业未来的盈利能力。

三、利润表的编制方法

利润表各项目均需填列"上期金额"和"本期金额"两栏。

（一）"上期金额"栏的填列方法

利润表中各项目的"上期金额"栏，可根据上年同期企业利润表"本期金额"栏内所列数字填列。若本年利润表中各项目的名称和内容同上年同期利润表各项目的名称和内容不一致，应按照本年度的规定对上年该企业利润表各项目的名称和内容进行调整。

(二)"本期金额"栏的填列方法

(1)"营业收入"项目。该项目反映企业在从事销售商品、提供劳务和让渡资产使用权等日常业务过程中所形成的经济利益的总流入,应根据"主营业务收入"和"其他业务收入"科目的发生额分析填列。金融企业的利息收入、已赚保费和手续费及佣金收入等在此项目中反映。

(2)"营业成本"项目。该项目反映企业经营主要业务和其他业务所发生的成本总额。本项目应根据"主营业务成本"和"其他业务成本"科目的发生额分析填列。

(3)"税金及附加"项目。该项目反映企业经营活动发生的消费税、城市维护建设税、资源税、教育费附加及房产税、土地使用税、车船使用税、印花税等相关税费。

(4)"销售费用"项目。该项目反映企业在销售商品过程中发生的包装费、广告费等费用和为销售本企业商品而专设的销售机构的职工薪酬、业务费等经营费用。本项目应根据"销售费用"科目的发生额分析填列。

(5)"管理费用"项目。该项目反映企业为组织和管理生产经营发生的管理费用,本项目应根据"管理费用"科目的发生额分析填列。

(6)"研发费用"项目。该项目反映企业进行研究与开发过程中发生的费用化支出。该项目应根据"管理费用"科目下的"研发费用"明细科目的发生额分析填列。

(7)"财务费用"项目。该项目反映企业筹集生产经营所需资金等而发生的筹资费用。本项目应根据"财务费用"科目的发生额分析填列。其中:

①"利息费用"项目。该项目反映企业为筹集生产经营所需资金等而发生的应予费用化的利息支出。该项目应根据"财务费用"科目的相关明细科目的发生额分析填列。

②"利息收入"项目。该项目反映企业确认的利息收入。该项目应根据"财务费用"科目的相关明细科目的发生额分析填列。

(8)"其他收益"项目。该项目反映计入其他收益的政府补助等,应根据"其他收益"科目的发生额分析填列。

(9)"投资收益"项目。该项目反映企业以各种方式对外投资所取得的收益。本项目应根据"投资收益"科目的发生额分析填列。如为投资损失,本项目以"-"号填列。

(10)"以摊余成本计量的金融资产终止确认收益"项目。该项目反映企业因转让等情形导致终止确认以摊余成本计量的金融资产而产生的利得或损失。该项目应根据"投资收益"科目的相关明细科目的发生额分析填列。如为损失,以"-"号填列。

(11)"净敞口套期收益"项目。该项目反映净敞口套期下被套期项目累计公允价值变动转入当期损益的金额或现金流量套期储备转入当期损益的金额。该项目应根据"净敞口套期损益"科目的发生额分析填列。如为套期损失,以"-"号填列。

(12)"公允价值变动收益"项目。该项目反映企业应当计入当期损益的资产或负债公允价值变动收益。本项目应根据"公允价值变动损益"科目的发生额分析填列。如为净损失,以"-"号填列。

(13)"信用减值损失"项目。该项目反映企业按照《企业会计准则第 22 号——金融工具确认和计量》(2017 年修订)的要求计提的各项金融工具减值准备所形成的预期信用损失。该项目应根据"信用减值损失"科目的发生额分析填列。

(14)"资产减值损失"项目。该项目反映企业各项资产发生的减值损失,本项目应根据"资产减值损失"科目的发生额分析填列。

（15）"资产处置收益"项目。该项目反映企业出售划分为持有待售的非流动资产（金融工具、长期股权投资和投资性房地产除外）或处置组（子公司和业务除外）时确认的处置利得或损失，以及处置未划分为持有待售的固定资产、在建工程、生产性生物资产及无形资产而产生的处置利得或损失。债务重组中因处置非流动资产产生的利得或损失和非货币性资产交换中换出非流动资产产生的利得或损失也包括在本项目内。该项目应根据"资产处置损益"科目的发生额分析填列。如为处置损失，以"－"号填列。

（16）"营业利润"项目。该项目反映企业实现的营业利润。如为亏损，本项目以"－"号填列。

（17）"营业外收入"项目。该项目反映企业发生的除营业利润以外的收益，主要包括债务重组利得、与企业日常活动无关的政府补助、盘盈利得、捐赠利得（企业接受股东或股东的子公司直接或间接的捐赠，经济实质属于股东对企业的资本性投入的除外）等。该项目应根据"营业外收入"科目的发生额分析填列。

（18）"营业外支出"项目。该项目反映企业发生的除营业利润以外的支出，主要包括债务重组损失、公益性捐赠支出、非常损失、盘亏损失、非流动资产毁损报废损失等。该项目应根据"营业外支出"科目的发生额分析填列。

（19）"利润总额"项目。该项目反映企业实现的利润。如为亏损，本项目以"－"号填列。

（20）"所得税费用"项目。该项目反映企业应从当期利润总额中扣除的所得税费用。本项目应根据"所得税费用"科目的发生额分析填列。

（21）"净利润"项目。该项目反映企业实现的净利润。如为亏损，本项目以"－"号填列。"（一）持续经营净利润"和"（二）终止经营净利润"项目，分别反映净利润中与持续经营相关的净利润和与终止经营相关的净利润。如为净亏损，以"－"号填列。这两个项目应按照《企业会计准则第42号——持有待售的非流动资产、处置组和终止经营》的相关规定分别列报。

（22）"其他综合收益的税后净额"项目。该项目反映企业根据企业会计准则规定未在当期损益中确认的各项利得和损失扣除所得税影响后的净额。

（23）"综合收益总额"项目。该项目反映企业净利润和其他综合收益扣除所得税影响后的净额相加后的合计金额。

（24）"每股收益"项目。该项目包括基本每股收益和稀释每股收益两项指标，反映普通股或潜在普通股已公开交易的企业，以及正处在公开发行普通股或潜在普通股过程中的企业的每股收益信息。

四、利润表编制示例

【例7-2】 白云股份有限公司2019年度有关损益类科目本年累计发生额如表7-8所示。

表 7-8　　　　　　　　　　　　**2019 年度损益类科目累计发生额**

单位：白云股份有限公司　　　　　　　　　　　　　　　　　　　　　　　　单位：元

科目名称	借方发生额	贷方发生额
主营业务收入		25 000 000
主营业务成本	21 000 000	
税金及附加	450 000	
销售费用	2 200 000	
管理费用	1 000 000	
财务费用——利息费用	200 000	
投资收益		100 000
营业外收入		300 000
营业外支出	100 000	
所得税费用	115 500	

根据表 7-8 的资料编制的利润表如表 7-9 所示。

表 7-9　　　　　　　　　　　　　　　　利润表

编制单位：白云股份有限公司　　　　　2019 年度　　　　　　　　　　　会企02表

　　　　　　　　　　　　　　　　　　　　　　　　　　　　　　　　　　单位：元

项目	本年金额	上年金额
一、营业收入	25 000 000	
减：营业成本	21 000 000	
税金及附加	450 000	
销售费用	2 200 000	
管理费用	1 000 000	
研发费用		
财务费用	200 000	
其中：利息费用	200 000	
利息收入		
加：其他收益		
投资收益（损失以"-"号填列）	100 000	
其中：对联营企业和合营企业的投资收益		
以摊余成本计量的金融资产终止确认收益（损失以"-"号填列）		
净敞口套期收益（损失以"-"号填列）		
公允价值变动收益（损失以"-"号填列）		

续表

项 目	本年金额	上年金额
信用减值损失		
资产减值损失		
资产处置收益（损失以"-"号填列）		
二、营业利润（亏损以"-"号填列）	250 000	
加：营业外收入	300 000	
减：营业外支出	100 000	
三、利润总额（亏损总额以"-"号填列）	450 000	
减：所得税费用	115 500	
四、净利润（净亏损以"-"号填列）	334 500	
（一）持续经营净利润（净亏损以"-"号填列）	334 500	
（二）终止经营净利润（净亏损以"-"号填列）		
五、其他综合收益的税后净额		
（一）不能重分类进损益的其他综合收益		
1. 重新计量设定受益计划变动额		
2. 权益法下不能转损益的其他综合收益		
3. 其他权益工具投资公允价值变动		
4. 企业自身信用风险公允价值变动		
……		
（二）将重分类进损益的其他综合收益		
1. 权益法下可转损益的其他综合收益		
2. 其他债权投资公允价值变动		
3. 金融资产重分类计入其他综合收益的金额		
4. 其他债权投资信用减值准备		
5. 现金流量套期储备		
6. 外币财务报表折算差额		
……		
六、综合收益总额		
七、每股收益	（略）	
（一）基本每股收益		
（二）稀释每股收益		

任务四　编制现金流量表

一、现金流量表的概念和作用

（一）现金流量表的概念

现金流量表是指反映企业一定会计期间现金和现金等价物流入和流出的报表。现金是广义的，包括库存现金、银行存款、其他货币资金和现金等价物。

库存现金是指企业持有的可随时用于支付的现金。银行存款是指企业存入金融机构、可以随时用于支付的存款，不包括不能随时用于支付的存款。其他货币资金是指企业除现金和银行存款以外的其他各种货币资金，即存放地点和用途均与现金和银行存款不同的货币资金。现金等价物是指企业持有的期限短、流动性强、易于转换为已知金额现金、价值变动风险很小的投资。其中，"期限短"一般是指从购买日起三个月内到期。例如，可在证券市场上流通的三个月内到期的短期债券等。权益性投资变现的金额通常不确定，因而不属于现金等价物。企业应当根据具体情况确定现金等价物的范围，一经确定，不得随意变动。

（二）现金流量表的作用

现金流量表的作用主要体现在以下几个方面。

1. 有助于了解和评价企业的支付能力和偿债能力

现金流量表披露的经营活动净现金流入本质上代表了企业自我创造现金的能力，尽管企业取得现金还可以通过对外筹资的途径，但债务本金的偿还最终还取决于经营活动的净现金流入，经营活动的净现金流入占总来源的比例越高，企业的财务基础越稳固，支付能力和偿债能力就越强。因此，分析现金流量表有助于了解和评价企业的支付能力和偿债能力。

2. 有助于预测企业未来产生现金流量的能力

通过现金流量表，一方面可以了解企业各部分现金流量结构是否合理，如果结构合理且现金流入流出无重大异常波动，则说明企业的财务状况基本良好；另一方面，企业常见的问题也可以在现金流量表中反映出来，如从投资活动流出的现金、筹资活动流入的现金和筹资活动流出的现金中可以分析企业是否过度扩大经营规模。

3. 有助于评价净利润的质量

通过现金流量表，比较当期净利润与当期净现金流量，可以看出非现金流动资产吸收利润的情况，评价企业产生净现金流量的能力是否偏低。

二、现金流量表的内容、结构和格式

（一）现金流量表的内容

1. 经营活动现金流量

经营活动现金流量包括经营活动现金流入量、经营活动现金流出量、经营活动现金流量净额。

2. 投资活动现金流量

投资活动现金流量包括投资活动现金流入量、投资活动现金流出量、投资活动现金流量净额。

3. 筹资活动现金流量

筹资活动现金流量包括筹资活动现金流入量、筹资活动现金流出量、筹资活动现金流量净额。

(二)现金流量表的结构

现金流量表包括表首、正表和补充资料三部分。

1. 表首

表首部分包括报表的名称、编制单位的名称、编制时间和金额单位四个要素。

2. 正表

正表部分主要包括经营活动产生的现金流量、投资活动产生的现金流量、筹资活动产生的现金流量等内容。

3. 补充资料

补充资料部分包括将净利润调节为经营活动现金流量、不涉及现金收支的投资和筹资活动,以及现金及等价物净增加情况等。

(三)现金流量表的格式

现金流量表的格式如表 7-10 所示。

表 7-10　　　　　　　　　　现金流量表

编制单位:　　　　　　　　　　年　月　　　　　　　　　　单位:元

项目	本期金额	上期金额
一、经营活动产生的现金流量		
销售商品、提供劳务收到的现金		
收到税费返还		
收到其他与经营活动有关的现金		
经营活动现金流入小计		
购买商品、接受劳务支付的现金		
支付给职工以及为职工支付的现金		
支付的各项税费		
支付其他与经营活动有关的现金		
经营活动现金流出小计		
经营活动产生的现金流量净额		
二、投资活动产生的现金流量		
收回投资收到的现金		
取得投资收益收到的现金		
处置固定资产、无形资产和其他长期资产收回的现金净额		

续表

项目	本期金额	上期金额
处置子公司及其他营业单位收到的现金净额		
收到的其他与投资活动有关的现金		
投资活动现金流入小计		
购建固定资产、无形资产和其他长期资产支付的现金		
投资支付的现金		
取得子公司及其他营业单位支付的现金净额		
支付其他与投资活动有关的现金		
投资活动现金流出小计		
投资活动产生的现金流量净额		
三、筹资活动产生的现金流量		
吸收投资收到的现金		
取得借款收到的现金		
收到其他与筹资活动有关的现金		
筹资活动现金流入小计		
偿还债务所支付的现金		
分配股利、利润或偿付利息支付的现金		
支付其他与筹资活动有关的现金		
筹资活动现金流出小计		
筹资活动产生的现金流量净额		
四、汇率变动对现金及现金等价物的影响		
五、现金及现金等价物净增加额		
加：期初现金及现金等价物余额		
六、期末现金及现金等价物余额		
补充资料		
1. 将净利润调节为经营活动现金流量：		
净利润		
加：资产减值准备		
固定资产折旧、油气资产折耗、生产性生物资产折旧		
无形资产摊销		
长期待摊费用摊销		
处置固定资产、无形资产和其他长期资产的损失（收益以"－"号填列）		

续表

项　目	本期金额	上期金额
固定资产报废损失（收益以"-"号填列）		
公允价值变动损失（收益以"-"号填列）		
财务费用（收益以"-"号填列）		
投资损失（收益以"-"号填列）		
递延所得税资产减少（增加以"-"号填列）		
递延所得税负债增加（减少以"-"号填列）		
存货的减少（增加以"-"号填列）		
经营性应收项目的减少（增加以"-"号填列）		
经营性应付项目的增加（减少以"-"号填列）		
其他		
经营活动产生的现金流量净额		
2. 不涉及现金收支的投资和筹资活动：		
债务转为资本		
一年内到期的可转换公司债券		
融资租入固定资产		
3. 现金及现金等价物净增加情况：		
现金的期末余额		
减：现金的期初余额		
加：现金等价物的期末余额		
减：现金等价物的期初余额		
现金及现金等价物净增加额		

三、现金流量表的编制

现金流量表各项目均需填列"上期金额"和"本期金额"两栏。

（一）"上期金额"栏的填列方法

现金流量表中各项目"上期金额"栏，可根据上年同期企业现金流量表"本期金额"栏内所列数字填列。若本年现金流量表中各项目的名称和内容同上年同期现金流量表各项目的名称和内容不一致，应按照本年度的规定对上年该企业现金流量表各项目的名称和金额进行调整。

（二）"本期金额"栏的填列方法

现金流量表中"本期金额"栏的填列方法有直接法和间接法两种。

1. 直接法

直接法又称损益表法，是指按现金收入和现金支出的主要类别直接反映企业经营活动产生的现金流量的方法,如直接列报"销售商品、提供劳务收到的现金""购买商品、接受劳务支付的现金"等。在直接法下,一般是以利润表中的营业收入为起算点,调节与经营活动有关项目的增减变动,然后计算出经营活动产生的现金流量。

2. 间接法

间接法是指以净利润为起算点,调整不涉及现金的收入、费用、营业外收支等有关项目,剔除投资活动、筹资活动对现金流量的影响,据此计算出经营活动产生的现金流量。由于净利润是以权责发生制为核算基础确定的,且包括与投资活动和筹资活动相关的收益和费用,将净利润调节为经营活动现金流量,实际上就是将以权责发生制为核算基础确定的净利润调整为现金净流入,并剔除投资活动和筹资活动对现金流量的影响。

采用直接法编制现金流量表,便于分析企业经营活动产生的现金流量的来源和用途,预测企业现金流量的未来前景。采用间接法编制现金流量表,便于将净利润与经营活动产生的现金流量净额进行比较,了解净利润与经营活动产生的现金流量差异的原因,从现金流量的角度分析净利润的质量。我国《企业会计准则》规定,企业应采用直接法编制现金流量表,同时要求在附注中提供以净利润为基础调节经营活动现金流量的信息。

任务五 编制所有者权益变动表

一、所有者权益变动表的概念、内容和结构

(一)所有者权益变动表的概念

所有者权益变动表是指反映构成所有者权益各组成部分当期增减变动情况的报表。所有者权益变动表应当全面反映一定时期所有者权益变动的情况,不仅包括所有者权益总量的增减变动,还包括所有者权益增减变动的重要结构性信息,特别是要反映直接计入所有者权益的利得或损失,让报表使用者准确理解所有者权益增减变动的根源。

(二)所有者权益变动表的内容

在所有者权益变动表中,企业至少应当单独列示反映下列信息的项目:(1)综合收益总额;(2)所有者投入和减少资本;(3)会计政策变更和差错更正的累积影响金额;(4)向所有者分配的利润;(5)提取的盈余公积;(6)实收资本(或股本)、资本公积、盈余公积、未分配利润的期初和期末余额及其调节情况。

(三)所有者权益变动表的结构

为了清楚地反映构成所有者权益各组成部分的期初和期末余额及当期的增减变动情况,所有者权益变动表应当以矩阵的形式列示。一方面,列示导致所有者权益变动的交易或事项,改变了以往仅仅按照所有者权益的各组成部分反映所有权益变动情况,而是从所有者权益变动的来源对一定时期所有者权益变动情况进行全面反映;另一方面,按照所有者权益各组成部分(包括实收资本、资本公积、盈余公积、未分配利润和库存股)及其总额列示交易或事项对所有者权益的影响。所有者权益变动表的具体格式见表 7-11 所示。

表 7-11　　　　　　　　　　　　　所有者权益变动表

编制单位：　　　　　　　　　　　　　　年度　　　　　　　　　　　　　　单位：元

项目	本年金额						上年金额					
	实收资本（或股本）	资本公积	减：库存股	盈余公积	未分配利润	所有者权益合计	实收资本（或股本）	资本公积	减：库存股	盈余公积	未分配利润	所有者权益合计
一、上年年末余额												
加：会计政策变更												
前期差错更正												
其他												
二、本年年初余额												
三、本年增减变动金额（减少以"-"号填列）												
（一）综合收益总额												
（二）所有者投入和减少资本												
1. 所有者投入的普通股												
2. 其他权益工具持有者投入资本												
3. 股份支付计入所有者权益的金额												
4. 其他												
（三）利润分配												
1. 提取盈余公积												
2. 对所有者（或股东）的分配												
3. 其他												
（四）所有者权益内部结转												
1. 资本公积转增资本（或股本）												
2. 盈余公积转增资本（或股本）												
3. 盈余公积弥补亏损												
4. 设定受益计划变动额结转留存收益												
5. 其他												
四、本年年末余额												

二、所有者权益变动表的填列方法

（一）"上年金额"栏的填列方法

所有者权益变动表"上年金额"栏内各项数字，应根据上年度所有者权益变动表"本年金额"栏内所列数字填列。如果上年度所有者权益变动表规定的各个项目的名称和内容与本年度不一致，应对上年度所有者权益变动表各项目的名称和数字按本年度的规定进行调整，填入所有者权益变动表"上年金额"栏内。

（二）"本年金额"栏的填列方法

所有者权益变动表"本年金额"栏内各项数字一般根据"实收资本（或股本）""资本公积""盈余公积""利润分配""以前年度损益调整"科目的发生额分析填列。

项目小结

会计报表是按照一定的格式在整理、汇总日常会计核算资料的基础上定期编制的，用来集中、总括地反映企业在某一特定日期的财务状况及某一特定时期的经营成果和现金流量的报告文件。

会计报表可以按照不同的标准进行分类。编制会计报表的基本要求包括真实可靠、内容完整、编报及时、便于理解。

一套完整的、对外报送的会计报表包括资产负债表、利润表、现金流量表和所有者权益变动表。

资产负债表是指总括反映企业在某一特定日期（年末、季末、月末）财务状况的财务报表，是一张静态报表。

利润表是指反映企业一定时期（年末、季末、月末）内经营成果的财务报表，是一张动态报表。

现金流量表是指反映企业在一定会计期间现金和现金等价物流入和流出的报表。其构成内容包括经营活动产生的现金流量、投资活动产生的现金流量、筹资活动产生的现金流量。

所有者权益变动表是指反映构成所有者权益各组成部分当期增减变动情况的报表，它不仅包括所有者权益总量的增减变动，还包括所有者权益增减变动的重要结构性信息，特别是要反映直接计入所有者权益的利得或损失，让报表使用者准确理解所有者权益增减变动的根源。

巩固与提高

一、复习思考题

1. 什么是会计报表？会计报表的作用是什么？
2. 编制会计报表的要求有哪些？
3. 什么是资产负债表？资产负债表的作用是什么？
4. 什么是利润表？利润表的作用是什么？

5. 什么是现金流量表？现金流量表的作用是什么？
6. 什么是所有者权益变动表？所有者权益变动表的内容有哪些？

二、单项选择题

1. 会计报表编制的依据是（　　）。
   A. 原始凭证　　　B. 记账凭证　　　C. 账簿记录　　　D. 汇总记账凭证
2. 我国《企业会计准则》规定，企业的资产负债表采用（　　）。
   A. 账户式　　　B. 报告式　　　C. 单步式　　　D. 多步式
3. 会计报表按使用对象分为（　　）。
   A. 个别报表和合并报表　　　B. 月报、季报、半年报、年报
   C. 对内报表和对外报表　　　D. 资产负债表、利润表和现金流量表
4. 资产负债表是反映企业（　　）财务状况的财务报表。
   A. 一定时期　　　B. 某一特定日期　　　C. 某一年份内　　　D. 某一个月
5. 资产负债表中，资产项目排列顺序的依据是（　　）。
   A. 项目的重要性　　　B. 项目的时间性
   C. 项目的货币性　　　D. 项目的流动性
6. 下列属于静态报表的是（　　）。
   A. 资产负债表　　　B. 利润表
   C. 现金流量表　　　D. 所有者权益变动表
7. 我国企业利润表采用的格式是（　　）。
   A. 账户式　　　B. 报告式　　　C. 单步式　　　D. 多步式
8. 利润表项目"本期金额"栏内的填列依据是（　　）。
   A. 收入类账户的贷方余额　　　B. 损益类账户的期末余额
   C. 损益类账户的本期发生额　　　D. 费用类账户的借方余额
9. 下列资产负债表项目中，可以根据总账科目余额直接填列的是（　　）。
   A. 应收账款　　　B. 原材料　　　C. 应交税费　　　D. 存货
10. 下列资产负债表项目中，需要根据总账科目所属各明细账科目的期末余额计算分析填列的是（　　）。
    A. 应收账款　　　B. 应付票据　　　C. 应交税费　　　D. 短期借款
11. 下列项目中不包括在利润表中的是（　　）。
    A. 销售费用　　　B. 管理费用　　　C. 财务费用　　　D. 预付账款
12. 下列项目中不属于流动资产项目的是（　　）。
    A. 货币资金　　　B. 无形资产　　　C. 存货　　　D. 应收账款
13. 以"资产=负债+所有者权益"这个等式作为编制基础的报表是（　　）。
    A. 资产负债表　　　B. 现金流量表　　　C. 利润表　　　D. 所有者权益变动表
14. 下列项目中属于流动负债项目的是（　　）。
    A. 长期借款　　　B. 应付利息　　　C. 应付债券　　　D. 长期应付款
15. 资产负债表中"应收账款"项目是根据（　　）。
    A. "应收账款"总账科目期末借方余额填列的
    B. "预收账款"总账科目期末借方余额填列的

C. "应收账款"总账科目所属明细账科目的期末借方余额之和填列的
D. "应收账款"和"预收账款"两个总账科目所属明细账科目的期末借方余额之和填列的

16. 资产负债表、利润表和现金流量表分别是（　　）。
A. 静态报表、动态报表和静态报表　　B. 动态报表、静态报表和动态报表
C. 静态报表、动态报表和动态报表　　D. 静态报表、静态报表和动态报表

三、多项选择题

1. 企业的下列报表中，属于对外报表的是（　　）。
A. 资产负债表　　　　　　　　B. 现金流量表
C. 利润表　　　　　　　　　　D. 所有者权益变动表

2. 资产负债表中属于流动资产项目的是（　　）。
A. 无形资产　　B. 应收账款　　C. 预付款项　　D. 存货

3. 资产负债表中的"存货"项目根据下列有关账户的期末余额之和填列的有（　　）。
A. 材料成本差异　　B. 在途物资　　C. 在建工程　　D. 自制半成品

4. 在利润表中应列入"税金及附加"项目的是（　　）。
A. 增值税　　　　　　　　　　B. 消费税
C. 城市维护建设税　　　　　　D. 教育费附加

5. 利润表提供的信息包括（　　）。
A. 实现的主营业务收入　　　　B. 发生的主营业务支出
C. 净利润　　　　　　　　　　D. 企业的财务状况

6. 会计报表的使用者包括（　　）。
A. 债权人　　　　　　　　　　B. 投资者
C. 企业内部管理层　　　　　　D. 国家政府部门

7. 会计报表按编报主体不同分为（　　）。
A. 合并报表　　B. 静态报表　　C. 动态报表　　D. 个别报表

8. 利润表中的"营业成本"项目包括（　　）。
A. 管理费用　　B. 销售费用　　C. 主营业务成本　　D. 其他业务成本

9. 在编制资产负债表时，应根据总账科目的期末余额直接填列的项目是（　　）。
A. 应付票据　　B. 应收股利　　C. 应收账款　　D. 短期借款

10. 下列应根据有关总分类账户或其所属明细分类账户余额分析填列的项目是（　　）。
A. 预收款项　　B. 固定资产　　C. 应收账款　　D. 存货

四、判断题

1. 资产负债表的"期末余额"栏各项目主要是根据总分类账户或有关明细分类账户的期末贷方余额直接填列的。（　　）

2. 资产负债表是反映单位在特定时点财务状况的报表。（　　）

3. 企业向外部有关方面提供的对外会计报表不能为企业内部经营管理服务。（　　）

4. 资产负债表是根据总分类账户发生额和期末余额填列的。（　　）

5. 企业在计算利润总额时,应从营业利润中扣除销售费用、管理费用及财务费用等。
(　　)

6. 资产负债表中的货币资金项目包括库存现金和银行存款。　　　　(　　)

五、业务题

(一) 练习资产负债表的编制

甲企业 2019 年 12 月 31 日的有关财务资料如下:

(1) 各账户期末余额如表 7-12 所示。

表 7-12　　　　　　　　　　科目余额表(甲企业)

单位:甲企业　　　　　　　　2019 年 12 月 31 日　　　　　　　　　　单位:元

科目名称	借方余额	科目名称	贷方余额
库存现金	10 000	短期借款	10 000
银行存款	57 000	应付账款	70 000
应收票据	60 000	预收账款	10 000
应收账款	80 000	应付职工薪酬	-4 000
预付账款	-30 000	应交税费	13 000
坏账准备	-5 000	长期借款	80 000
原材料	70 000	实收资本	500 000
低值易耗品	10 000	盈余公积	200 000
发出商品	90 000	未分配利润	200 000
材料成本差异	-55 000		
库存商品	100 000		
交易性金融资产	2 000		
固定资产	800 000		
累计折旧	-300 000		
在建工程	40 000		
无形资产	150 000		

(2) 债权、债务明细科目余额如下:

① 应收账款明细科目资料:"应收账款——A 公司"科目的借方余额为 100 000 元;"应收账款——B 公司"科目的贷方余额为 20 000 元。

② 预付账款明细科目资料:"预付账款——C 公司"科目的借方余额为 20 000 元;"预付账款——D 公司"科目的贷方余额为 50 000 元。

③ 应付账款明细科目资料:"应付账款——E 公司"科目的贷方余额为 100 000 元;"应付账款——F 公司"科目的借方余额为 30 000 元。

④ 预收账款明细科目资料:"预收账款——G 公司"科目的贷方余额为 40 000 元;"预收账款——H 公司"科目的借方余额为 30 000 元。

(3) 两笔长期借款业务均为到期一次性还本付息,金额及期限分别如下:

① 从工商银行借入 30 000 元（本利和），期限从 2019 年 6 月 1 日至 2021 年 6 月 1 日。

② 从建设银行借入 50 000 元（本利和），期限从 2019 年 8 月 1 日至 2021 年 8 月 1 日。

要求：编制甲企业 2019 年 12 月 31 日的资产负债表（表 7-13）。

表 7-13　　　　　　　　　　　　　　资产负债表

编制单位：甲企业　　　　　　　年　月　日　　　　　　　　　　　单位：元

资产	年初余额	期末余额	负债和所有者权益（或股东权益）	年初余额	期末余额
流动资产：			流动负债：		
货币资金			短期借款		
交易性金融资产			交易性金融负债		
应收票据			应付票据		
应收账款			应付账款		
预付款项			预收款项		
应收利息			应付职工薪酬		
应收股利			应交税费		
其他应收款			应付利息		
存货			应付股利		
一年内到期的非流动资产			其他应付款		
其他流动资产			一年内到期的非流动负债		
流动资产合计			其他流动负债		
非流动资产：			流动负债合计		
可供出售金融资产			非流动负债：		
持有至到期投资			长期借款		
长期应收款			应付债券		
长期股权投资			长期应付款		
投资性房地产			专项应付款		
固定资产			预计负债		
在建工程			递延所得税负债		
工程物资			其他非流动负债		
固定资产清理			非流动负债合计		
生产性生物资产			负债合计		

续表

资产	年初余额	期末余额	负债和所有者权益（或股东权益）	年初余额	期末余额
油气资产			所有者权益（或股东权益）：		
无形资产			实收资本（或股本）		
开发支出			资本公积		
商誉			减：库存股		
长期待摊费用			盈余公积		
递延所得税资产			未分配利润		
其他非流动资产			所有者权益（或股东权益）合计		
非流动资产合计					
资产总计			负债和所有者权益（或股东权益）总计		

（二）练习利润表的编制

华兴公司 2019 年 12 月的各损益类账户发生额有关资料如表 7-14 所示。

表 7-14　　　　　　　　各损益类账户发生额
单位：华兴公司　　　　　　　2019 年 12 月　　　　　　　　单位：元

科目名称	借方发生额	贷方发生额
主营业务收入		1 250 000
主营业务成本	750 000	
税金及附加	2 000	
销售费用	20 000	
管理费用	158 000	
财务费用	41 500	
投资收益		31 500
营业外收入		50 000
营业外支出	19 700	
所得税费用	102 399	

要求：根据上述资料编制利润表（表 7-15）。

表 7-15 利润表

编制单位：华兴公司　　　　　　　　　　　　年　　月　　　　　　　　　　　　　　单位：元

项目	本期金额	上期金额
一、营业收入		
减：营业成本		
税金及附加		
销售费用		
管理费用		
财务费用		
资产减值损失		
加：公允价值变动收益（损失以"－"号填列）		
投资收益（损失以"－"号填列）		
其中：对联营企业和合营企业的投资收益		
二、营业利润（亏损以"－"号填列）		
加：营业外收入		
减：营业外支出		
其中：非流动资产处置损失		
三、利润总额（亏损总额以"－"号填列）		
减：所得税费用		
四、净利润（净亏损以"－"号填列）		
五、每股收益		
（一）基本每股收益		
（二）稀释每股收益		

项目八　保管会计档案

 学习目标

1. 熟悉会计档案的范围和种类。
2. 掌握会计档案的保管期限。
3. 知晓会计档案保管的各项规定。
4. 学会正确保管会计档案，正确编制档案保管清册。

情境导入

欣欣食品公司在日常的财会工作中出纳、记账、核算等业务工作做得都很规范，但是不太重视会计档案的管理。他们认为，一个会计年度终了后，只要年度财务会计报告编制完成，会计档案的作用就不大了，于是对于会计档案的管理比较松懈。比如，会计档案归档立卷不规范，会计凭证粘贴和装订不牢固，编号不完整；会计档案保管设施不完善，无专门的档案库房；会计档案的销毁不及时，存在超期保管会计档案的问题。该公司会计档案的这种管理现状，使得查账时需要花费很大的人力从无序的账册中寻找查阅对象，有时即使找到也会发现材料不全，给工作造成了困难。

那么，当日常经济业务发生并处理完成后的各种凭证、账簿和资料应当如何进行保存和管理呢？

任务一　认知会计档案

一、会计档案的概念和种类

（一）会计档案的概念

会计档案是指单位在进行会计核算等过程中接收或形成的，记录和反映单位经济业务事项的，具有保存价值的文字、图表等各种形式的会计资料，包括通过计算机等电子设备形成、传输和存储的电子会计档案。

会计档案属于单位的重要经济档案，是检查单位过去经济活动的重要依据，也是国家档案的重要组成部分。通过会计档案，可以了解每项经济业务的来龙去脉；可以检查一个单位是否遵守财经纪律，在会计资料中有无弄虚作假、违法乱纪等行为。会计档案还可以为国家、单位提供详尽的经济资料,为国家制定宏观经济政策及单位制定经营决策提供参考。由于会计档案对于总结经济工作,指导生产经营管理和事业管理,查验经济财务问题,防止贪污舞弊,研究经济发展的方针、战略都具有重要作用,因此各单位应当加强会计档案管理工作,建立和完善会计档案的收集、整理、保管、利用和鉴定销毁等管理制度,采取可靠的安全防护技术和措施,保证会计档案的真实、完整、可用、安全,有效地对会计档案进行管理。

(二) 会计档案的种类

根据《会计档案管理办法》的规定,单位应当对下列会计资料进行归档:

(1) 会计凭证,包括原始凭证、记账凭证。

(2) 会计账簿,包括总账、明细账、日记账、固定资产卡片及其他辅助性账簿。

(3) 财务会计报告,包括月度、季度、半年度、年度财务会计报告。

(4) 其他会计资料,包括银行存款余额调节表、银行对账单、纳税申报表、会计档案移交清册、会计档案保管清册、会计档案销毁清册、会计档案鉴定意见书及其他具有保存价值的会计资料。

另根据会计信息载体的不同,会计档案的形式还可以分为纸质会计档案和电子会计档案。根据《会计档案管理办法》规定,各单位的预算、计划、制度等文件材料属于文书档案,不属于会计档案。

二、会计档案的作用和特征

(一) 会计档案的作用

会计档案是会计活动的产物,是记录和反映经济活动的重要史料和证据,其重要作用表现在以下方面:

(1) 利用会计档案可以为制订经济计划、进行可行性研究、做出经济决策提供可靠的数据和可比性资料。

(2) 利用会计档案大量的原始数据,可以为各单位的财务工作和生产经营提供可靠决策依据。

(3) 会计档案对保护国家财产、监督执行国家财务制度、查处经济案件等有着重要的作用。

(4) 会计档案还可以为研究经济发展提供研究史料。

(二) 会计档案的特征

与文书档案、科技档案相比,会计档案有它自身的特征,主要表现在以下三个方面:

(1) 形成范围广泛。凡是具备独立会计核算的单位,都要形成会计档案,一方面会计档案在社会的各领域无处不有,形成普遍;另一方面,会计档案的实体数量相对于其他门类的档案数量更多,尤其是在企业、商业、金融、财政、税务等单位。

(2) 档案类别稳定。社会上会计工作的种类繁多,如工业会计、商业会计、银行会计、税收会计、总预算会计、单位预算会计等,但会计核算的方法、工作程序及所形成的会计核算材料的成分是一致的,即会计凭证、会计账簿、财务报告等。会计档案内容成分的稳定和共性,是其他门类档案无可比拟的,它便于整理分类,有利于管理制度的制定和实际操作的规范、统一。

（3）外在形式多样。会计专业的性质决定了会计档案形式的多样化。会计账簿有订本式账簿、活页式账簿、卡片式账簿之分。财务会计报告由于有文字、表格、数据而出现了16开或8开的纸张规格及计算机打印报表等。会计凭证在不同行业，外形更是大小各异、长短不齐。会计档案的这个特点，要求在会计档案的整理和保管方面，不能照搬照抄管理其他门类档案的方法，而是要从实际出发。

任务二　会计档案的归档

《会计档案管理办法》规定，单位的会计机构或会计人员所属机构应当按照会计档案归档范围和归档要求，负责定期将应当归档的会计资料整理立卷，编制会计档案保管清册。

一、会计档案的整理立卷

各单位应当在会计年度终了，由会计机构按照档案归档要求对会计资料进行整理立卷。会计档案的整理一般采用"三统一"的办法：分类标准统一、档案形成统一、管理要求统一，并分门别类地按各卷顺序编号。分类标准统一是指将财务会计资料分成一类账簿、二类凭证、三类报表、四类文字资料及其他。档案形成统一是指案册封面、档案卡夹、存放柜和存放序列统一。管理要求统一是指建立财务会计资料档案簿、会计资料档案目录，会计凭证装订成册，报表和文字资料分类立卷，其他零星资料按年度排序汇编装订成册。

会计档案的整理立卷主要包括会计凭证、会计账簿、会计报表的整理和装订。

（一）会计凭证的整理和装订

装订前应当对记账凭证进行分类整理，按顺序排列，检查日数、编号是否齐全；以凭证数量确定装订成册的本数，按日、按旬、按月顺序排列装订成卷，一本凭证为一卷，一般每本的厚度要适中，以4厘米左右为宜；摘除凭证内的金属物（如订书针、大头针、回形针），对大的账页或附件要折叠成同记账凭证大小，且要避开装订线，以便翻阅，保持数字完整；检查凭证顺序号，检查附件有否漏缺，记账凭证上有关人员的印章是否齐全；凭证外面要加封面和封底，做到装订结实、美观；装订完的凭证放入标准的会计凭证盒内，并填写封面和背脊上的凭证种类、起止号码、凭证张数、会计主管人员和装订人签章等，编好卷号，按编号顺序入柜。会计凭证一般每月装订一次，装订好的凭证按年分月妥善立卷。

（二）会计账簿的整理和装订

各种会计账簿年度结账后，除跨年使用的账簿外，其他账簿应按时整理立卷。装订前，检查账簿启用表的使用页数，核对各个账户是否相符、账页数是否齐全、序号排列是否连续。对订本式账簿，应保持原来的面目，不必拆去空页；对活页式账簿，装订时要求保留已使用过的账页，将账页数填写齐全，去除空白页和撤掉账夹，装订成册；多栏式活页账簿、三栏式活页账簿、数量金额式活页账簿等不得混装，应将同类业务、同类账页装订在一起；在账簿的封面上填写好账目的种类，盖上会计主管人员和装订人签章，编好卷号；会计账簿应牢固、平整，不得有折角、缺角、错页、掉页、加空白纸的现象，封口处要加盖有关印章；会计账簿按保管期限分别编制卷号，顺序为总账、日记账、各类明细账和辅助账。

（三）会计报表的整理和装订

会计报表编制完成及时报送后，留存的报表应按月装订成册谨防丢失。小企业可按季装订成册。第一，会计报表装订前要按编报目录核对是否齐全，整理报表页数，完整装订；第二，会计报表装订顺序为会计报表封面、会计报表编制说明、各种会计报表按编号顺序排列、会计报表封底；第三，按保管期限编制卷号。

二、会计档案的归档

各单位当年形成的会计档案，在会计年度终了后，可由单位会计管理机构临时保管一年，再移交单位档案管理机构保管。因工作需要确需推迟移交的，应当经单位档案管理机构同意。单位会计管理机构临时保管会计档案最长不超过三年。临时保管期间，会计档案的保管应当符合国家档案管理的有关规定，且出纳人员不得兼管会计档案。

各单位形成的非纸质载体的会计记录和文件，如存储在磁盘、光盘等介质上的会计数据和信息也应当列入归档的会计信息和会计文件之列。单位可以利用计算机、网络通信等信息技术手段管理会计档案。同时满足下列条件的，单位内部形成的属于归档范围的电子会计资料可仅以电子形式保存，形成电子会计档案：

（1）形成的电子会计资料来源真实有效，由计算机等电子设备形成和传输。

（2）使用的会计核算系统能够准确、完整、有效地接收和读取电子会计资料，能够输出符合国家标准归档格式的会计凭证、会计账簿、财务会计报表等会计资料，设定了经办、审核、审批等必要的审签程序。

（3）使用的电子档案管理系统能够有效接收、管理、利用电子会计档案，符合电子档案的长期保管要求，并建立了电子会计档案与相关联的其他纸质会计档案的检索关系。

（4）采取有效措施，防止电子会计档案被篡改。

（5）建立电子会计档案备份制度，能够有效防范自然灾害、意外事故和人为破坏的影响。

（6）形成的电子会计资料不属于具有永久保存价值或者其他重要保存价值的会计档案。

满足以上规定条件的，单位从外部接收的电子会计资料附有符合《中华人民共和国电子签名法》规定的电子签名的，可仅以电子形式归档保存，形成电子会计档案。

档案部门在接收会计部门移交来的会计档案时，应按期点收，不得推诿拒绝。各单位应当设置会计档案室对会计档案进行科学管理，妥善保管，做到存放有序，查找方便，不随意堆放，严防损毁、散失和泄密。注意保持会计档案室的清洁卫生、干燥通风，并注意防磁、防潮、防盗、防火、防虫蛀。磁性介质保存的会计档案要进行定期检查、复制，防止会计档案丢失。

三、编制会计档案保管清册

各单位每年形成的会计档案，应当由会计部门按照归档要求，负责整理立卷归档，编制会计档案保管清册。会计档案保管清册的格式如表 8-1 所示，编制完成后须注明档案负责人和档案保管人的姓名。

表 8-1　　　　　　　　　　　　会计档案保管清册

一、会计凭证					
日期	档案名称	档案册数	凭证册数	案卷号	凭证编号	备注

二、会计账簿					
日期	档案名称	档案册数	装档本数	案卷号	备注

三、财务会计报告					
档案册数	装档本数	起止日期	案卷号	档案名称	备注

四、其他资料					
档案册数	装档本数	起止日期	案卷号	档案名称	备注

档案负责人：　　　　　　　　　　　　　　　　　档案保管人：

任务三　会计档案的保管

会计档案的保管工作是单位档案管理工作的重点内容，会计档案涉及单位各项经济财务信息，是一个单位生产经营活动的具体反映，是对单位经济活动进行审计的重要依据，也是单位做出各项决策的参考资料，所以会计档案管理工作的各个环节都需要严格按照规定来进行，以保证会计信息的完整，防止会计信息的泄露和遗失，避免因会计档案管理不当给单位增加不必要的成本和损失。会计档案的保管工作主要涉及会计档案的移交、保管期限、使用和销毁等。

一、会计档案的移交

由会计机构保管一年期满后的会计档案，应移交至本单位档案管理机构进行统一保管，未设立档案部门的，应当在财务部门内部指定专人保管。单位会计机构在办理会计档案移交时，应当编制会计档案移交清册（表 8-2），并按照国家档案管理的有关规定办理移交手续。单位会计机构办理移交时可以自留一份档案目录。

表 8-2　　　　　　　　　　　会计档案移交清册

单位名称：

序号	档案类别及名称	卷号	册数	起止年度和档案编号	应保管期限	已保管期限	备注

移交人：　　　　　　　　接管人：　　　　　　　　监交人：

会计档案的移交要求：

（1）移交会计档案的机构须编制会计档案移交清册，列明应当移交的会计档案的名称、卷号、册数、起止年度和档案编号、应保管期限、已保管期限等内容。

（2）交接会计档案时，交接双方应按照会计档案移交清册所列内容逐项移交，并由交接双方的机构负责人监交。

（3）交接完毕后，交接双方经办人员和监交人员应当在会计档案移交清册上签名或者盖章。

纸质会计档案移交时应当保持原卷的封装，个别需要拆封重新整理的，应当会同财务会计部门和经办人共同拆封整理，以分清责任。

电子会计档案移交时应当将电子会计档案及其元数据一并移交，且文件格式应当符合国家档案管理的有关规定。特殊格式的电子会计档案应当与其读取平台一并移交。单位档案管理机构接收电子会计档案时，应当对电子会计档案的准确性、完整性、可用性、安全性进行检测，符合要求的才能接收。

二、会计档案的保管期限

根据会计档案的重要程度，会计档案的保管期限也有所不同。《会计档案管理办法》规定，会计档案的保管期限分为永久保管和定期保管两类。定期保管期限一般分为 10 年和 30 年。会计档案的保管期限从会计年度终了后的第一天算起。对不同类别的会计档案规定了不同的保管期限，详见表 8-3。

表 8-3　　　　　　　　　企业和其他组织会计档案保管期限

序号	档案名称	保管期限	备注
一	会计凭证		
1	原始凭证	30 年	
2	记账凭证	30 年	
二	会计账簿		
3	总账	30 年	
4	明细账	30 年	
5	日记账	30 年	
6	固定资产卡片		固定资产报废清理后保管 5 年
7	其他辅助性账簿	30 年	
三	财务会计报告		
8	月度、季度、半年度财务会计报告	10 年	
9	年度财务会计报告	永久	
四	其他会计资料		
10	银行存款余额调节表	10 年	
11	银行对账单	10 年	
12	纳税申报表	10 年	
13	会计档案移交清册	30 年	
14	会计档案保管清册	永久	
15	会计档案销毁清册	永久	
16	会计档案鉴定意见书	永久	

三、会计档案的使用

各单位应当严格按照相关制度使用会计档案，在进行会计档案查阅、复制、借出时履行登记手续，严禁篡改和损坏。

单位保存的会计档案一般不得对外借出。确因工作需要且根据国家有关规定必须借出的，应当严格按照规定办理相关手续，填写"会计档案借阅登记簿"（表8-4），详细填明借阅时间、借阅内容、借阅用途、借阅人及部门、批准人、归还时间等。会计档案借用单位应当妥善保管和利用借入的会计档案，确保借入会计档案的安全、完整，并在规定时间内归还。需要复制会计档案的，要说明所复制的会计资料的名称、张数，经本单位负责人同意后在本单位财会人员的监督下进行，并进行登记和签字。

表 8-4　　　　　　　　　　会计档案借阅登记簿

单位名称：

借阅时间	借阅内容	借阅用途	借阅方式	借阅人及部门	批准人	归还时间

四、会计档案的销毁

各单位应当定期对已到保管期限的会计档案进行鉴定，并形成"会计档案鉴定意见书"。经鉴定，仍需继续保存的会计档案，应当重新划定保管期限；对保管期满、确无保存价值的会计档案，可以销毁。

会计档案鉴定工作应当由单位档案管理机构牵头，组织单位会计、审计、纪检监察等机构或人员共同进行。

经鉴定可以销毁的会计档案，应当按照以下程序销毁：

（1）单位档案管理机构编制"会计档案销毁清册"（表 8-5），列明拟销毁会计档案的名称、卷号、册数、起止年度和档案编号、应保管期限、已保管期限和销毁时间等内容。

表 8-5　　　　　　　　　　会计档案销毁清册

单位名称：

序号	档案类别及名称	卷号	册数	起止年度和档案编号	应保管期限	已保管期限	销毁时间	备注

（2）会计档案销毁前，单位负责人、档案管理机构负责人、会计管理机构负责人、档案管理机构经办人、会计管理机构经办人在会计档案销毁清册上签署意见。

（3）单位档案管理机构负责组织会计档案销毁工作，并与会计管理机构共同派员监销。监销人在会计档案销毁前，应当按照"会计档案销毁清册"所列内容进行清点核对；会计档案销毁后，应当在"会计档案销毁清册"上签名或盖章。

(4)将监销情况写出书面报告一式两份,一份报本单位领导,一份归入档案备案。

电子会计档案的销毁还应当符合国家有关电子档案的规定,并由单位档案管理机构、会计管理机构和信息系统管理机构共同派员监销。

保管期满但未结清的债权、债务会计凭证和涉及其他未了事项的会计凭证不得销毁,纸质会计档案应当单独抽出立卷,电子会计档案单独转存,保管到未了事项完结时为止。单独抽出立卷或转存的会计档案,应当在会计档案鉴定意见书、会计档案销毁清册和会计档案保管清册中列明。

项目小结

会计档案是指单位在进行会计核算等过程中接收或形成的,记录和反映单位经济业务事项的,具有保存价值的文字、图表等各种形式的会计资料,包括通过计算机等电子设备形成、传输和存储的电子会计档案。

各单位当年形成的会计档案,在会计年度终了,可由单位会计管理机构临时保管一年,再移交单位档案管理机构保管。

会计档案的保管期限分为永久保管和定期保管两类。定期保管期限一般分为 10 年和 30 年。会计档案的保管期限从会计年度终了后的第一天算起。

各单位应当严格按照相关制度使用会计档案,在进行会计档案查阅、复制、借出时履行登记手续,严禁篡改和损坏。

各单位应当定期对已到保管期限的会计档案进行鉴定,并形成"会计档案鉴定意见书"。经鉴定,仍需继续保存的会计档案,应当重新划定保管期限;对保管期满,确无保存价值的会计档案,可以销毁。

巩固与提高

一、复习思考题

1. 什么是会计档案?说明会计档案的特点和作用。
2. 单位会计档案保管的重要性有哪些?有哪些实际意义?
3. 简要阐述会计档案销毁工作有哪些程序及注意事项。
4. 会计档案在移交过程中需要注意哪些程序?

二、单项选择题

1. 企业的总账和明细账,一般应保存( )。
   A. 10 年　　　　B. 30 年　　　　C. 5 年　　　　D. 永久
2. 会计档案一般由单位会计机构负责整理归档保管( )后,移交单位档案管理机构继续保管。
   A. 6 个月　　　　B. 1 年　　　　C. 3 个月　　　　D. 3 年
3. 下列会计档案需要永久保存的是( )。
   A. 原始凭证　　　　　　　　　　B. 总账
   C. 年度财务会计报告　　　　　　D. 日记账

4. 企业的季度财务会计报告的保管期限是（　　）。
   A. 永久　　　　　B. 20 年　　　　C. 30 年　　　　D. 10 年
5. 各单位每年形成的会计档案，都应由本单位（　　）负责整理立卷，装订成册，编制会计档案保管清册。
   A. 档案部门　　　　　　　　　　B. 财务会计部门
   C. 人事部门　　　　　　　　　　D. 指定专人

三、多项选择题

1. 下列属于会计档案的是（　　）。
   A. 工资表　　　B. 总账　　　C. 单位年度预算　　D. 日记账
2. 下列会计档案中需要永久保管的有（　　）。
   A. 会计档案保管清册　　　　　B. 会计档案移交清册
   C. 固定资产卡片　　　　　　　D. 会计档案鉴定意见书
3. 下列关于会计档案管理的说法中，正确的是（　　）。
   A. 出纳人员不得兼任会计档案的保管
   B. 会计档案的保管期限从会计档案形成后的第一天算起
   C. 单位会计档案不可以借出
   D. 单位会计管理机构临时保管会计档案最长不超过三年
4. 会计档案应当分期保管，保管期限分为永久保管和定期保管两类，定期保管限分为（　　）年。
   A. 15　　　　　B. 10　　　　　C. 30　　　　　D. 25
5. 保管期满的（　　）等会计档案不得销毁。
   A. 未结清的债权会计凭证
   B. 涉及其他未了事项的会计凭证
   C. 未结清的债务原始凭证
   D. 正在项目建设期间的建设单位的会计资料
6. 会计档案销毁前，需要在会计档案销毁清册上签字确认的人员有（　　）。
   A. 会计机构负责人　　　　　　B. 公司负责人
   C. 经办人　　　　　　　　　　D. 档案机构负责人

四、判断题

1. 单位保存的会计档案一般不得对外借出，确因工作需要且根据国家有关规定必须借出的，应当严格按照规定办理相关手续。　　　　　　　　　　　　　（　　）
2. 企业的全部会计档案均应永久保存，以便查阅。　　　　　　　　　（　　）
3. 会计档案的保管期限从会计年度终了后的第一天算起。　　　　　　（　　）
4. 固定资产卡片保管期限为 5 年。　　　　　　　　　　　　　　　　（　　）
5. 人事档案属于会计档案。　　　　　　　　　　　　　　　　　　　（　　）
6. 单位编制的预算报告属于会计档案。　　　　　　　　　　　　　　（　　）

参考文献

[1] 费琳琪. 会计基础. 北京：中国人民大学出版社，2015.
[2] 赵晓燕. 会计职业基础. 北京：北京邮电大学出版社，2014.
[3] 侯丽娟. 基础会计. 北京：教育科学出版社，2014.
[4] 徐建平，王勇. 基础会计. 北京：人民邮电出版社，2012.
[5] 朱虹，周雪艳. 基础会计. 大连：东北财经大学出版社，2010.
[6] 熊细银，陈东京. 基础会计. 北京：北京理工大学出版社，2010.
[7] 杨继秀，黄勇，粟德琼. 基础会计. 北京：北京理工大学出版社，2010.
[8] 郭丽华. 基础会计. 成都：西南财经大学出版社，2015.
[9] 中华人民共和国财政部. 国家档案局令第79号——会计档案管理办法.
[10] 牟小容，王玉蓉. 会计学原理（第四版）. 北京：经济科学出版社，2018.
[11] 财政部会计资格评价中心. 初级会计实务. 北京：经济科学出版社，2019.
[12] 陈少华. 会计学原理. 厦门：厦门大学出版社，2019.